제목 표시줄

작업중인 문서의 파일 이름과 저장된 경로를 표시

창 조절 단추

화면 크기를 조정하거나 프로그램을 종료

문서 탭 닫기 단추

프로그램을 종료시키지 않고 현재 문서만 닫기

서식 도구 상자

서식에 관련된 기능들을 모아 놓은 곳

눈금자

문단 여백, 쪽 윤곽, 탭 위치를 표시

스크롤 바

화면에 문서를 모두 표시하지 못할 경우 바를 움직여 안 보이는 문서 표시

문서 영역

문서를 작성할 수 있는 영역

입력기 도구 상자

사용 언어 선택, 자판 배열 상태 확인, 입력 환경 설정, 도움말 표시 등을 설정

상황선

커서의 위치(쪽/단/줄/칸)와 삽입/수정 등의 작업 상태 표시

1판 1쇄 발행 | 2010년 3월 30일

지은이 : 에듀멘토르 교육교재팀 · 신여명
펴낸이 : 안동명
펴낸곳 : 에듀멘토르
기획 : 안동명 · 신꽃다미
마케팅 : 김경용
디자인 : 김희정
일러스트 : 박수영

내용문의 : mentorBook@yahoo.co.kr

등록 : 2009년 10월 5일 제2009-16호
주소 : 서울시 용산구 청파동 3가 131 IT연구개발센터 1층
전화 : 02-711-0911
팩스 : 02-711-0920

ISBN : 978-89-94127-32-3 13000

가격 8,000원

컴짱의 타자 실력

 컴짱 이름 :

날짜	타수(진행도)	정확도	날짜	타수(진행도)	정확도
월 일		%	월 일		%
월 일		%	월 일		%
월 일		%	월 일		%
월 일		%	월 일		%
월 일		%	월 일		%
월 일		%	월 일		%
월 일		%	월 일		%
월 일		%	월 일		%
월 일		%	월 일		%
월 일		%	월 일		%
월 일		%	월 일		%
월 일		%	월 일		%
월 일		%	월 일		%
월 일		%	월 일		%
월 일		%	월 일		%
월 일		%	월 일		%
월 일		%	월 일		%
월 일		%	월 일		%

- 이 책의 모든 소스 파일은 멘토르 홈페이지(www.mentorbook.co.kr 또는 www.mentorbook.kr)의 자료실에서 다운로드 받아 사용할 수 있습니다.
- 다운로드 받은 압축 파일을 'C:\내 문서\한글2005\' 폴더에 압축 해제하신 후, 학습에 필요한 파일을 불러와 사용하기 바랍니다.
- 작업 파일은 특별한 지시사항이 없는 한 〔내 문서〕 폴더에 본인의 이름으로 폴더를 만든 후 저장하기 바랍니다.
  예) 〔내 문서〕-〔홍길동〕 폴더

컴 짱 차 례

CONTENTS

컴 짱 차 례

Part 03 한글 2005 전문가 되기

CONTENTS

한글 2005 기능 익히기 ①

신문기자가 된 컴짱

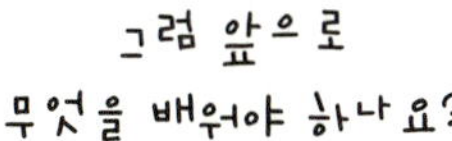
그럼 앞으로 무엇을 배워야 하나요?

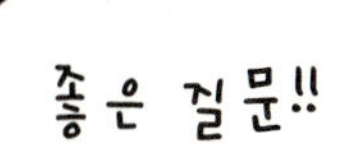
좋은 질문!!

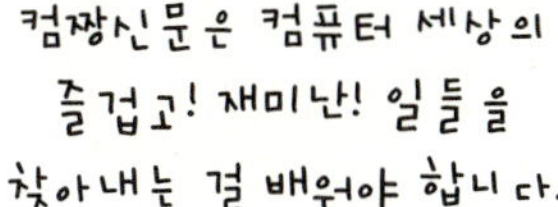
컴짱신문은 컴퓨터 세상의 즐겁고! 재미난! 일들을 찾아내는 걸 배워야 합니다.

특히, 여러분 같은 수련기자들은 글자입력과 편집에 관련된 기능들을 배워야 하지요.
으음…

열심히 배운다면 컴짱 신문사의 로고가 있는 마법옷을 선물로 드립니다.

기초적인 것이라고 소홀하면 안됩니다. 그걸 모르면 여러분은 기자로써 자격이 없는 겁니다.
그럼, 모든 과정을 배우면 어떤 자격증을 주시나요?

히히~

01 한글 2005와의 첫 만남

▶ 한글 2005를 실행하고 종료해 보자.
▶ 문서를 작성하고 저장해 보자.
▶ 한글 화면의 도구 상자를 표시해 보자.

2010년 5월 6일 목요일 날씨 : 맑음

학교에서 가을이와 화해를 했다.
그동안 사소한 일로 사이가 별로 좋지 않았는데, 화해를 해서 기분이 너무 좋았다.
내가 먼저 사과했더니 가을이도 그동안 미안했었다며 내 손을 잡아 주었다.
화해를 하고 나니 이렇게 기분이 좋은 걸.
내일은 가을이와 못했던 이야기를 해야겠다.

1 한글 2005란

컴퓨터로 문서를 작성할 때 사용하는 프로그램을 '워드프로세서'라고 합니다. 워드프로세서 프로그램 중 가장 많이 사용되고 있는 것이 바로 한글이며, 한글을 이용하면 만들지 못하는 문서가 없습니다.

1) 한글의 주요 기능

① 문서 작성 및 저장 기능

일상 생활에서 사용되는 여러 가지 종류의 문서를 작성할 수 있습니다.

② 서식 지정 기능

글꼴(글자체), 글자 색상, 글자 크기, 배경 색 등을 다양하게 지정하여 문서를 예쁘게 꾸밀 수 있습니다.

③ 개체 작성 기능

표, 차트, 그림 등을 직접 만들거나 다른 사람이 만든 개체를 삽입할 수 있습니다.

④ 출력 기능

작성한 문서를 화면에서 미리 확인하거나 프린터를 통해 종이에 인쇄할 수 있습니다.

2) 한글의 화면 구성

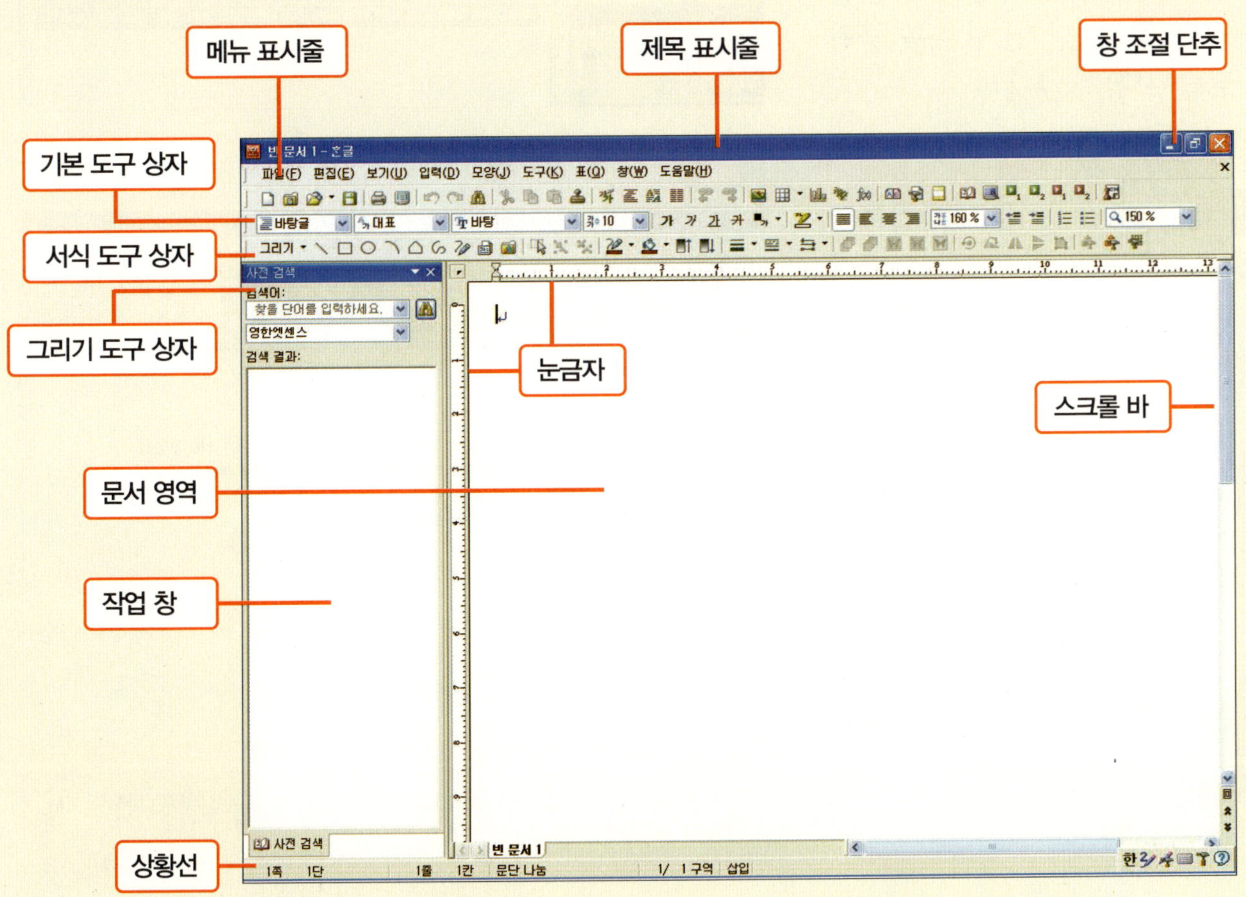

01 [시작]-[모든 프로그램]-[한글과컴퓨터]-[한글 2005]-[한글 2005]를 선택합니다.

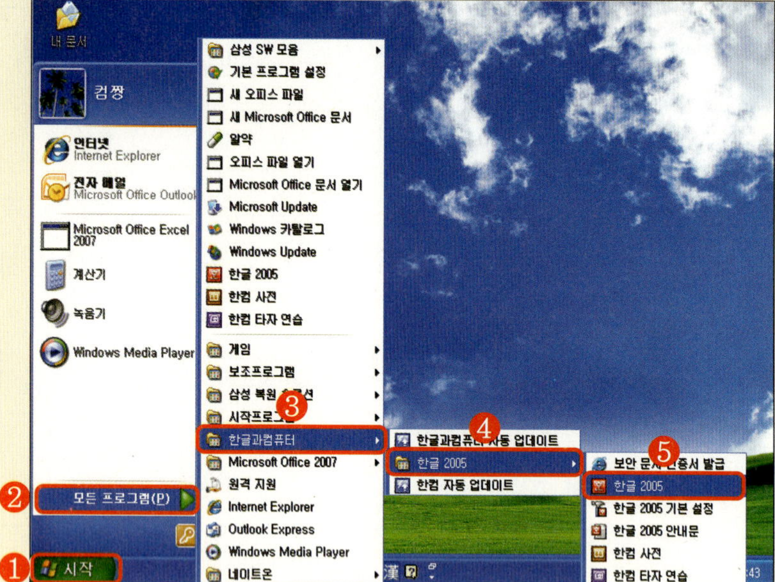

02 한글이 실행이 실행되면 빈 문서에 원하는 내용을 입력할 수 있습니다. 작업 창을 사용하지 않을 경우 작업 창의 [닫기] 단추를 클릭하여 닫습니다.

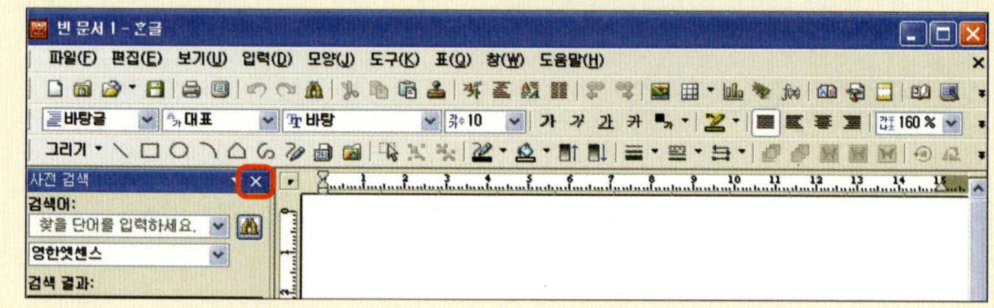

03 다음과 같이 내용을 입력합니다.

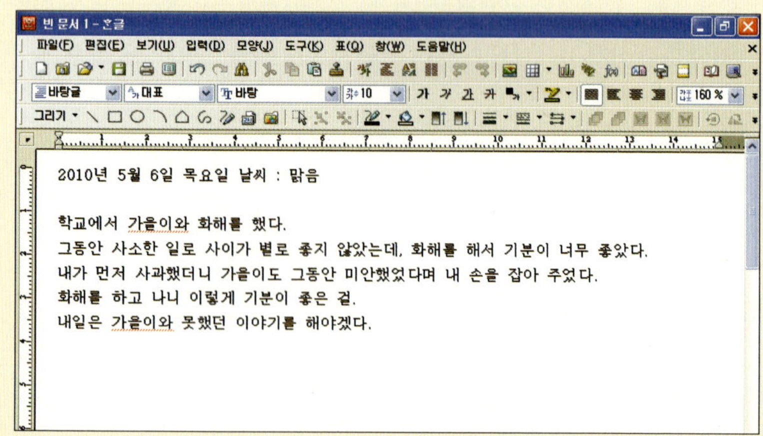

Spacebar (스페이스 바)와 Enter (엔터) 키

글자와 글자 사이를 한 칸 띄울 때는 Spacebar 를 누릅니다. 또한 이번 줄은 그만 입력하고 다음 줄의 처음부터 입력을 시작할 때는 Enter 를 누릅니다.

❸ 문서 저장하고 종료하기

01 입력한 문자는 저장을 해야 다음에 다시 사용할 수 있습니다. [파일]-[저장하기]를 클릭하거나 기본 도구 모음의 [저장] 아이콘(📁)을 클릭합니다.

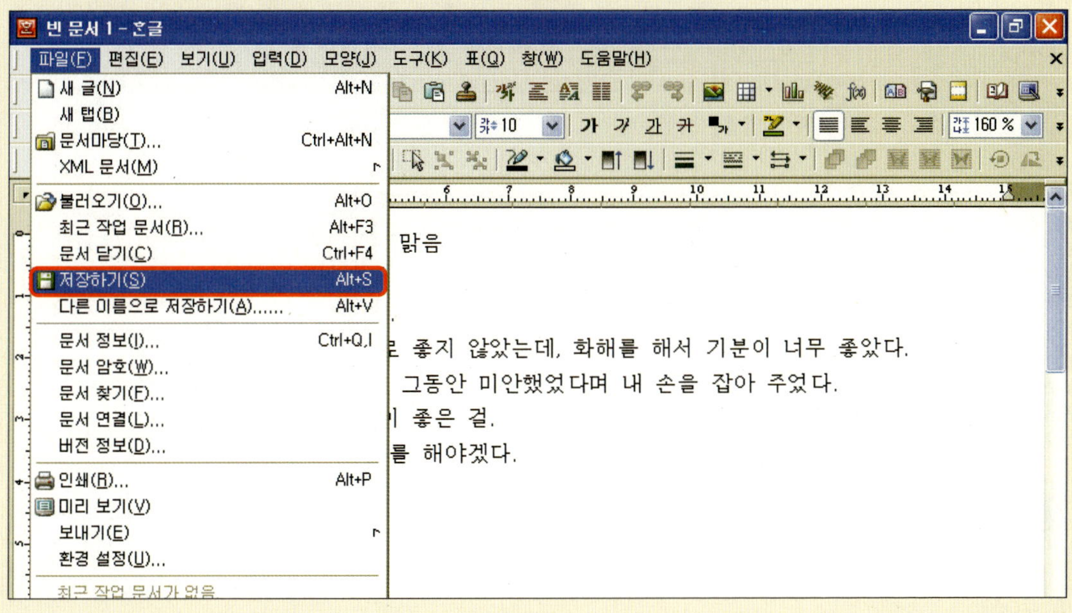

02 [다른 이름으로 저장하기] 대화 상자가 나타나면 [내 문서] 폴더에 자신의 이름으로 된 폴더를 만들고 파일 이름을 '01-일기' 로 입력한 후 [저장]을 클릭합니다.

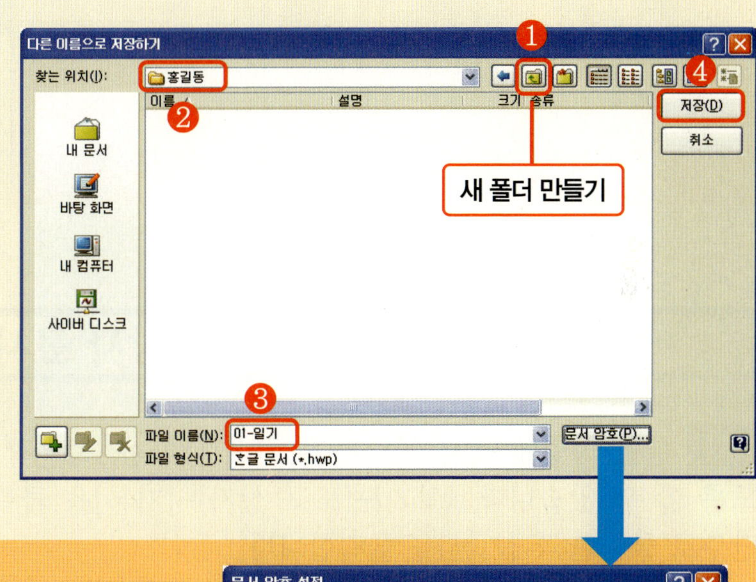

 파일에 암호 설정하기

[다른 이름으로 저장하기] 대화 상자에서 [문서 암호]를 클릭한 후 [문서 암호]와 [암호 확인]란에 똑같은 암호를 입력한 후 [설정]을 클릭합니다.

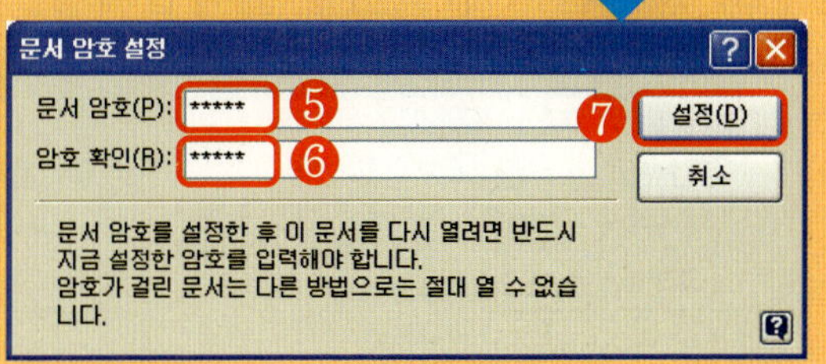

03 제목 표시줄에 파일 이름 '01-일기' 가 표시되며 문서가 저장됩니다. 한글을 종료하기 위해 [파일]-[끝]을 클릭하거나 [끝내기] 아이콘()을 클릭합니다.

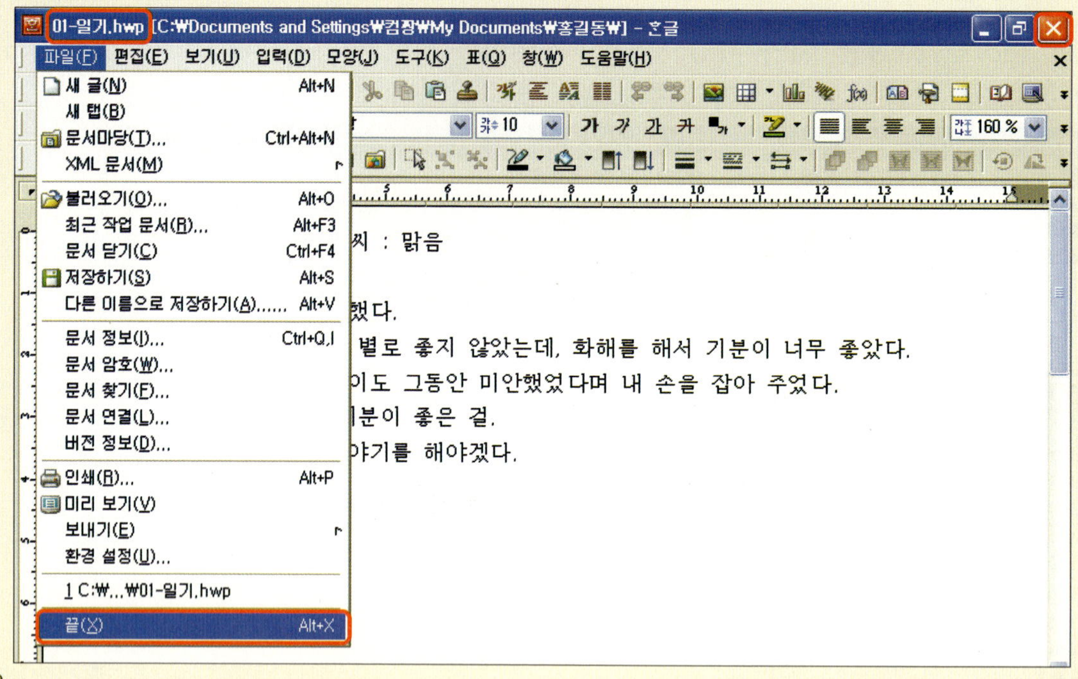

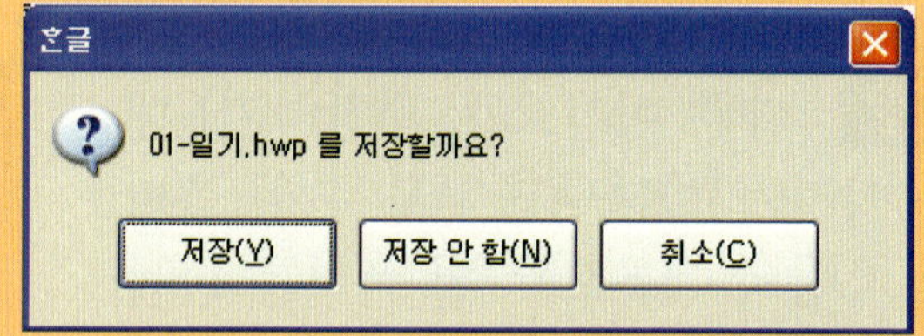

한글 끝내기

한글을 끝낼 때 저장하지 않은 문서가 있으면 다음과 같이 문서를 저장할 것인지 물어 보는 창이 표시됩니다.

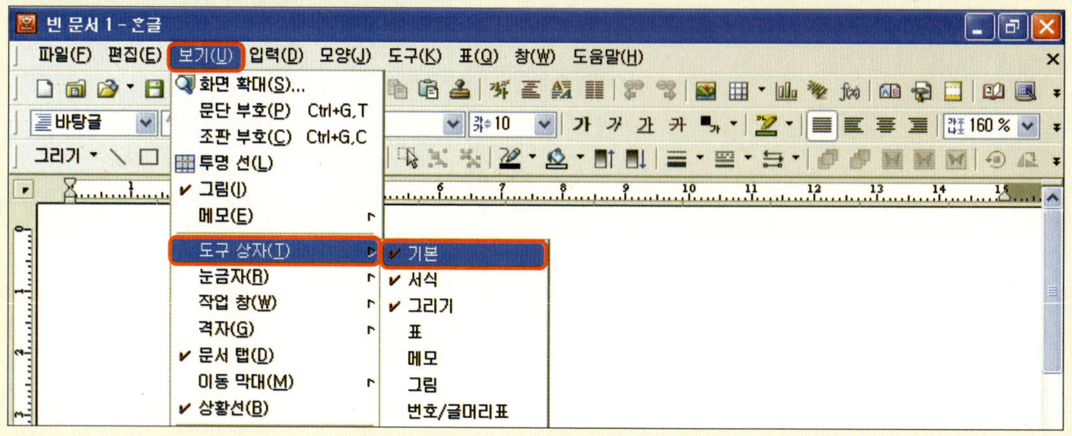

❹ 도구 상자 표시하기

01 한글 화면에 표시되는 도구 상자, 상황선, 쪽윤곽 등은 필요에 따라 보이거나 보이지 않도록 할 수 있습니다. [보기]-[도구 상자]-[기본]을 클릭하거나 메뉴 표시줄을 마우스 오른쪽 단추로 클릭한 후 [기본]을 클릭합니다.

02 화면에서 기본 도구 상자가 보이지 않게 설정됩니다. 다시 [보기]-[도구 상자]-[기본]을 클릭하거나 메뉴 표시줄을 마우스 오른쪽 단추로 클릭한 후 [기본]을 클릭합니다.

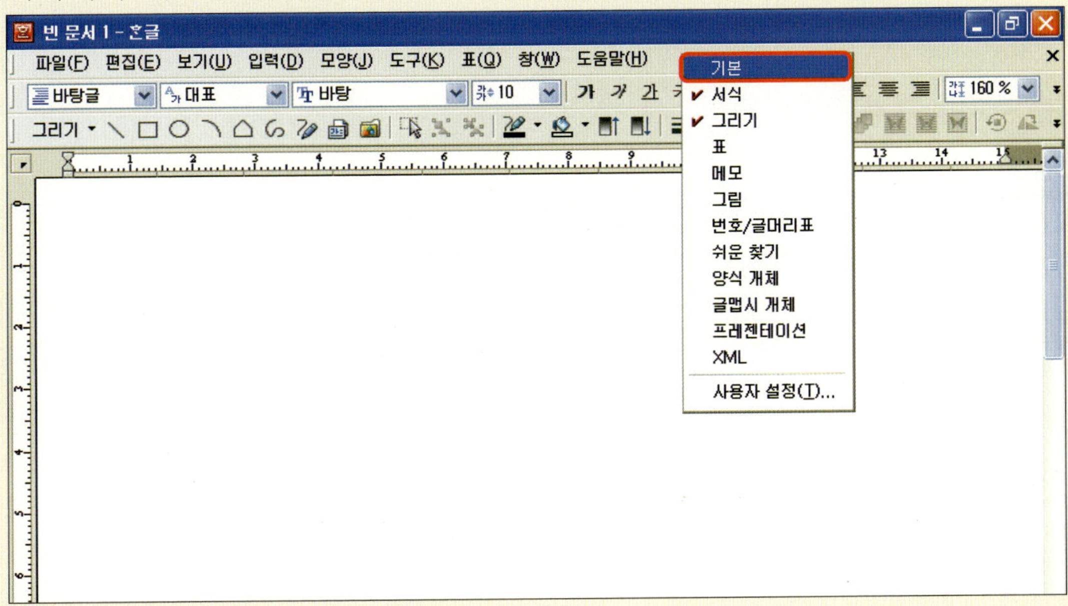

03 기본 도구 상자가 다시 표시됩니다.

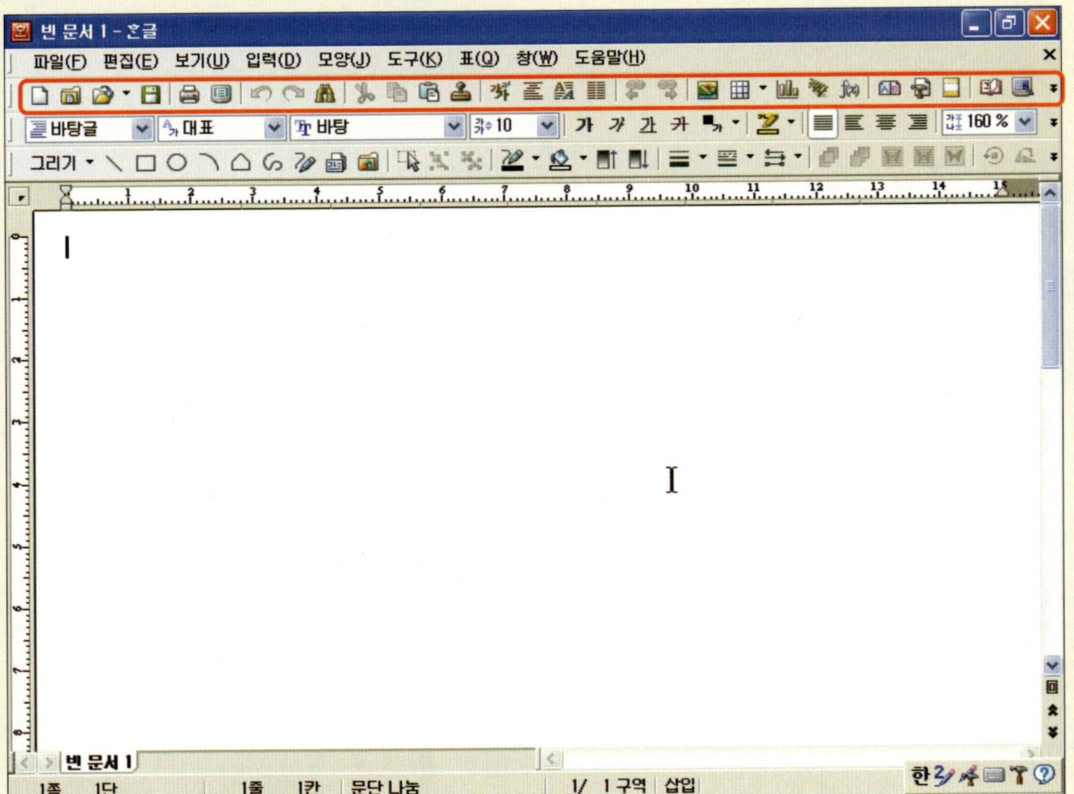

1. 재미있는 숫자송 가사 입력하기

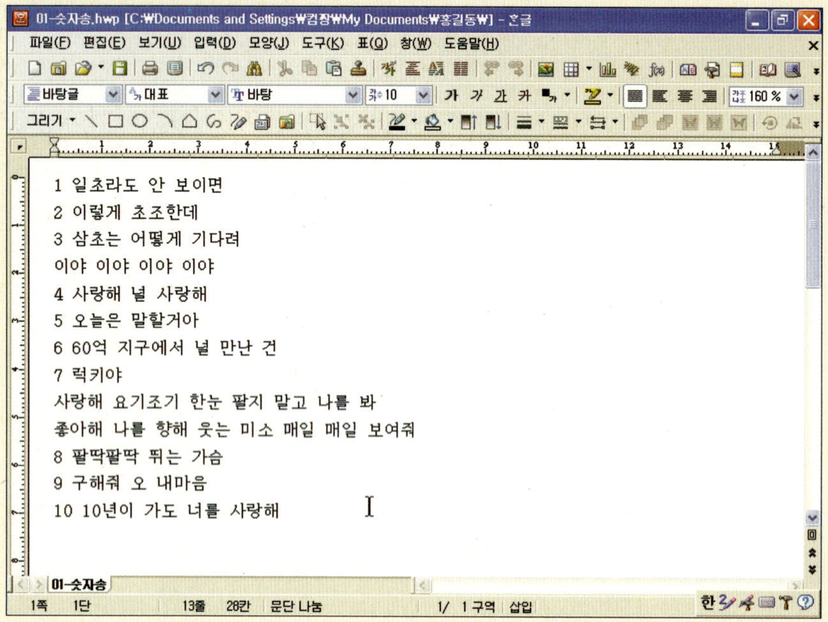

❶ 한글 2005를 실행한 후 숫자송 가사 입력하기

❷ 자기 이름 폴더에 '01-숫자송'이 라는 이름으로 저장하고 암호를 '노래'로 지정하기

2. 한글 화면 마음대로 바꾸기

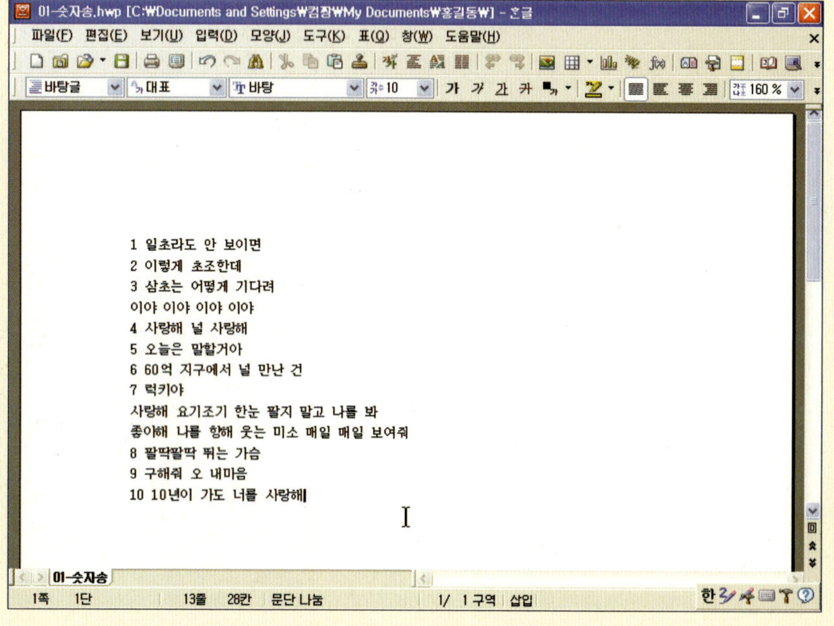

❶ [보기]–[눈금자]–[가로 눈금 자]/[세로 눈금자]를 통해 눈금자 표시하지 않기

❷ 메뉴 표시줄에서 마우스 오른쪽 단추를 클릭한 후 [그리기 도구 상자]를 클릭하여 그리기 도구 상자 표시하지 않기

❸ [보기]–[쪽 윤곽]을 클릭하여 쪽 윤곽 표시하기

❹ 결과를 확인한 후 처음 상태로 되돌리기

02 강아지마다 성격이 달라요

강아지도 성격 있대요!

강아지도 사람과 같이 성격이 다르다. 강아지를 분양받을 때는 우리 가족 구성원과의 궁합을 생각해 보고 성격에 따라 품종을 고르는 것이 좋다.

1. 상냥하고 사람들에게 우호적임
아메리칸 코커스패니얼, 시추, 말티즈
2. 경계심과 중성심이 강함
진돗개, 차우차우, 로트바일러, 복서, 아키다, 스피츠, 치와와
3. 대담하고 활달함
요크셔테리어, 미니어처 슈나우저, 미니어처 핀셔
4. 조용하고 인내심이 많음
세인트버나드, 마스티프, 재패니즈칭
5. 훈련이 잘되고 이해력이 좋음
파피용, 푸들

❶ 문서 불러오기

01 한글 2005를 실행한 후 [파일]-[불러오기]를 클릭하거나 기본 도구 상자에서 [불러오기] 아이콘(📂)을 클릭합니다.

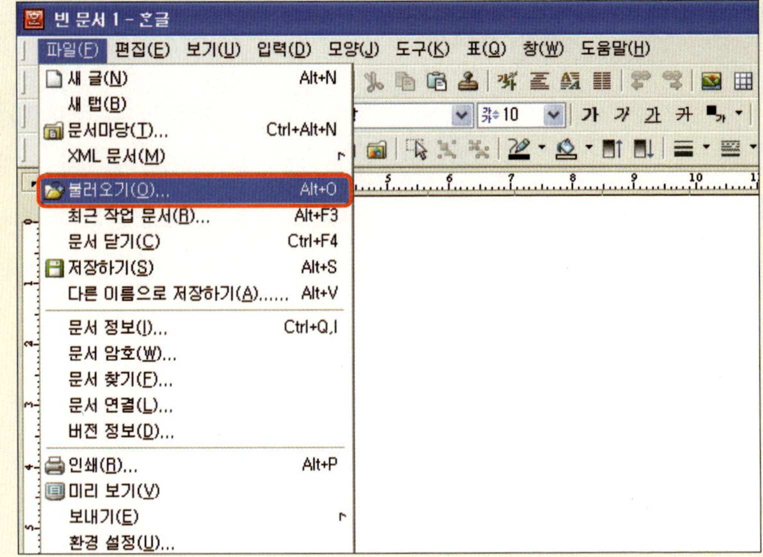

02 [불러오기] 대화 상자가 표시되면 [내 문서]-[한글2005]-[2강] 폴더에서 '02-강아지 성격.hwp'를 선택하고 [열기]를 클릭합니다.

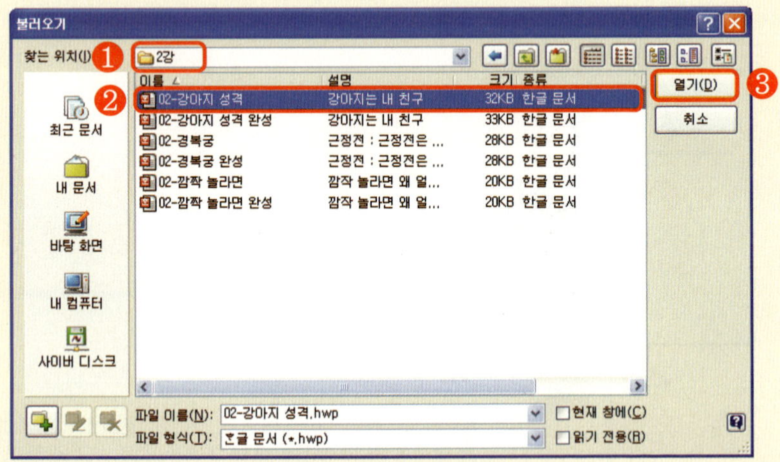

03 선택한 파일이 화면에 표시됩니다.

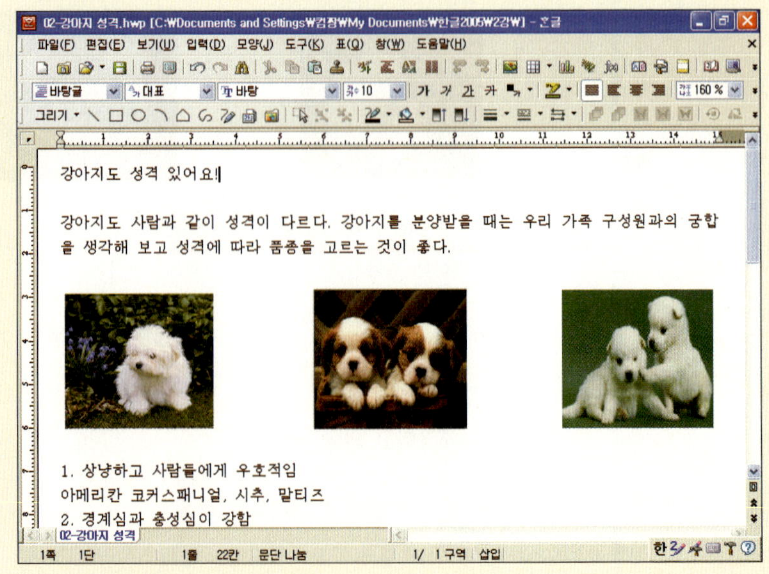

❷ 블록 설정과 글자 모양 변경하기

01 제목을 마우스로 드래그하여 블록을 설정한 후 서식 도구 상자에서 [글꼴] 아이콘(_T 바탕)의 내림 단추를 눌러 '휴먼매직체'를 선택합니다.

02 블록으로 설정한 제목의 글꼴이 변경됩니다. 계속해서 블록이 설정된 상태에서 [글자 크기] 아이콘(가 10)의 내림 단추를 클릭하여 '20'을 선택합니다.

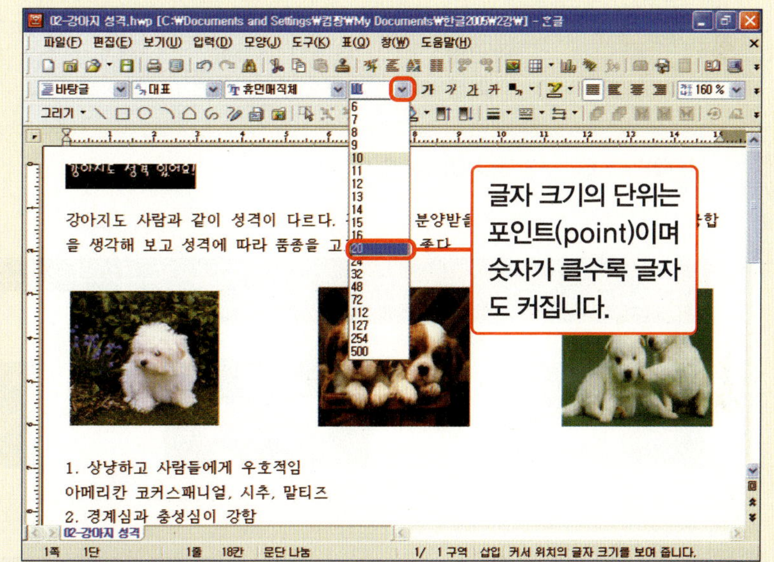

03 제목의 글자 크기가 변경됩니다. 계속해서 블록으로 설정한 상태에서 [글자 색] 아이콘(🖉)을 클릭한 후 '파랑'을 선택합니다.

04 이처럼 서식 도구 상자를 이용하면 편리하게 글자 모양을 변경할 수 있습니다. 작업 영역에서 마우스를 클릭하거나 키보드의 Esc를 누르면 블록이 해제됩니다.

05 두 번째 줄과 세 번째 줄을 블록으로 설정한 후 서식 도구 상자에서 [기울임] 아이콘(가)과 [밑줄] 아이콘(가)을 순서대로 클릭합니다.

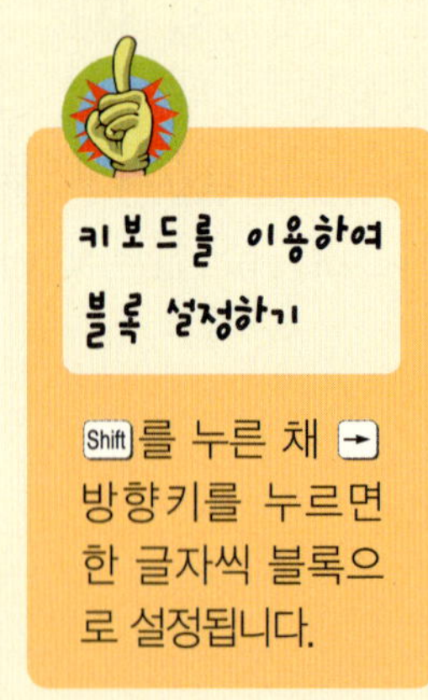

06 이번에는 글자 모양 메뉴를 이용하여 한 번에 글자 모양을 바꿔 보겠습니다. 그림 아래의 소제목을 블록으로 설정하고 [모양]-[글자 모양]을 클릭합니다.

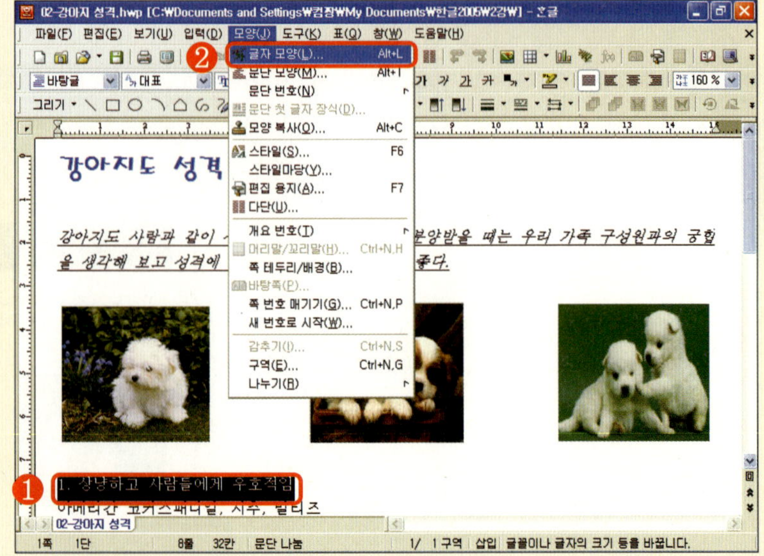

07 [기본] 탭에서 기준 크기는 '13pt', 글꼴은 '휴먼모음T'로 선택하고 [밑줄] 단추를 클릭한 후 글자 색을 '녹색'으로 지정합니다.

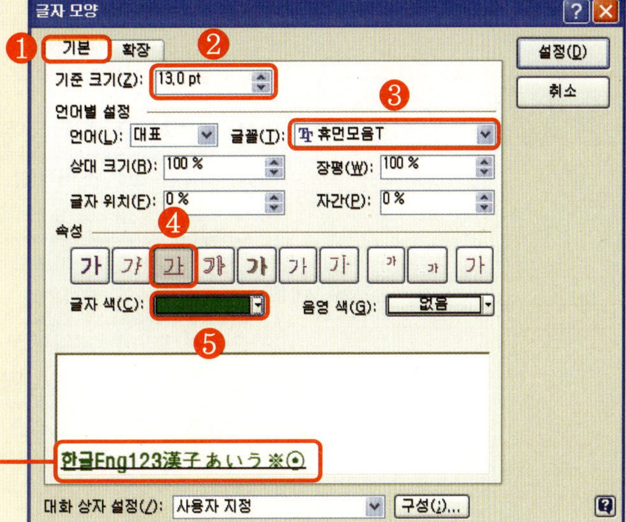

현재 선택한 글자 모양이 미리 표시됩니다.

08 [확장] 탭을 클릭합니다. 밑줄의 모양을 '밑선이 두터운 이중선'으로 선택하고 색은 '파랑'으로 선택한 후 [설정]을 클릭합니다.

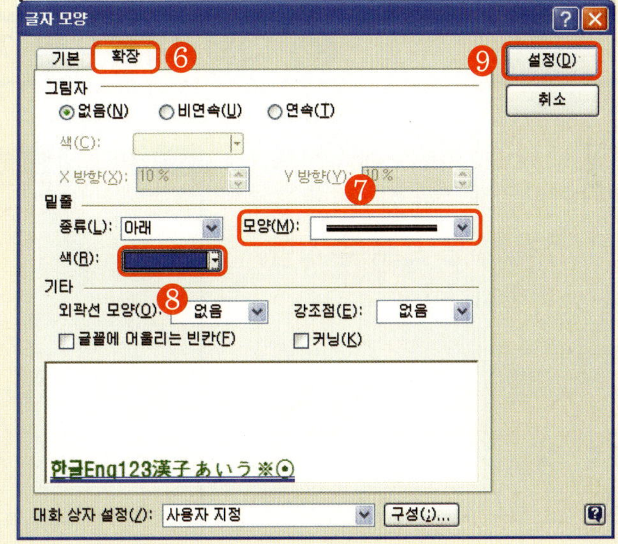

09 블록을 해제하면 다음과 같이 글자 모양이 변경된 것을 확인할 수 있습니다. 이와 같이 글자 모양 메뉴를 이용하면 글자의 모양을 한 번에 변경할 수 있습니다.

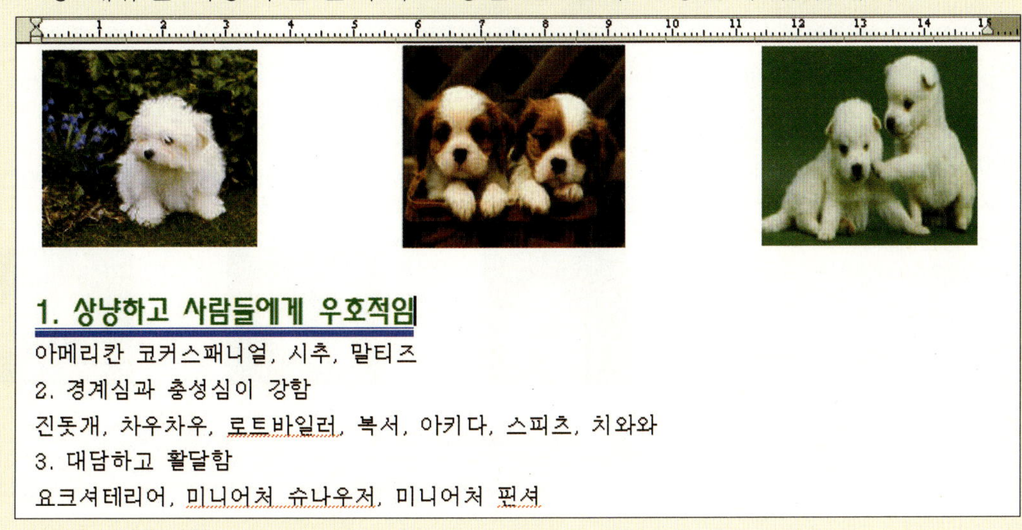

10 나머지 내용도 블록으로 설정한 후 다음과 같이 글자 모양을 변경하여 완성합니다.

공통 사항 : 글자 크기 – '13pt', 글꼴 – '휴먼모음T', 밑줄(밑선이 두터운 이중선)

글자 색 – 분홍, 밑줄 색 – 밝은 파랑

글자 색 – 금색, 밑줄 색 – 연녹색

글자 색 – 보라, 밑줄 색 – 연한 보라

글자 색 – 빨강, 밑줄 색 – 노랑

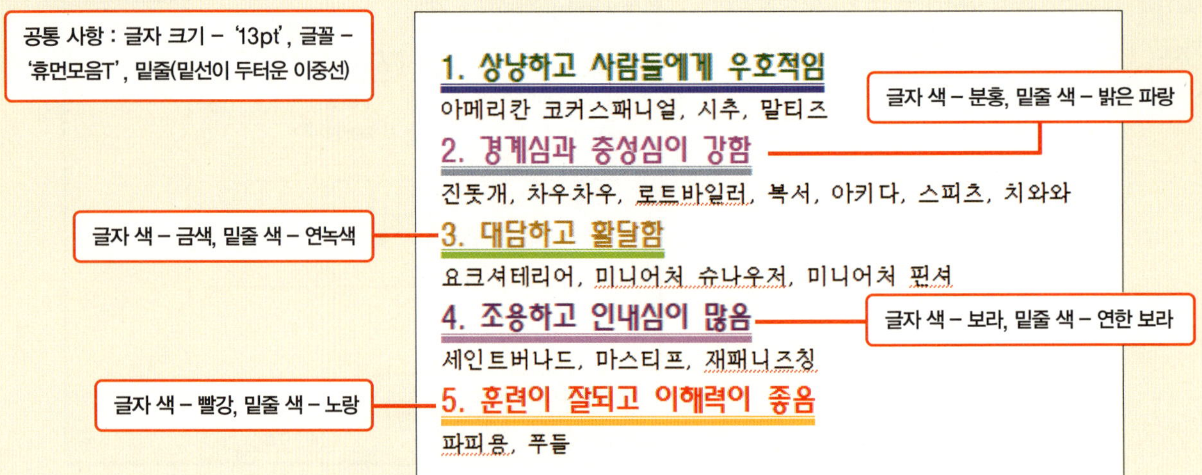

❸ 다른 이름으로 저장하기

01 [파일]–[다른 이름으로 저장하기]를 클릭합니다. 파일 이름을 '02-강아지 성격 완성' 으로 수정한 후 [저장]을 클릭합니다.

다른 이름으로 저장

[파일]–[저장하기]는 현재 파일 이름에 변경된 내용을 저장하며, [다른 이름으로 저장하기]는 현재 파일은 그대로 둔 채 새로운 이름의 파일을 하나 더 만들어 저장합니다.

02 파일의 이름이 바뀌어서 저장됩니다.

파일 이름이 검은색으로 표시되면 저장할 내용이 더 없다는 것이며, 빨간색으로 표시되면 저장할 내용이 생겼다는 의미입니다. 파란색으로 표시되면 자동으로 저장되었다는 의미입니다.

1. 경복궁 건물 알아보기

경복궁 건물 알아보기 — 문체부 훈민정음체, 20pt, 파랑

근정전

경복궁의 정전으로 정전이란 임금이 신하들에게 정치적인 명령을 발표하거나 사신을 맞아들이기도 하고 노인들을 위한 양로연이나 위로연을 베풀기도 하던 곳이다.

경회루

신하들의 조하(아침인사)를 받거나 정령을 반포하는 정전의 하나이다. 사신을 맞이하고, 양로연, 위로연을 베풀기도 하던 곳이다.

사정전

광화운, 홍례운, 근정운, 근정전, 사정전, 강녕전이 남북 자오선을 따라 건물이 차례로 된 경복궁 건물 배치 원칙에서 궁중 깊숙이 자리잡고 있다.

양재 둘기, 15pt, 빨강, 강조점([확장] 탭)

오이, 12pt, 진하게

① '02-경복궁.hwp' 파일 불러오기
② 제목, 소제목, 본문의 글자 모양 바꾸기
③ '02-경복궁 완성.hwp'로 저장

2. 깜짝 놀라면 얼굴이 왜 하얗게 될까?

깜짝 놀라면 왜 얼굴이 하얗게 될까?

TV에서 종종 방영되는 미스터리물을 볼 때 무서운 장면이 나타나면 갑자기 얼굴이 백지장처럼 변하는 경우가 있는데 이유는 간단합니다.

<u>혈관이 수축됐기 때문이죠.</u> 이 과정은 사람의 의지와 무관하게 작용하는 자율신경계 중에서 교감신경이 자극돼 발생합니다.

교감신경은 주로 급박한 위기 상황에 작동하며 반대로 부교감신경이 자극돼 혈관이 확장되면 안색은 붉게 변합니다. 창피한 일을 당했을 때 얼굴이 붉어지는 이유 중 하나가 이것입니다. 화가 나서 빨갛게 변하는 것도 이 때문이랍니다.

휴먼모음T, 15pt, 분홍, 진하게, 음각, 그림자(연속, 100%)

휴먼매직체

휴먼매직체, 장미색, 음각, 강조점

HY엽서M, 12pt, 하늘색, 밑줄

① '02-깜짝 놀라면.hwp' 파일 불러오기
② 제목, 본문의 글자 모양 바꾸기
③ '02-깜짝 놀라면 완성.hwp'로 저장

03 영어 단어 학습장 만들기

▶ 영어 소문자와 대문자를 입력해 보자.
▶ 삽입과 수정 상태에서 글자를 입력해 보자.
▶ 특수 문자를 입력해 보자.
▶ 미리 보기로 인쇄 모양을 확인해 보자.

정답을 참고하여 다음의 빈 칸을 채워 보세요.

번호	영어	한글	정답
1	Apple	사과	Apple
2	Today	오늘	오늘
3	Father	아버지	Father
4	Mother	어머니	어머니
5	Elephant	코끼리	Elephant

오늘의 할일 정리

① 엄마 아빠와 ♨에 가기
② 너에게 ☎해서 ♥한다 말하기
③ 모든 친구들에게 ☺얼굴로 인사하기

❶ 한글/영어 입력하기

01 기본 도구 상자에서 [불러오기] 아이콘(　)을 클릭하여 [내 문서]-[한글2005]-[3강] 폴더에서 '03-단어 학습장.hwp'를 불러옵니다.

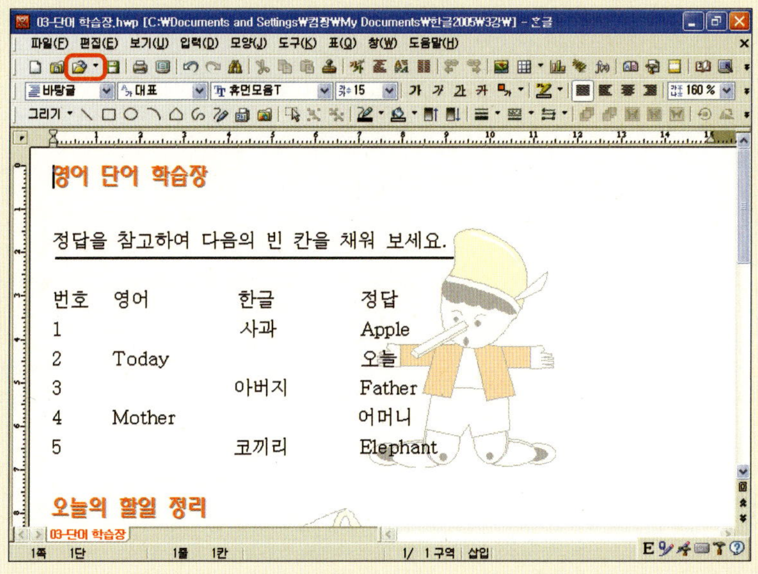

02 1번 영어에 해당하는 곳으로 커서를 옮깁니다. 영어를 입력하기 위해 키보드에서 [한/영]을 눌러 영문 입력 상태로 변경한 후 "Apple"을 입력합니다.

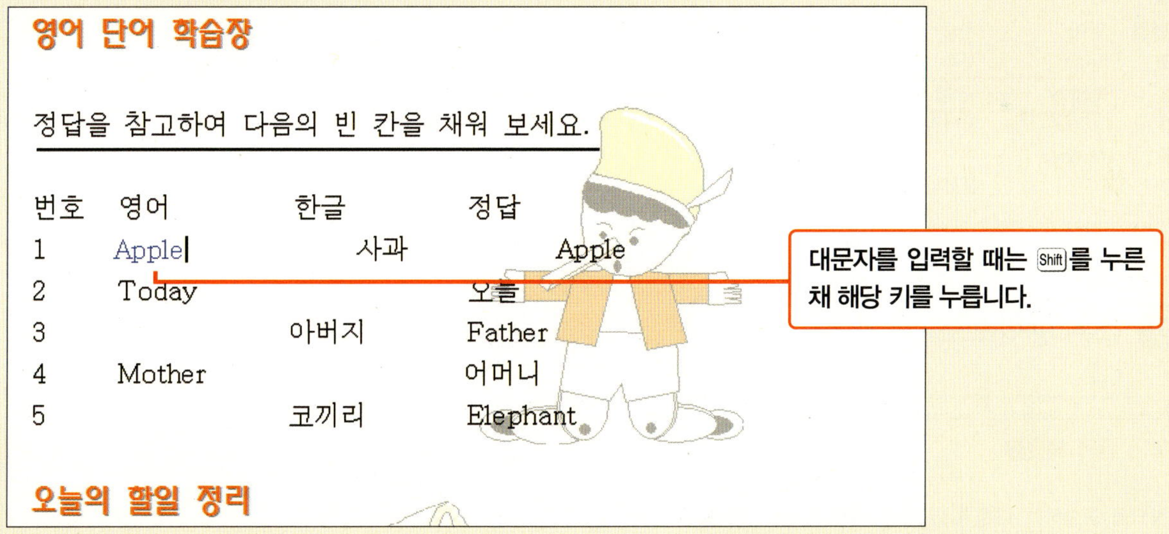

[Caps Lock] 키 이용하기

키보드의 왼쪽을 보면 [Caps Lock] 키가 있습니다. 이 키를 한 번 누르면 [CapsLock] 단자에 불이 켜지며([Caps Lock]이 눌린 상태), 다시 한 번 누르면 불이 꺼집니다.([Caps Lock]이 눌리지 않은 상태) 불이 켜진 상태에서 영문을 입력하면 대문자가 입력됩니다. 그 상태에서 [Shift]를 누른 채 영문을 입력하면 소문자가 입력됩니다.

03 글자를 입력하면 원래 있던 글자들은 뒤로 밀립니다. 현재 입력 상태가 '삽입' 상태이기 때문입니다. 키보드에서 Insert를 누르면 상황선의 '삽입'이 '수정'으로 바뀝니다. Delete를 눌러 뒤로 밀린 글자들을 원래 위치로 당깁니다.

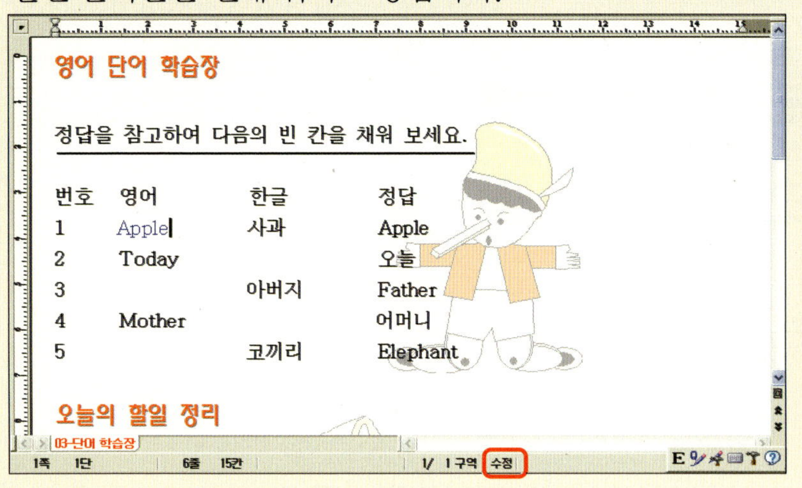

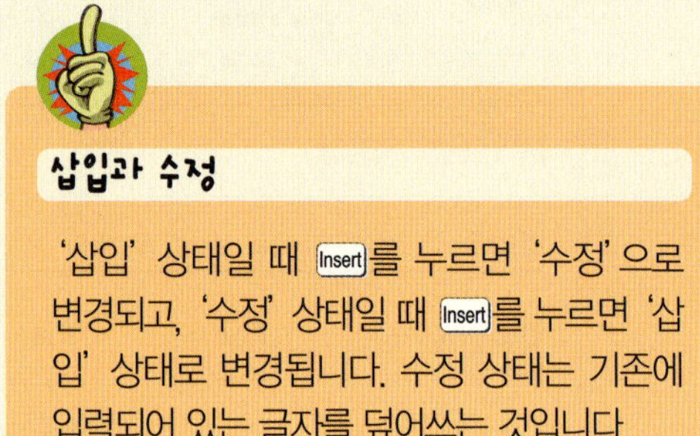

04 '수정' 상태에서 커서를 2번의 한글란에 위치시킨 후 한/영을 눌러 한글 입력 상태로 변경하고 "오늘"을 입력합니다.

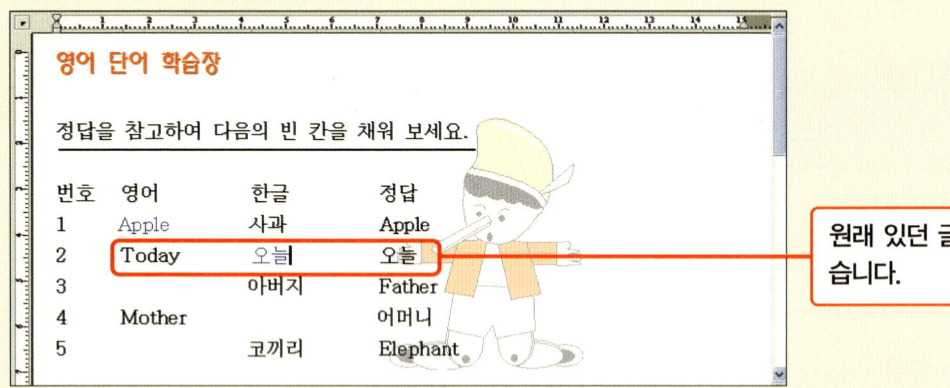

05 같은 방법으로 "Father", "어머니", "Elephant"를 입력합니다.

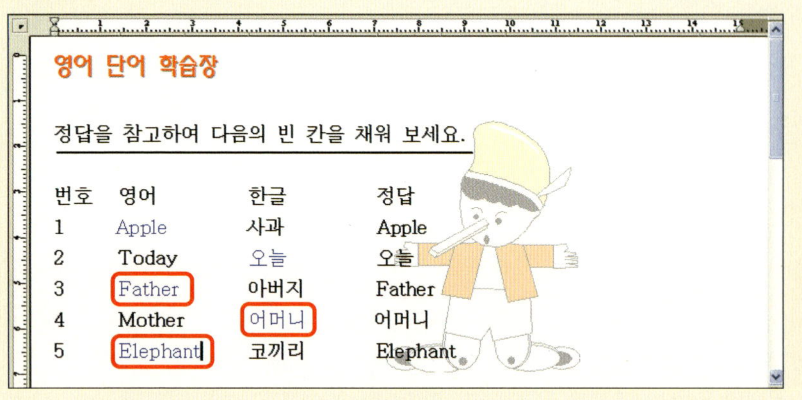

❷ 문자표 입력하기

01 Insert를 눌러 '삽입' 상태로 변경한 후 커서를 '엄마 아빠와'의 '엄' 앞에 위치시키고 [입력]-[문자표]를 선택합니다.

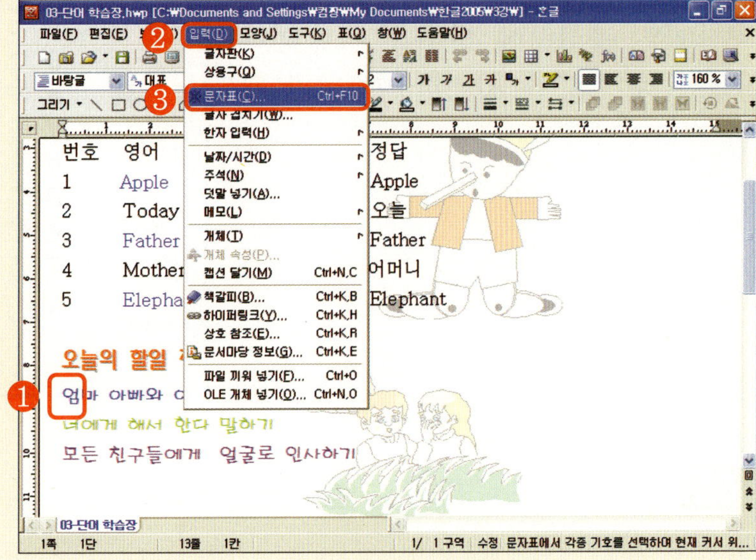

02 [한글(HNC) 문자표] 탭을 클릭하고 문자 영역에서 '전각 기호(원)'을 선택한 후 '①'을 선택하고 [넣기]를 클릭합니다.

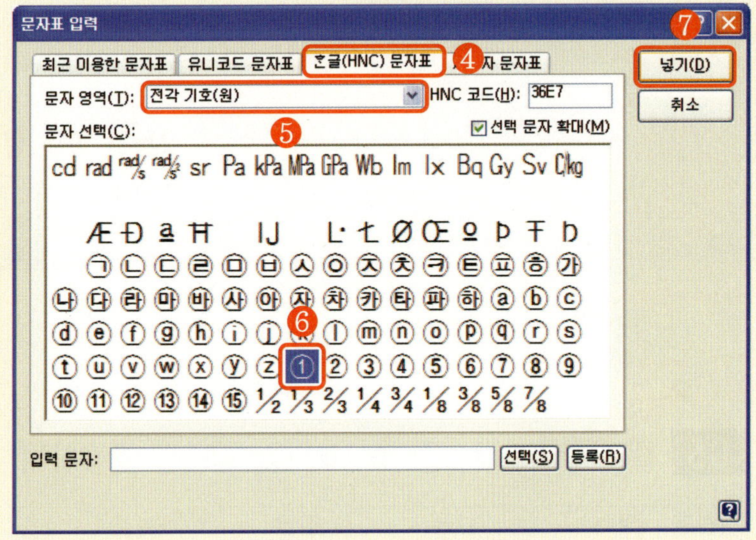

03 커서가 있던 자리에 '①'이 입력됩니다. 이제 커서를 '엄마 아빠와 에'의 '에' 앞에 위치시킨 후 [입력]-[문자표]를 클릭합니다.

04 [한글(HNC) 문자표] 탭을 클릭하고 문자 영역을 '전각 기호(일반)'으로 선택한 후 수직 이동줄에서 ▼를 클릭하여 화면을 아래로 내립니다. '♨'을 선택한 후 [넣기]를 클릭합니다.

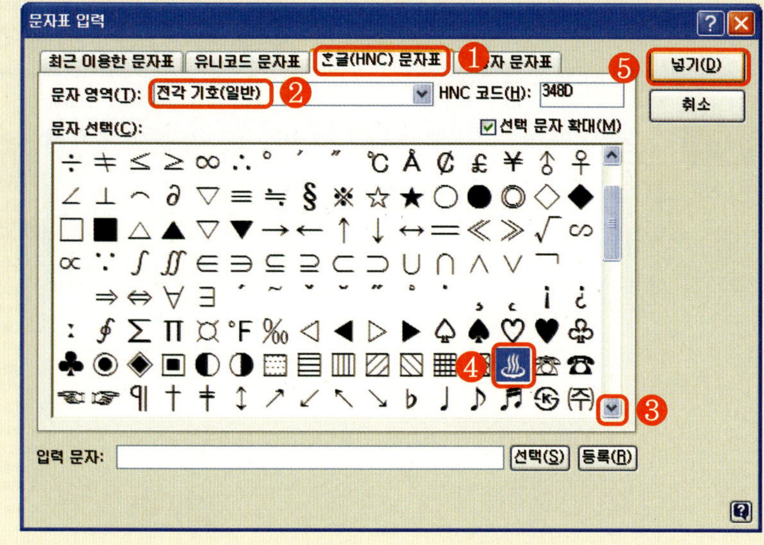

05 커서가 있던 자리에 '♨'가 입력됩니다.

06 같은 방법으로 "②, ☎, ♥, ③, ☺"를 입력합니다.

엄마 아빠와 목욕탕에 가기
너에게 전화해서 사랑한다 말하기
모든 친구들에게 웃는 얼굴로 인사하기

❸ 인쇄 미리 보기

01 [파일]–[미리 보기]를 클릭하거나 기본 도구 상자에서 [미리 보기] 아이콘()을 클릭합니다.

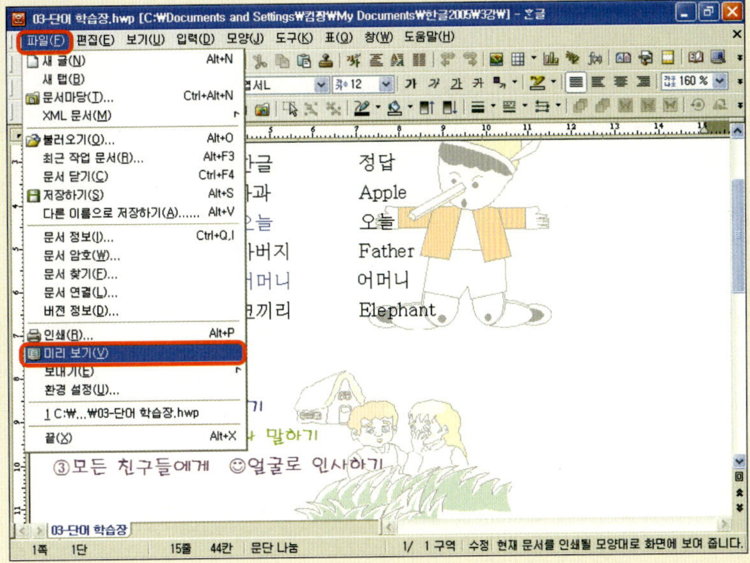

02 인쇄될 모양을 확인할 수 있습니다. [닫기] 아이콘( )을 클릭하거나 Esc 를 눌러 미리 보기 창을 닫습니다.

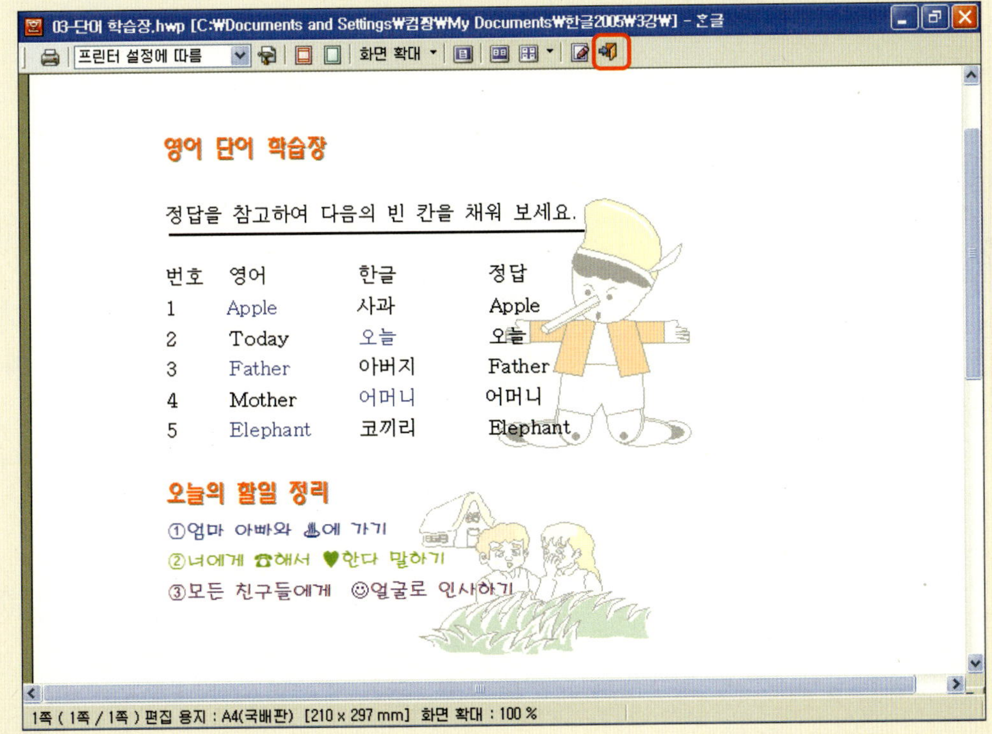

확대/축소하여 보기

미리 보기 영역에서 마우스를 클릭하면 확대되어 표시되며, 확대된 상태에서 클릭하면 다시 축소됩니다.

03 [파일]–[다른 이름으로 저장]을 클릭하여 '03-단어 학습장 완성.hwp' 로 저장합니다.

❶ '03-토끼와 거북이.hwp' 파일 불러오기
❷ '삽입' 상태를 '수정' 상태로 전환하기
❸ 밑줄 아래의 문장을 밑줄 위에 입력하기
❹ 미리 보기로 인쇄되는 모양을 확인하고 문서를 확대해서 살펴보기
❺ '03-토끼와 거북이 완성.hwp'로 저장

2. 귀엽고 예쁜 문자 메시지 만들기

❶ [입력]-[문자표]를 이용해 문자 메시지를 입력하기
❷ ■, ▶, ☞, ♡, ● : 문자 영역 – 전각 기호(일반)
❸ ご : 문자 영역 – 일본어
❹ ㅓ : 문자 영역 – 전각 기호(로마자)
❺ 글자색은 임의대로 변경하기
❻ '문자 메시지 완성.hwp'로 저장

04 천자문 익히기

▶ 한글을 한자로 변환해 보자.
▶ 문단 정렬 방식을 바꿔 보자.

천자문 익히기

한국 초등학교 3학년 : 李韓國

天地玄黃(천지현황)
하늘은 빛이 검고 땅은 빛이 누르다.

宇宙弘荒(우주홍황)
하늘과 땅 사이는 넓고 크다.

日月盈昃(일월영측)
해는 서쪽으로 기울고 달도 차면 점차 이지러진다.

❶ 글자별로 한자 변환하기

01 '04-천자문.hwp'를 불러와 두 번째 줄의 이름 부분을 자신의 이름으로 고친 후 성 뒤에 커서를 위치시키고 [입력]-[한자 입력]-[한자로 바꾸기]를 클릭하거나 한자 또는 F9 를 누릅니다.

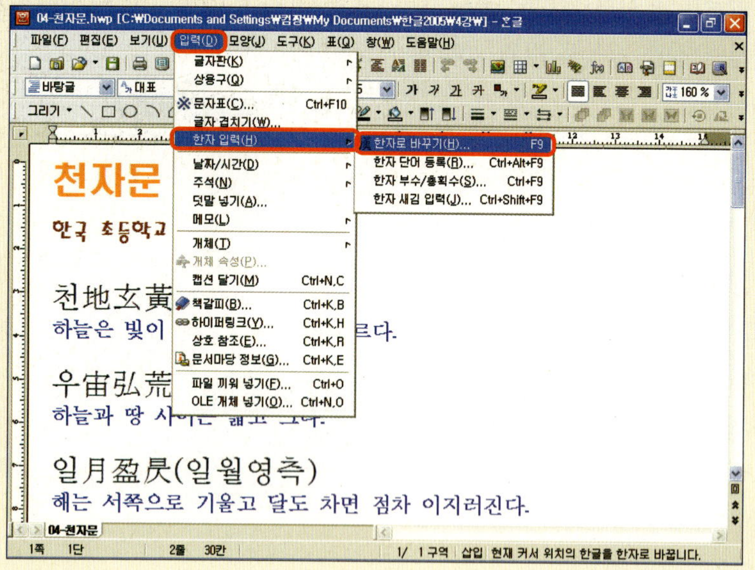

02 [한자로 바꾸기] 대화 상자가 표시됩니다.
자신의 성에 해당하는 한자를 선택하고 [변환]을 클릭합니다.

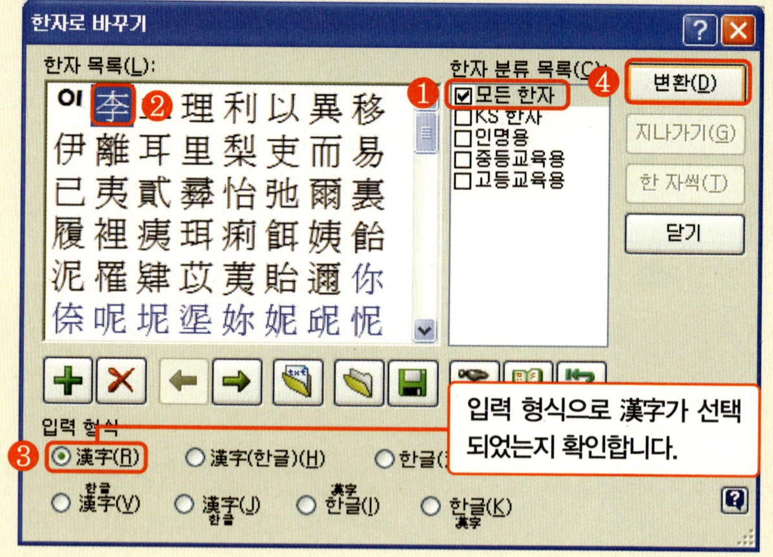

자전 보이기

한자의 음과 뜻, 획수를 표시해 주는 한자 사전을 자전이라 합니다. [자전 보이기] 를 클릭하면 선택된 한자의 뜻이 표시됩니다.

03 성이 한자로 변경됩니다. 같은 방법으로 이름도 한자로 변경합니다.

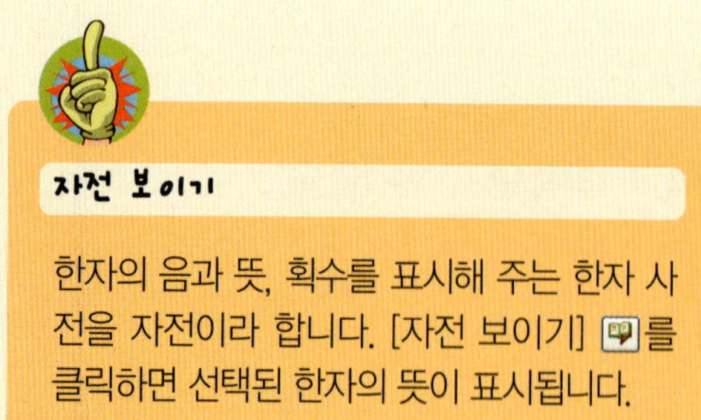

04 이번에는 세 번째 줄의 첫 글자인 '천' 뒤에 커서를 위치시킨 후 [한자]를 누릅니다.

한글로 변환하기

한자를 다시 한글로 변환하려면 입력한 한자 뒤에 커서를 놓고 [한자]또는 [F9]를 누릅니다.

천자문 익히기

한국 초등학교 3학년 : 李韓國

천地玄黃(천지현황)
하늘은 빛이 검고 땅은 빛이 누르다.

우宙弘荒(우주홍황)
하늘과 땅 사이는 넓고 크다.

일月盈昃(일월영측)
해는 서쪽으로 기울고 달도 차면 점차 이지러진다.

05 '하늘 천'을 찾아 선택한 후 [변환]을 클릭합니다.

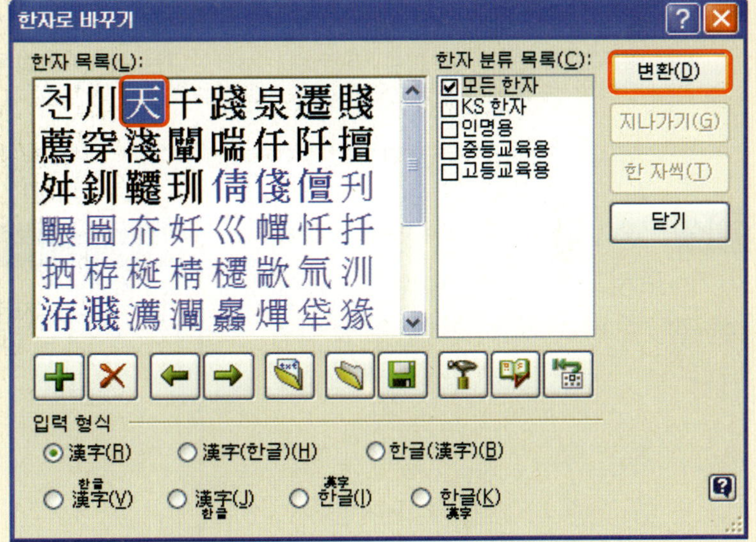

06 한자로 변환됩니다. 같은 방법으로 '집 우', '날 일'을 한자로 변경합니다.

천자문 익히기

한국 초등학교 3학년 : 李韓國

天地玄黃(천지현황)
하늘은 빛이 검고 땅은 빛이 누르다.

宇宙弘荒(우주홍황)
하늘과 땅 사이는 넓고 크다.

日月盈昃(일월영측)
해는 서쪽으로 기울고 달도 차면 점차 이지러진다.

❷ 단어로 한자 변환하기

01 커서를 2페이지로 이동시킨 후 '온고지신' 단어 뒤에 커서를 위치시키고 [입력]–[한자 입력]–[한자 바꾸기]를 클릭하거나 한자를 또는 F9를 누릅니다.

사자성어 익히기

온고지신
溫(익힐 온) 故(옛 고) 知(알 지) 新(새 신)
옛 것을 알면서 새 것도 안다는 뜻이다.

신출귀몰
神(귀신 신) 出(날 출) 鬼(귀신 귀) 沒(없어질 몰)
아무도 모르게 귀신처럼 나타났다 사라진다는 뜻이며, 행동이 신속하고 그 변화가 심하여 헤아릴 수 없음을 비유한 말이다.

02 '온고지신'에 해당하는 한자 어가 표시되면 입력 형식을 '漢字 (한글)'로 변경하고 [변환]을 클릭합 니다.

03 같은 방법으로 '신출귀몰'도 한자어로 변경합니다.

사자성어 익히기

溫故知新(온고지신)
溫(익힐 온) 故(옛 고) 知(알 지) 新(새 신)
옛 것을 알면서 새 것도 안다는 뜻이다.

神出鬼沒(신출귀몰)
神(귀신 신) 出(날 출) 鬼(귀신 귀) 沒(없어질 몰)
아무도 모르게 귀신처럼 나타났다 사라진다는 뜻이며, 행동이 신속하고 그 변화가 심하여 헤아릴 수 없음을 비유한 말이다.

❸ 문단 정렬 방식 변경하기

01 커서를 1페이지의 첫 번째 줄에 위치시킨 후 [모양]-[문단 모양]을 클릭합니다.

02 [문단 모양] 대화 상자가 나타납니다. [기본] 탭의 '정렬 방식'에서 '가운데 정렬'을 클릭하고 [설정]을 클릭합니다.

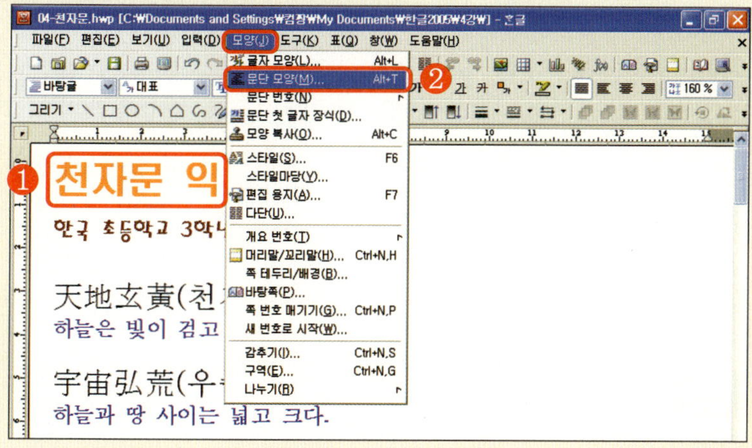

03 첫 번째 줄이 가운데로 정렬됩니다.

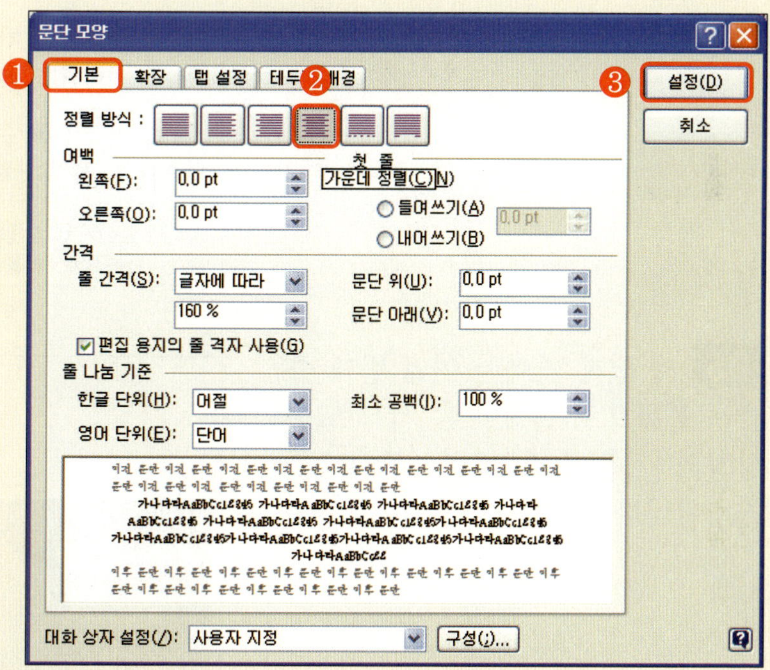

04 이번에는 서식 도구 상자를 이용하여 문단을 정렬해 봅니다. 이름이 입력된 두 번째 줄에 커서를 위치시킨 후 서식 도구 상자에서 [오른쪽 정렬] 아이콘(▤)을 클릭합니다.

> **천자문 익히기**
>
> 한국 초등학교 3학년 : 李韓國
>
> 天地玄黃(천지현황)
> 하늘은 빛이 검고 땅은 빛이 누르다.
>
> 宇宙弘荒(우주홍황)
> 하늘과 땅 사이는 넓고 크다.
>
> 日月盈昃(일월영측)
> 해는 서쪽으로 기울고 달도 차면 점차 이지러진다.

05 두 번째 줄이 오른쪽으로 정렬됩니다.

> **천자문 익히기**
>
> 한국 초등학교 3학년 : 李韓國
>
> 天地玄黃(천지현황)
> 하늘은 빛이 검고 땅은 빛이 누르다.
>
> 宇宙弘荒(우주홍황)
> 하늘과 땅 사이는 넓고 크다.
>
> 日月盈昃(일월영측)
> 해는 서쪽으로 기울고 달도 차면 점차 이지러진다.

06 세 번째 줄에서 여덟 번째 줄까지 블록으로 설정한 후 서식 도구 상자의 [가운데 정렬] 아이콘(▤)을 클릭합니다.

> **천자문 익히기**
>
> 한국 초등학교 3학년 : 李韓國
>
> 天地玄黃(천지현황)
> 하늘은 빛이 검고 땅은 빛이 누르다.
>
> 宇宙弘荒(우주홍황)
> 하늘과 땅 사이는 넓고 크다.
>
> 日月盈昃(일월영측)
> 해는 서쪽으로 기울고 달도 차면 점차 이지러진다.

07 가운데로 정렬됩니다.

> **천자문 익히기**
>
> 한국 초등학교 3학년 : 李韓國
>
> 天地玄黃(천지현황)
> 하늘은 빛이 검고 땅은 빛이 누르다.
>
> 宇宙弘荒(우주홍황)
> 하늘과 땅 사이는 넓고 크다.
>
> 日月盈昃(일월영측)
> 해는 서쪽으로 기울고 달도 차면 점차 이지러진다.

1. 한자의 원리 이해하기

HY그래픽, 20pt, 가운데 정렬

한자를 만드는 원리

– 韓國初等學校 3學年 洪吉童 –

자신의 학교, 학년, 반, 이름 입력
한자 변환, 초록, 오른쪽 정렬

1. 象形文字
물건이나 사물의 모양을 본떠 만듦

2. 指事文字
추상적인 기호로 특정한 일, 모양, 사태를 표현한 것

3. 會意文字
두개 이상의 글자를 뜻으로 묶어 하나의 한자를 만드는 방식

4. 形聲文字
뜻은 대표자에 두고 소리를 내는 자를 더해서 만듦

5. 轉注文字
뜻을 확장하거나 변형하여 만듦

6. 假借文字
소리만 빌어 만듦

한자 변환

① '04-한자원리.hwp' 파일 불러오기
② 제시된 문서와 같이 한자로 변환하기
③ 미리 보기로 인쇄되는 모양을 확인하고 문서를 확대해서 살펴보기
④ '04-한자원리 완성.hwp'로 저장

2. 재미있게 사자성어 공부하기

휴먼매직체, 20pt, 파랑, 가운데 정렬

재미있게 사자성어 공부하기

오른쪽 정렬

– 전라도 버전 –

1. 新裝開業
들어부러라. 느그들두 알다시피 나가 말여. 아그들을 데불구 새로운 길드라는 걸 하나 맹글지 않았겠냐.

2. 晝耕夜讀
낮엔 허벌나게 컴퓨터 게임하고 밤에 쪼깨 공부하느라 허벌나게 바뻐 부렀재이.

3. 唯我獨尊
더구나 나가 보스다 본께 시상 겁나능 것도 없꼬 어느 누구 하나 부러운 눔두 없어 부렀재이.

4. 日就月將
암튼 사시미 길드가 그동안 겁대가리 없이 커번졌구마이.

5. 鳥足之血
지들이 징허게 커봤자 우리 발톱에 낀 때 아니더라고.

한자 변환

① '04-사자성어.hwp' 파일 불러오기
② 제시된 문서와 같이 한자로 변환하고 입력 형식은 漢字(U)으로 선택하기
③ 미리 보기로 인쇄되는 모양을 확인하고 문서를 확대해서 살펴보기
④ '04-사자성어 완성.hwp'로 저장

05 스펀지에서 상식 배우기

▶ 문단에서 줄 간격을 변경해 보자.
▶ 문단 테두리와 배경을 바꿔 보자.
▶ 쪽 테두리와 배경을 바꿔 보자.

스펀지 상식

① 맥주병은 다른 병들과는 달리 가라앉지 않는다. (★★★☆)

맥주병은 물에 잘 뜬다. 빈 맥주병을 물에 띄우면 병 안으로 물이 들어가게 되고 물이 들어간 만큼 공기가 밖으로 나온다.

② 샌드백에는 모래가 없다. (★★★★)

붕어빵에는 붕어가 없고, 빈대떡에는 빈대가 없다. 그리고 샌드백 안에도 역시 모래(sand)가 없다.

③ 발이 저릴 때는 다리를 X자로 교차하면 된다. (★★★★☆)

장시간 무릎을 꿇고 앉아 있으면 어김없이 찾아오는 발저림! 발이 저린 이유는 발에 충분히 혈액이 흐르지 못하기 때문이다. 이 때 30초 정도 다리를 X자로 교차하여 다시 꿇어앉았다 일어나면 신기하게도 다리 저림이 사라지게 된다.

❶ 줄 간격 설정하기

01 한글 2005를 실행한 후 다음의 내용을 지시사항대로 입력합니다.

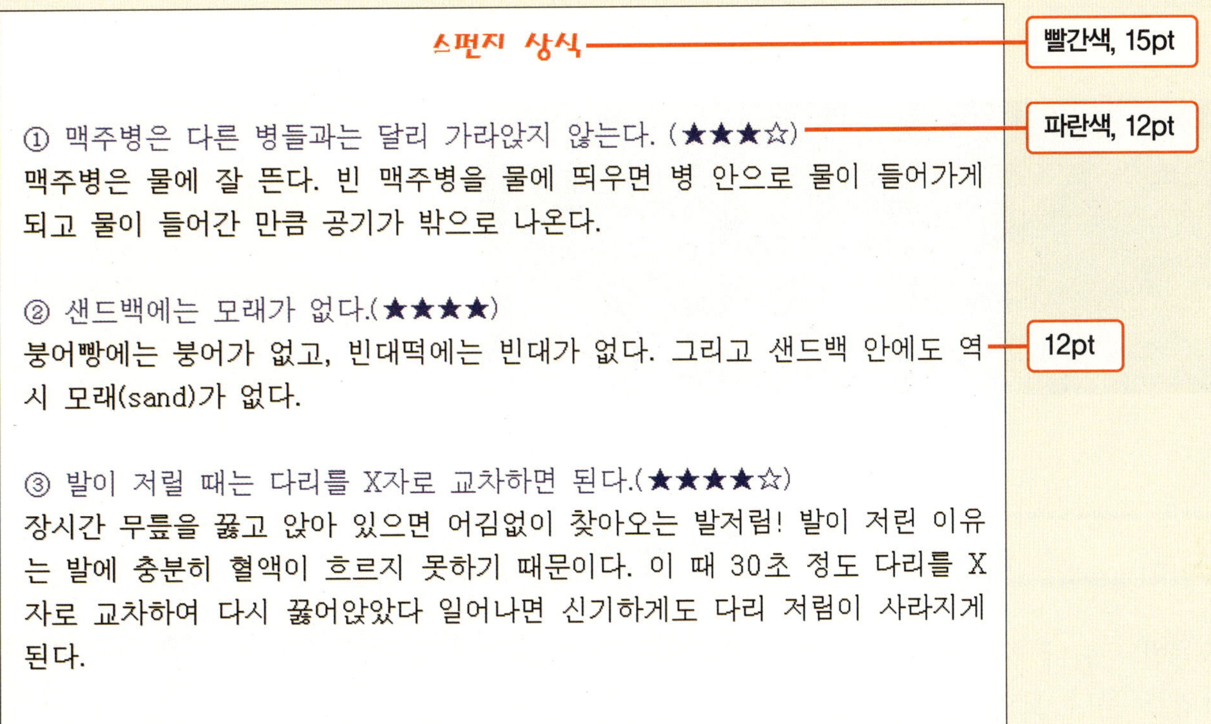

02 모든 문단의 줄 간격을 변경하기 위해 먼저 블록을 설정하고 서식 도구 상자에서 [줄 간격] 아이콘(　)의 내림 단추를 클릭한 후 '200%'를 선택합니다.

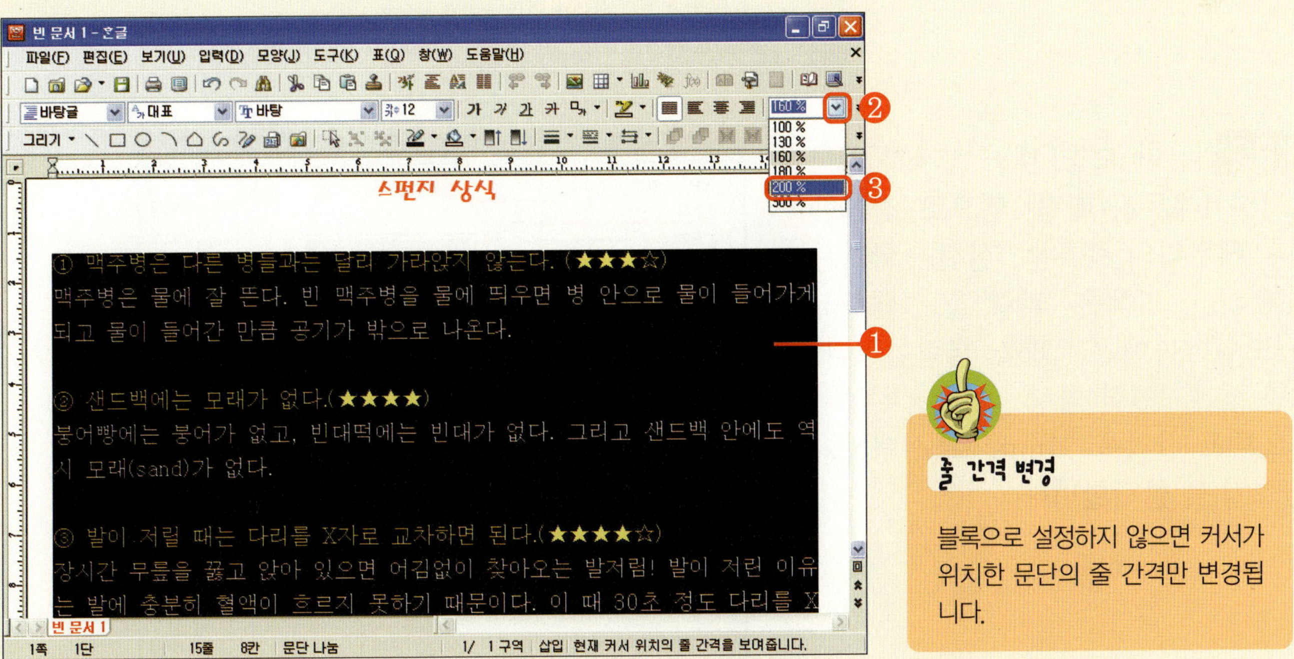

줄 간격 변경

블록으로 설정하지 않으면 커서가 위치한 문단의 줄 간격만 변경됩니다.

03 줄 간격이 200%로 변경됩니다.

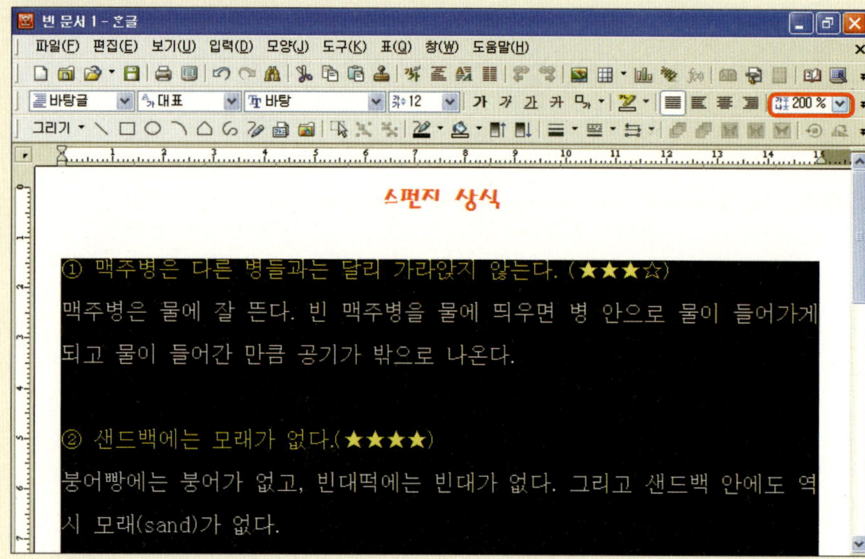

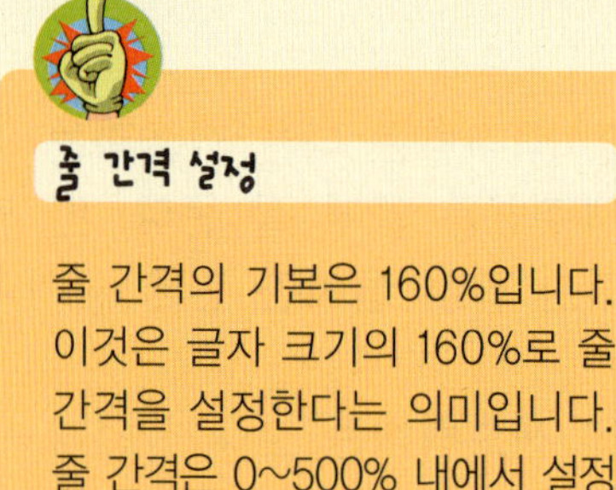

줄 간격의 기본은 160%입니다. 이것은 글자 크기의 160%로 줄 간격을 설정한다는 의미입니다. 줄 간격은 0~500% 내에서 설정할 수 있습니다.

❷ 문단 테두리와 배경 설정하기

01 ①번 문단에 커서를 위치시키고 [모양]–[문단 모양]을 클릭하거나 기본 도구 상자에서 [문단 모양] 아이콘(圭)을 클릭합니다.

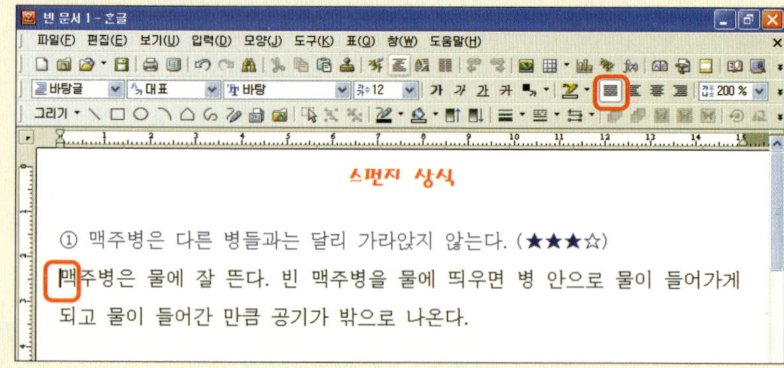

02 [문단 모양] 대화 상자가 표시되면 [테두리/배경] 탭으로 전환한 후 테두리의 종류는 '실선', 굵기는 '0.5mm', 색은 '파랑'을 선택하고 '모두' 아이콘(回)을 클릭합니다. 면 색은 '연한 파랑', 왼쪽·위쪽·오른쪽 간격을 '1mm'로 선택하고 [설정]을 클릭합니다.

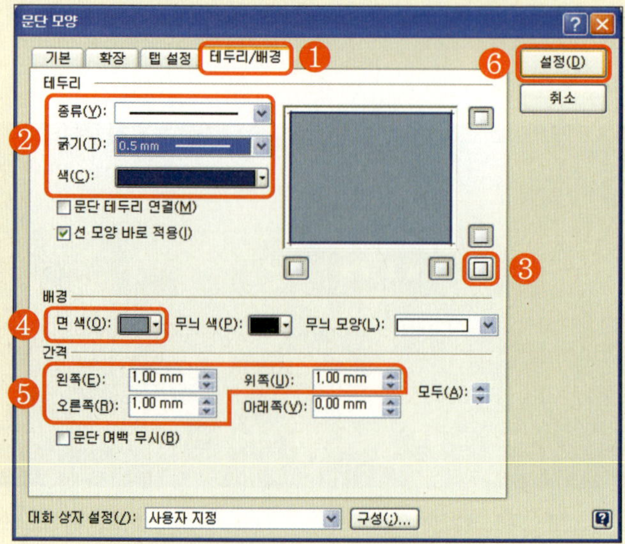

03 다음과 같이 선택한 문단에 테두리와 배경이 설정됩니다. 같은 방법을 이용하여 다른 문단에도 테두리와 배경색을 설정합니다.

② 샌드백에는 모래가 없다.(★★★★)

붕어빵에는 붕어가 없고, 빈대떡에는 빈대가 없다. 그리고 샌드백 안에도 역시 모래(sand)가 없다.

왼쪽, 위쪽, 오른쪽 간격 1mm
점선, 0.5mm, 주황, 면색–연노랑

③ 발이 저릴 때는 다리를 X자로 교차하면 된다.(★★★★☆)

장시간 무릎을 꿇고 앉아 있으면 어김없이 찾아오는 발저림! 발이 저린 이유는 발에 충분히 혈액이 흐르지 못하기 때문이다. 이 때 30초 정도 다리를 X자로 교차하여 다시 꿇어앉았다 일어나면 신기하게도 다리 저림이 사라지게 된다.

왼쪽, 위쪽, 오른쪽 간격 1mm
굵은 점선, 0.5mm, 면색

❸ 쪽 테두리와 배경 설정하기

01 [모양]-[쪽 테두리 배경]을 클릭합니다.

쪽 테두리

[쪽 테두리/배경] 대화 상자에서 '홀수 쪽'을 선택하면 홀수 쪽에만, '짝수 쪽'을 선택하면 짝수 쪽에만 테두리가 표시됩니다. 또한 '첫 쪽 제외'를 선택하면 1쪽에는 테두리가 표시되지 않고, '첫 쪽만'을 선택하면 1쪽에만 테두리가 표시됩니다.

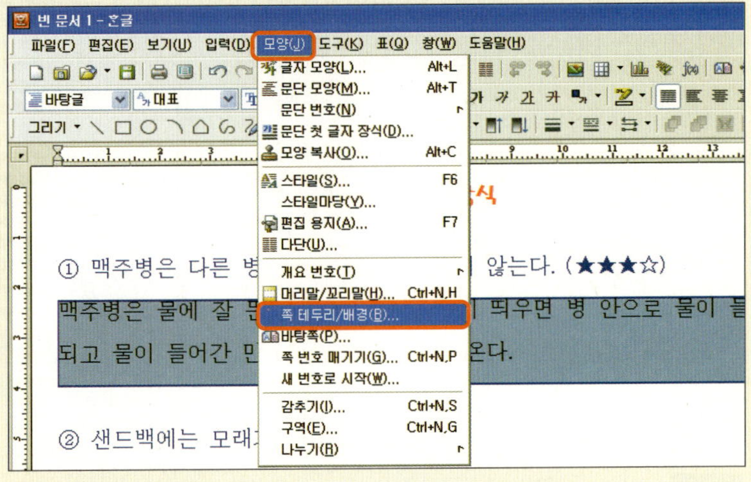

02 [쪽 테두리/배경] 대화 상자의 [테두리] 탭에서 테두리 종류는 '실선', 굵기는 '0.1mm', 색은 '파랑', 을 선택하고 '모두' 아이콘(□)을 클릭합니다. 위치는 '쪽 기준', 왼쪽, 오른쪽 '10mm'를 선택합니다.

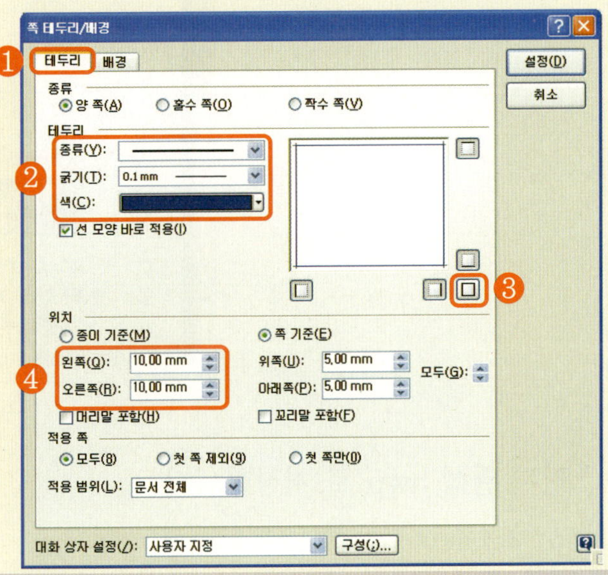

03 배경을 설정하기 위해 [배경] 탭에서 '그러데이션'을 선택하고 시작 색, 끝 색을 선택한 후 유형에서 '수평'을 선택하고 [설정]을 클릭합니다.

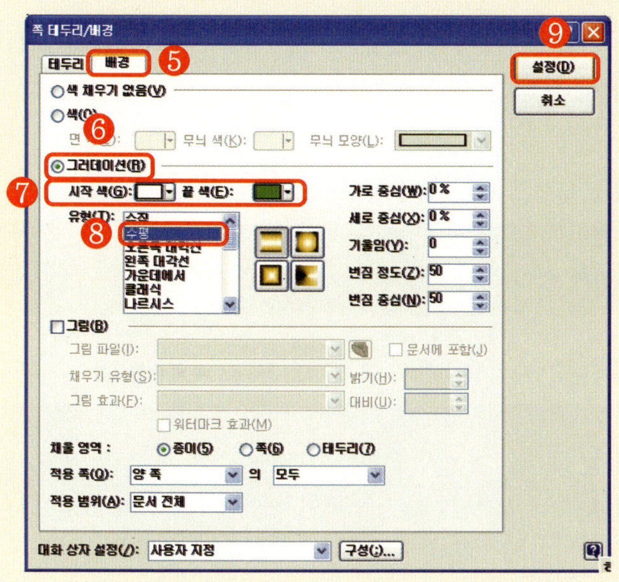

그림 배경 넣기

[쪽 테두리/배경] 대화 상자의 [배경] 탭에서 '그림'을 선택하면 [그림 넣기] 대화 상자가 표시됩니다. 그림 파일을 지정하고 그림의 채우기 유형, 그림 효과 등을 지정하면 선택한 그림이 문서 배경으로 설정됩니다.

04 테두리와 그러데이션 배경이 설정됩니다. 테두리를 확인하기 위해 [보기]-[쪽 윤곽]을 선택합니다.

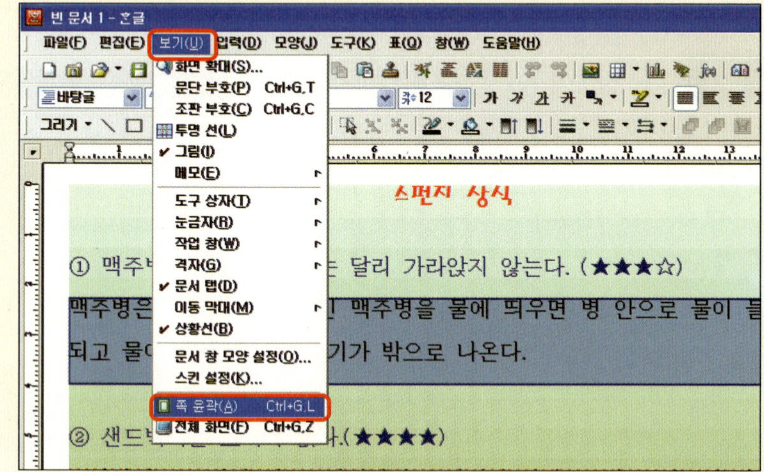

05 쪽 윤곽이 표시되며 문서 테두리를 확인할 수 있습니다.

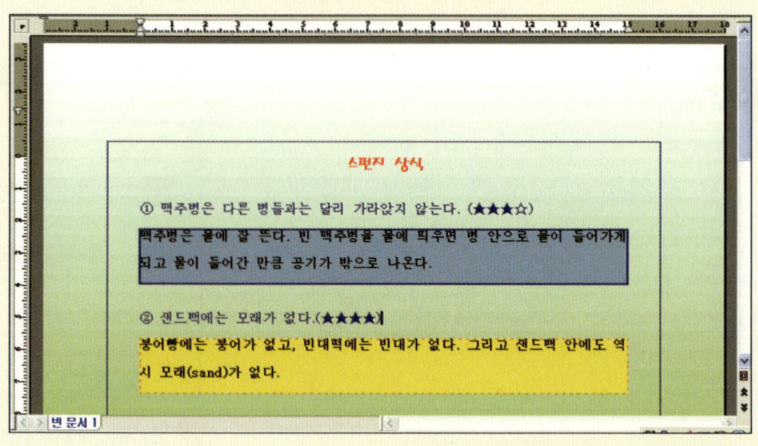

06 '05-스펀지 완성.hwp'로 저장합니다.

1. 관찰일기 작성하기

초파리 관찰일기

2010년 7월 2일

초파리에 대해 궁금한 것이 있어서 인터넷 조사를 해보았다. 절지동물(Arthropoda), 곤충강(Insect)에 속하며 그 중 파리파(Diptera)에 속한다.

노랑 초파리(drosophilla melanogaster)가 대표적인 종이다. 초파리는 식초같은 냄새가 나는 물질을 좋아한다.

과일 썩은 곳에도 잘 모이므로 과일 파리로도 불린다. 초파리의 종류 중 실험 재료로 제일 처음 사용했던 노랑 초파리이다.

❶ '05-관찰일기.hwp' 파일 불러오기
❷ 전체 줄 간격을 '200%'로 설정하기
❸ 원하는 색과 모양의 문단 배경과 문단 테두리 설정하기
❹ '초파리.bmp' 파일을 문서 배경으로 설정하기. 이때 그림은 문서에 포함시키고 채우기 유형을 '오른쪽 아래'로 설정하기
❺ '05-관찰일기 완성.hwp'로 저장하기

2. 소년 표류기의 등장 인물들

15소년 표류기의 등장 인물들

브리앙
13세 프랑스 소년으로 자크의 형이다. 우등생은 아니지만 친절하고 자상하며 어려운 일에 늘 앞장선다.

고든
14세 미국 소년으로 부모님이 일찍 돌아가셔서 친척에게 맡겨져 자랐다. 침착하고 성실하게 맡을 일을 잘 한다.

모코
12세 흑인으로 부지런하고 지혜로우며 소년들의 식사를 담당한다.

❶ '05-15소년.hwp' 파일 불러오기
❷ 제목 부분의 줄간격 '100%', 내용 부분 줄간격 '200%'으로 설정하기
❸ 쪽 테두리 종류는 '굵은 점선', 굵기는 '1mm', 색은 '빨강'으로 설정하기
❹ 문서 배경으로 원하는 색의 그러데이션 설정하기
❺ '05-15소년 완성.hwp'로 저장하기

06 친구 사귀기

▶ 문단 첫 글자를 예쁘게 꾸며 보자.
▶ 문단 왼쪽 여백과 오른쪽 여백을 변경해 보자.
▶ 문서를 종이로 인쇄해 보자.

친구 사귀기

자 신감을 가져라. 자신감이라고 하면 너무 큰 범위 같지만 일단 친구에게 있어서는 말을 걸고자 하는 마음, 친구들과 당당히 맞설수 있는 강한 마음을 말합니다.

차 별을 두지 마라. 친구를 사귈때는 경계를 두지 말고, 노는 친구, 공부 잘하는 친구 두루 두루 친하게 지내세요.

의 리가 있어야 한다. 의리가 없는 친구들은 대부분 이기적이고 배려를 모르는 사람입니다. 일단 친구들 앞에서는 항상 진실되고 솔직하게 대화를 해야겠구요.

❶ 문단 첫 글자 장식하기

01 '06-친구.hwp'를 불러온 후 제목의 모양과 문단의 줄 간격을 다음과 같이 편집합니다.

궁서체, 20pt, 파랑, 그림자, 가운데 정렬

줄 간격 200%

02 첫 번째 문단에 커서를 놓고 [모양]-[문단 첫 글자 장식]을 클릭합니다.

커서의 위치

문단 첫 글자 장식 기능은 커서가 있는 문단의 첫 글자 모양을 변경합니다. 그러므로 먼저 첫 글자를 장식할 문단에 커서를 놓아야 합니다.

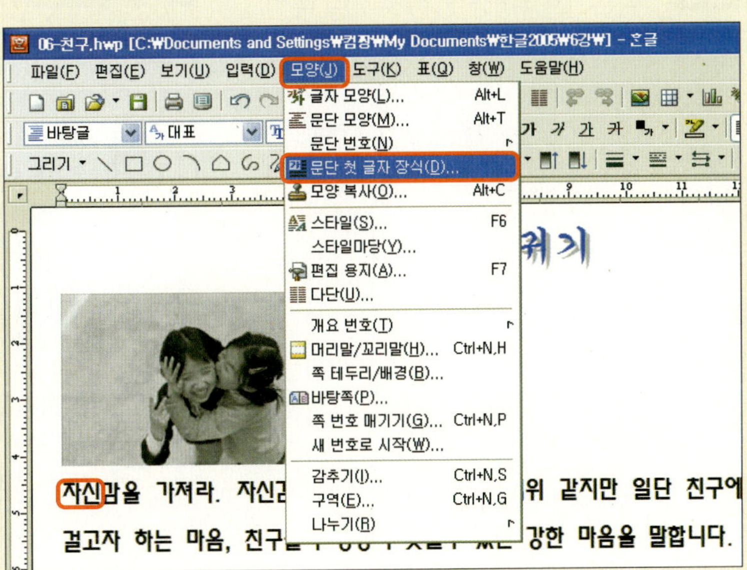

45

03 [문단 첫 글자 장식] 대화 상자가 표시되면 두 번째 모양을 선택하고 면 색은 '연녹색'을 선택한 후 [설정]을 클릭합니다.

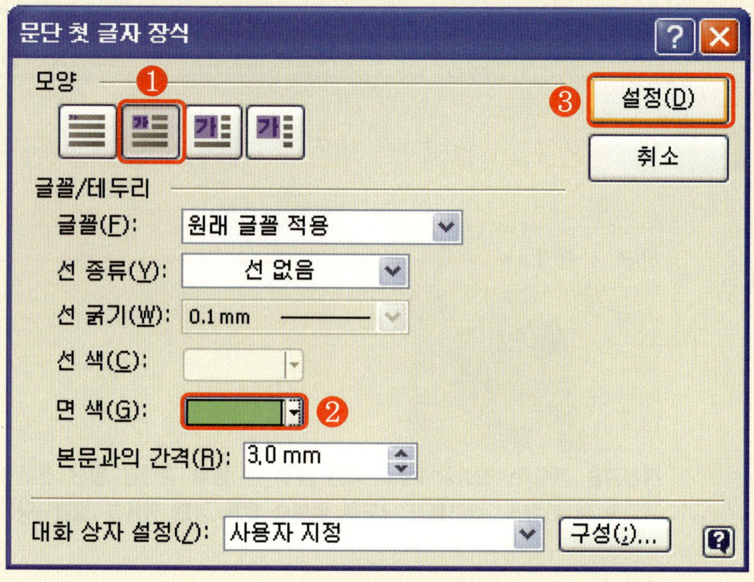

04 커서가 있는 문단의 첫 글자 모양이 설정한 대로 변경됩니다.

05 같은 방법으로 다른 문단의 첫 글자도 장식합니다.

❷ 문단 여백 설정하기

01 첫 번째 문단에 커서를 놓고 [모양]-[문단 모양] 또는 [문단 모양] 아이콘(▤)을 클릭합니다.

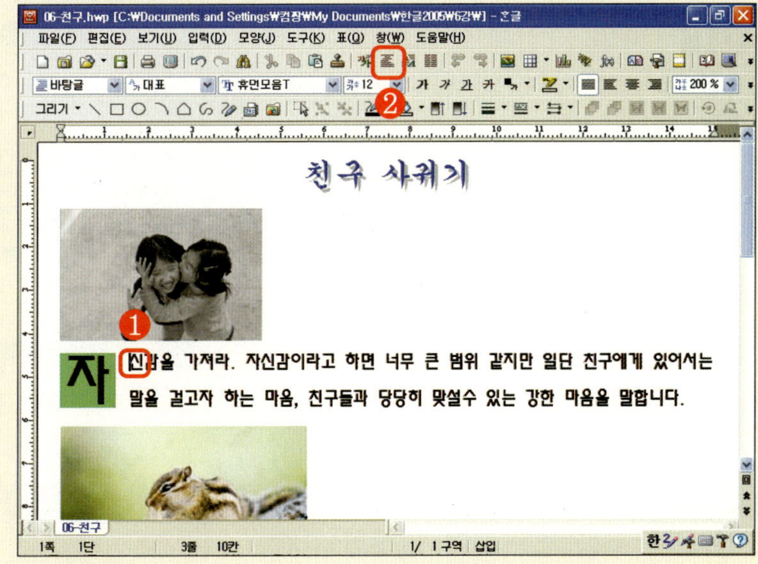

02 [문단 모양] 대화 상자가 표시되면 왼쪽과 오른쪽 여백을 '20pt'로 입력하고 [설정]을 클릭합니다.

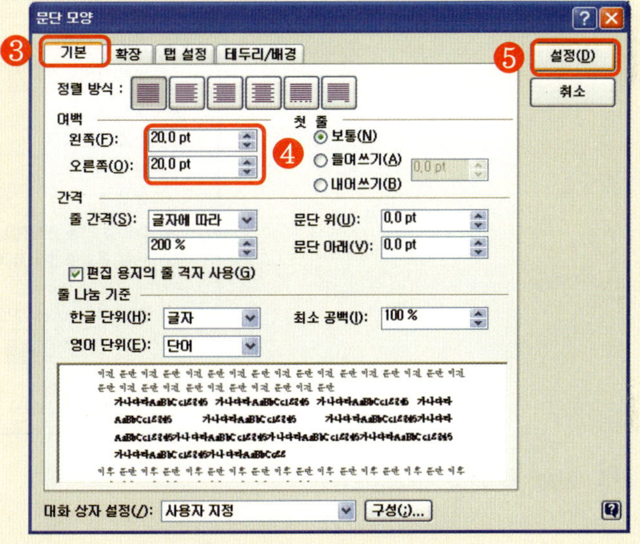

03 선택한 문단의 왼쪽과 오른쪽에 여백이 설정됩니다. 같은 방법으로 다른 문단에도 여백을 설정합니다.

문단 모양의 다른 기능들

1. 첫 줄 – 들여쓰기는 다른 줄보다 문단의 첫 줄을 들여서 시작하는 것이고, 내어쓰기는 다른 줄보다 문단의 첫 줄을 내어서 시작하는 것입니다.
2. 문단 위/아래 – 문단 위/아래 간격을 설정합니다.

01 [파일]-[인쇄]를 클릭하거나 기본 도구 상자의 [인쇄] 아이콘(🖶)을 클릭합니다.

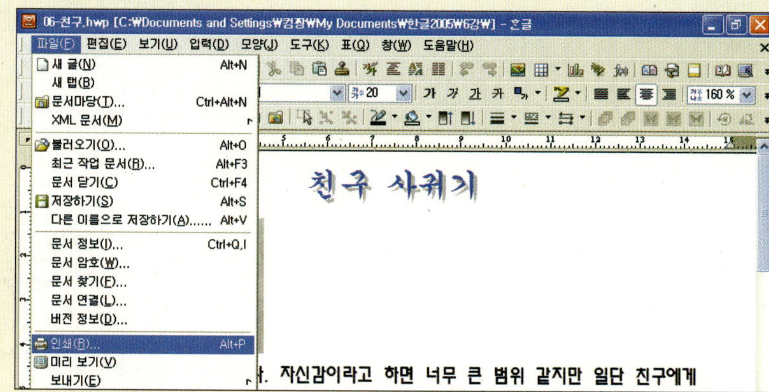

02 [인쇄] 대화 상자가 표시되면 [인쇄] 단추를 클릭하여 인쇄합니다. '06-친구 완성.hwp'로 저장합니다.

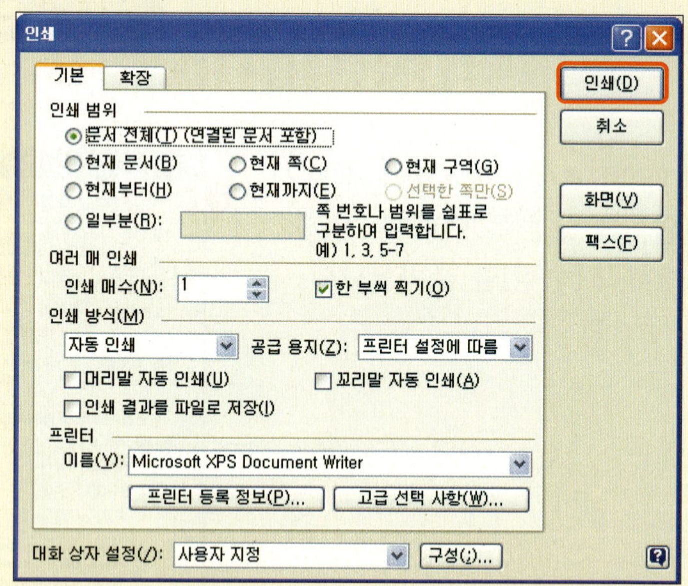

한글 2005의 한글 인쇄 관리자

Windows 탐색기나 폴더 창에서 인쇄할 파일명을 마우스 오른쪽 단추로 클릭한 후 [인쇄]를 선택하면 한글 2005를 실행하지 않고도 프린터로 출력됩니다.

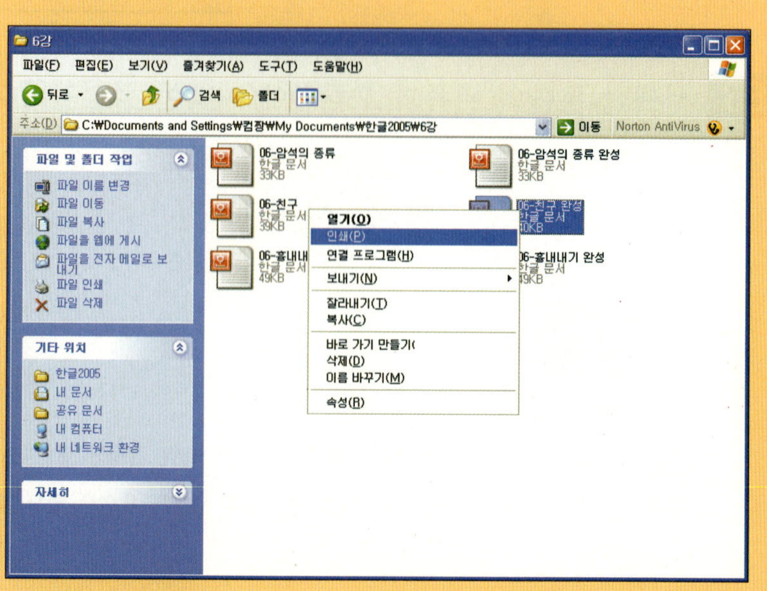

1. 암석의 종류 알아보기

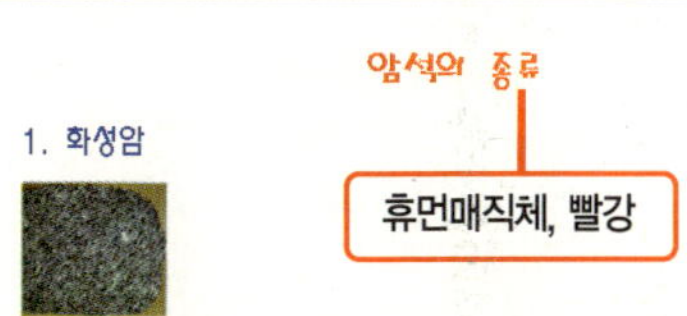

① '06-암석의 종류.hwp' 파일 불러오기
② 문단 첫 글자를 장식하되 마음에 드는 색을 선택하고 모양은 '3줄'을 선택
③ 문단의 왼쪽 여백을 '20pt'로 설정하고 문단의 줄 간격을 '200%'로 설정
④ 미리 보기로 인쇄되는 모양을 확인하고 문서를 인쇄하기
⑤ '05-암석의 종류 완성.hwp'로 저장

2. 연예인 흉내내기

① '06-흉내내기.hwp' 파일 불러오기
② 문단 첫 글자를 장식하되 마음에 드는 색을 선택하고 모양은 '3줄', 면 색은 '연노랑'을 선택
③ 미리 보기로 인쇄되는 모양을 확인하고 문서를 인쇄하기
④ '05-흉내내기 완성.hwp'로 저장

07

친구들 주소록 만들기

- ▶ 문서의 일부분을 복사해 보자.
- ▶ 문서의 일부분을 이동해 보자.
- ▶ 편집 용지와 여백을 설정해 보자.

같은 일을 계속해서 반복하면 짜증나죠?
한글에서는 같은 내용을 두 번 입력할 필요가 없습니다.
간단하게 복사해 버리면 되니까요!
그리고 한글 2005에서 편집 용지를 변경해 봅니다.

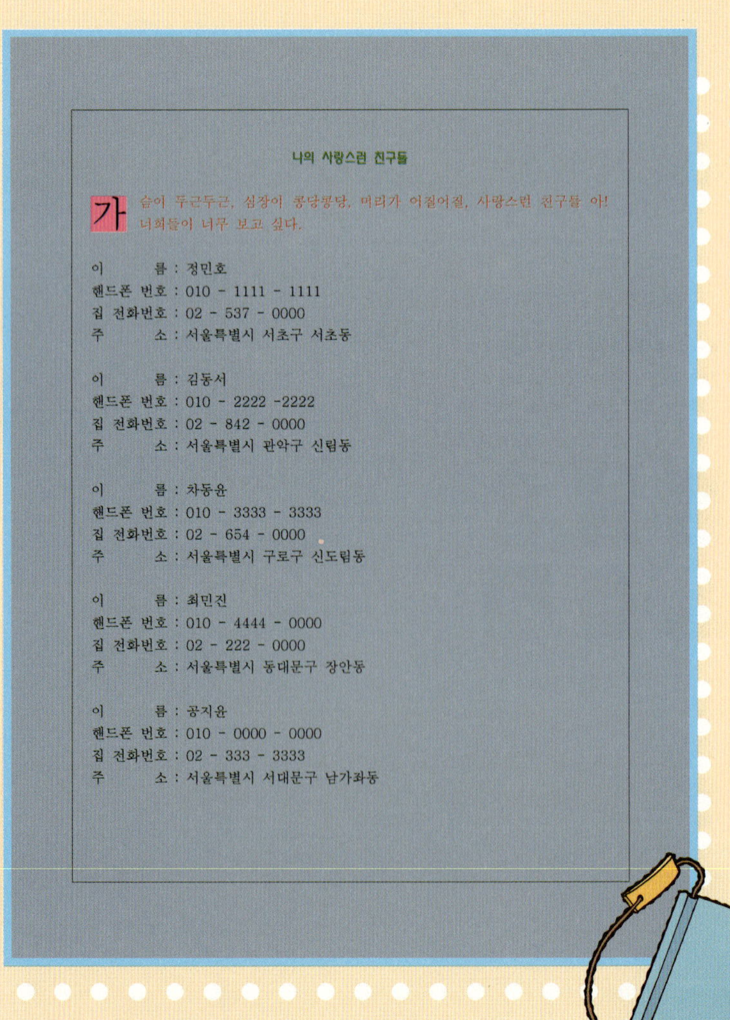

나의 사랑스런 친구들

가 슬어 두근두근, 심장이 콩닥콩닥, 머리가 어질어질, 사랑스런 친구들 아! 너희들이 너무 보고 싶다.

```
이       름 : 정민호
핸드폰 번호 : 010 - 1111 - 1111
집 전화번호 : 02 - 537 - 0000
주       소 : 서울특별시 서초구 서초동

이       름 : 김동서
핸드폰 번호 : 010 - 2222 -2222
집 전화번호 : 02 - 842 - 0000
주       소 : 서울특별시 관악구 신림동

이       름 : 차동윤
핸드폰 번호 : 010 - 3333 - 3333
집 전화번호 : 02 - 654 - 0000
주       소 : 서울특별시 구로구 신도림동

이       름 : 최민진
핸드폰 번호 : 010 - 4444 - 0000
집 전화번호 : 02 - 222 - 0000
주       소 : 서울특별시 동대문구 장안동

이       름 : 공지윤
핸드폰 번호 : 010 - 0000 - 0000
집 전화번호 : 02 - 333 - 3333
주       소 : 서울특별시 서대문구 남가좌동
```

❶ 내용 복사한 후 붙여넣기

01 한글 2005의 새 문서에 다음의 내용을 입력하고 지시사항대로 편집합니다.

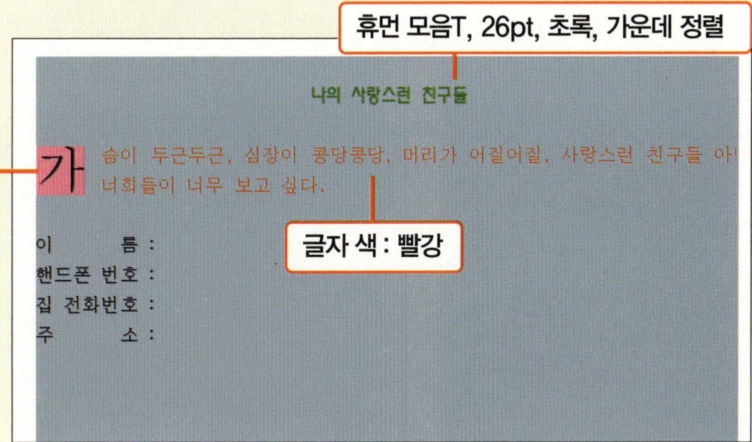

02 '이름 :' 에서 '주소 :' 까지 블록으로 설정하고 [편집]-[복사하기] 또는 기본 도구 상자에서 [복사하기] 아이콘(📋)을 클릭합니다.

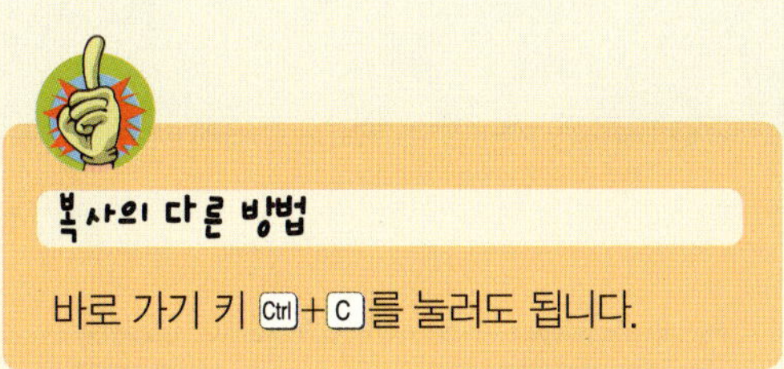

바로 가기 키 Ctrl + C 를 눌러도 됩니다.

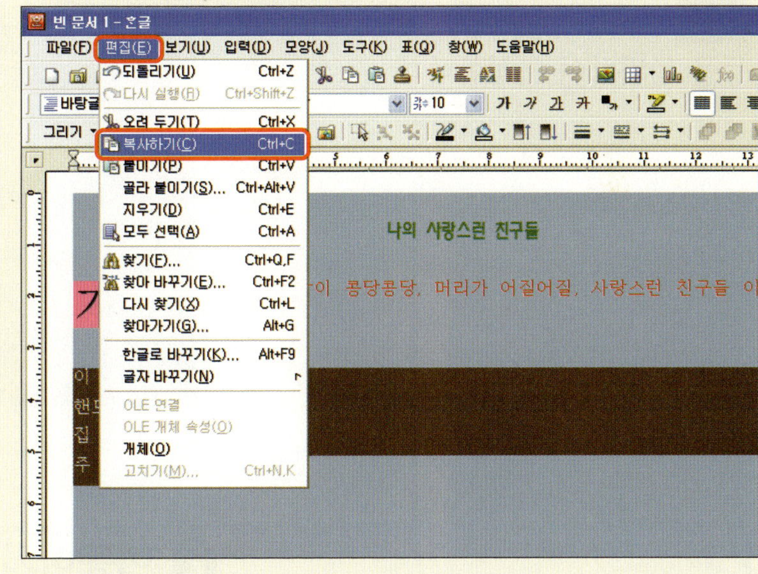

03 '주소' 의 뒤에서 마우스를 클릭하여 블록을 해제하고 Enter 를 두 번 눌러 커서를 두 줄 내린 후 [편집]-[붙이기] 또는 [붙이기] 아이콘(📋)을 클릭합니다.

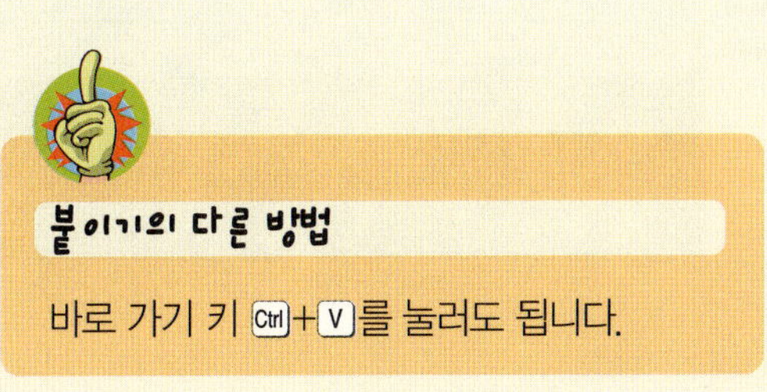

바로 가기 키 Ctrl + V 를 눌러도 됩니다.

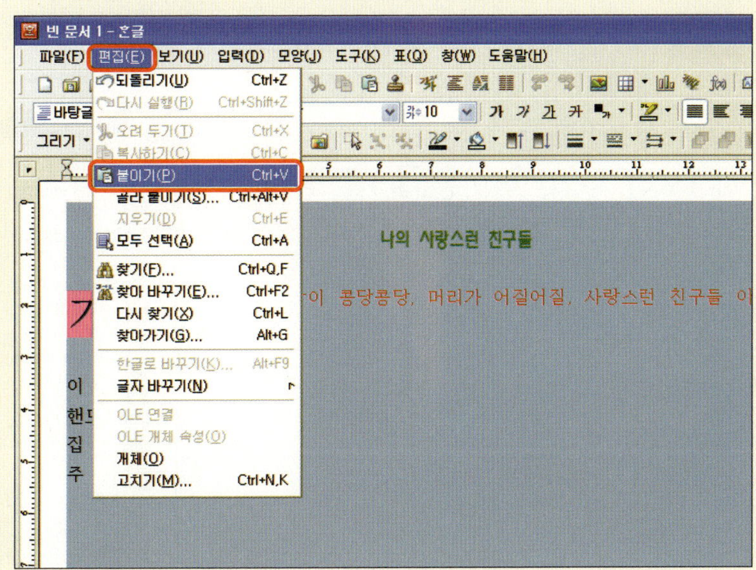

04 다음과 같이 복사해 두었던 내용이 삽입됩니다. 같은 방법으로 세 번 더 붙여넣습니다.

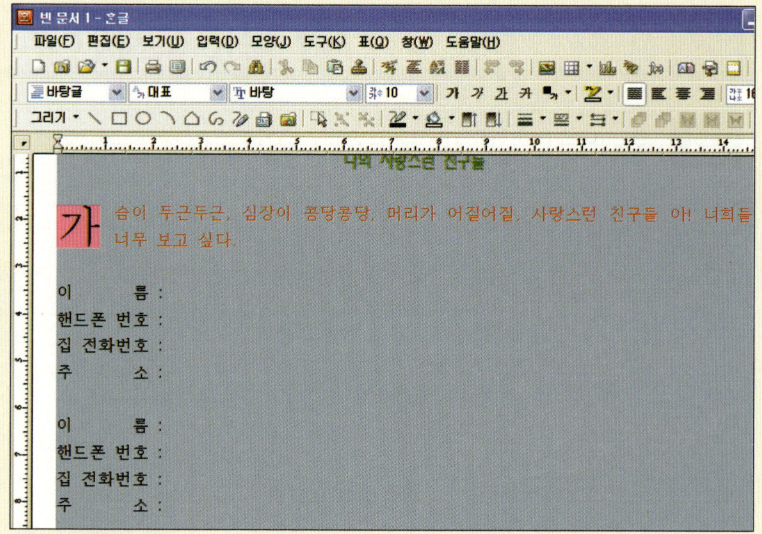

01 친구 이름, 전화 번호, 주소 등을 입력하여 완성합니다.

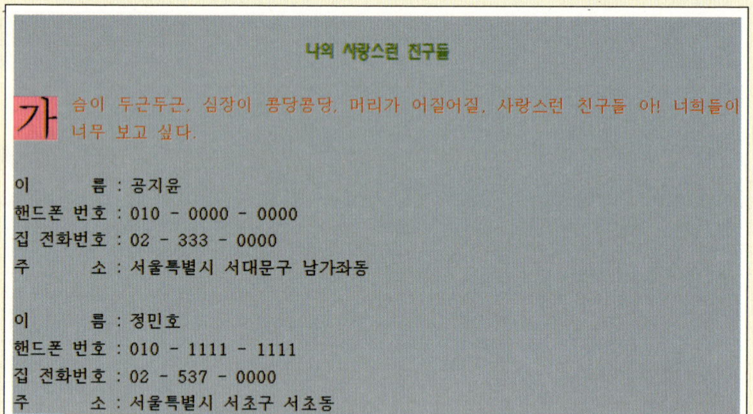

❷ 이동하기

01 첫 번째 친구 주소를 마우스로 드래그하여 선택한 후 [편집]-[오려 두기] 또는 기본 도구 상자에서 [오려 두기] 아이콘(✂)을 클릭합니다.

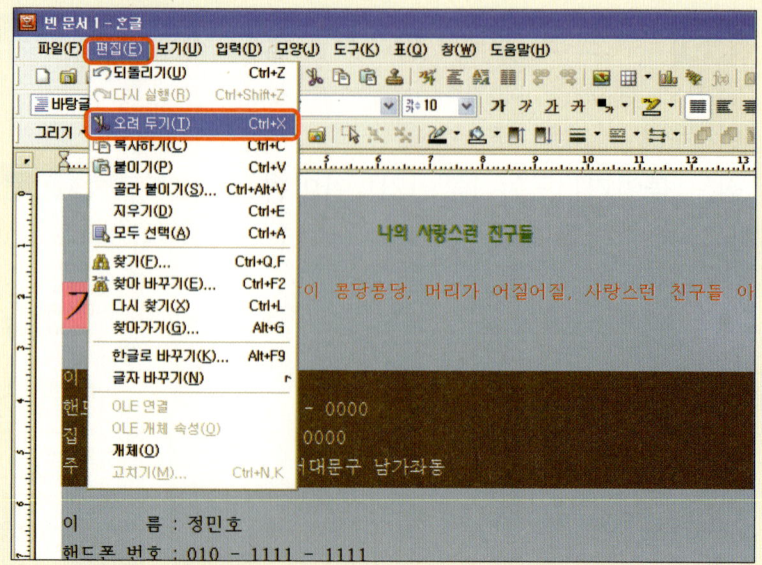

02 오려낸 영역을 이동할 부분인 데이터의 마지막 부분으로 커서를 이동한 후 [편집]-[붙이기] 또는 기본 도구 상자에서 [붙이기] 아이콘(📋)을 클릭합니다.

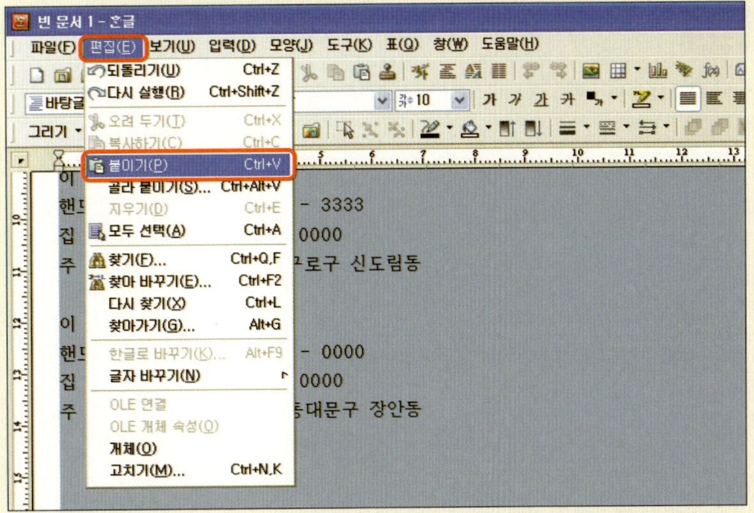

03 데이터가 이동됩니다.

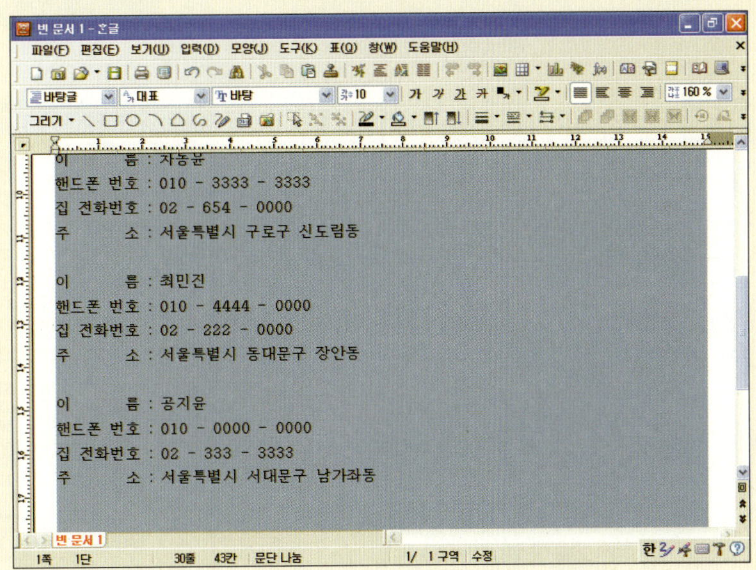

❸ 편집 용지와 여백 설정하기

01 [미리 보기] 아이콘(📋)을 클릭하여 확인해 보면 내용이 페이지에 가득 차지 않는 것을 알 수 있습니다. [닫기] 단추를 클릭하여 미리 보기 창을 닫습니다.

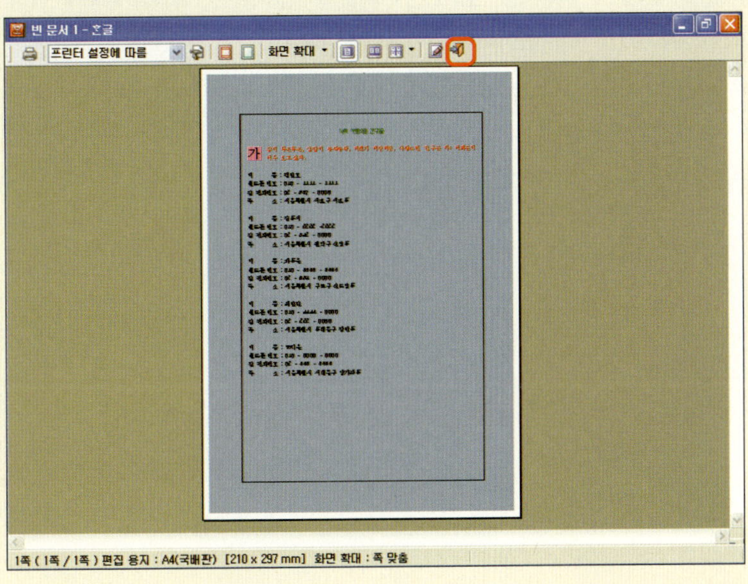

02 [모양]-[편집 용지]를 선택하거나 [편집 용지] 아이콘()을 클릭합니다.

편집용지 설정

F7 을 클릭하거나 미리 보기 상태에서 상단의 [편집 용지] 아이콘()을 클릭해도 됩니다.

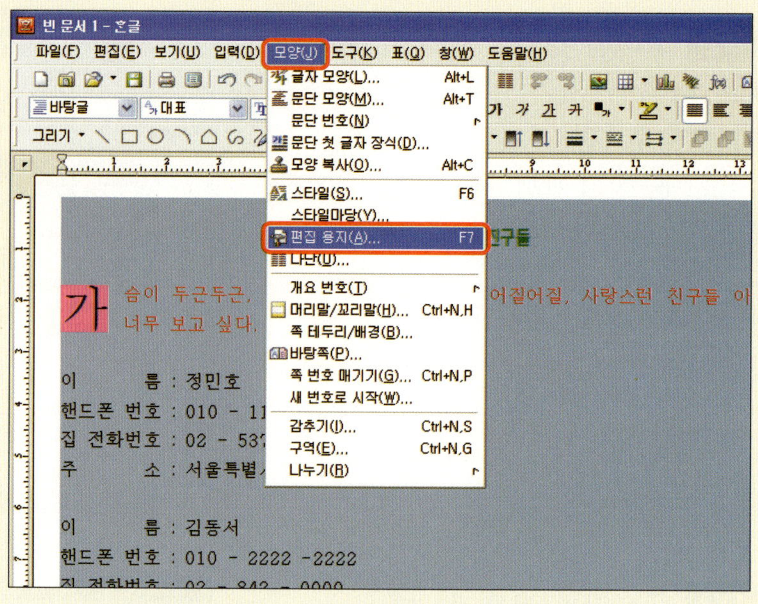

03 [편집 용지] 대화 상자가 표시됩니다. 용지 종류에서 '종류'의 내림 단추를 클릭한 후 'B5(46배판)'을 선택하고, '용지 여백'은 위쪽, 아래쪽 '20'을 선택하고 [설정]을 클릭합니다.

04 [미리 보기] 아이콘()을 클릭하여 확인해 보면 페이지에 내용이 적절하게 가득 차 있는 것을 확인할 수 있습니다. '07-친구 주소록 완성.hwp'로 저장합니다.

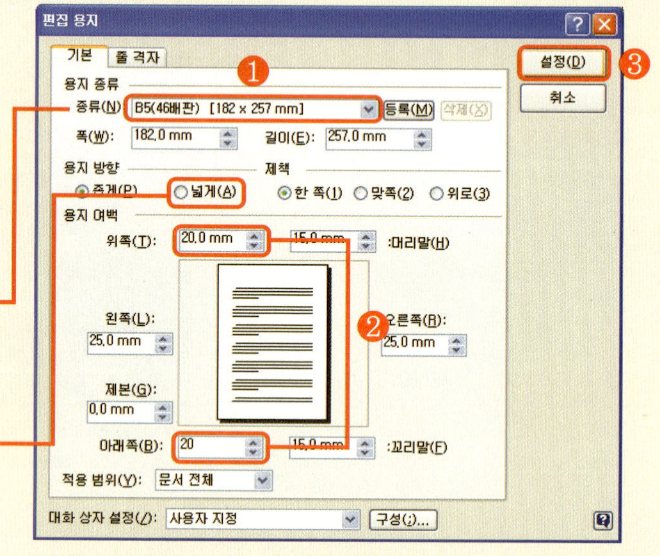

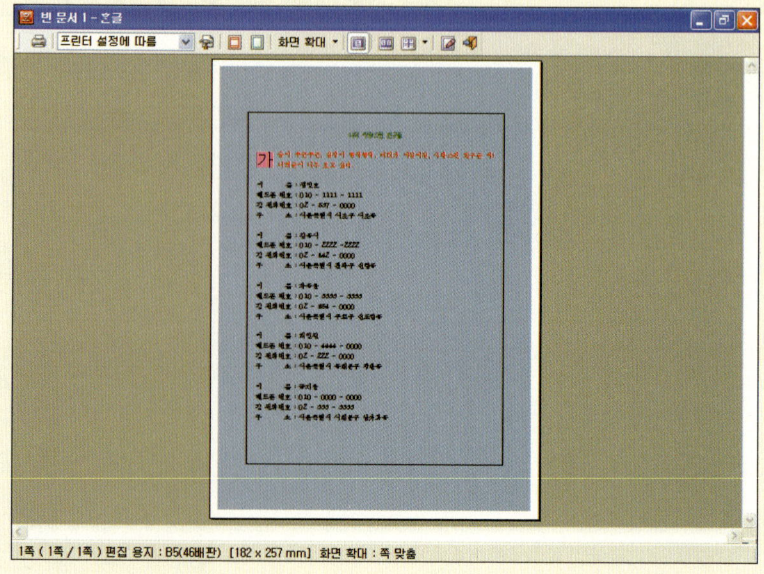

1. 동시 감상

❶ '07-동시 감상.hwp'를 불러
오기
❷ 동시에서 제목, 지은이, 마음
에 드는 부분을 복사하여 문
서 아래 부분에 붙이기
❸ '07- 동시 감상 완성'으로 저
장하기

2. 재미있는 속담

❶ '07-속담.hwp' 파일 불러
오기
❷ 위쪽 낱말에서 정답을 찾아
아래 괄호 안으로 이동하기
❸ 편집 용지를 B5로 변경하기
❹ '07-속담 완성.hwp'로 저장
하기

08

독도는 우리 땅!!!!

- ▶ 글맵시를 이용하여 글자를 예쁘게 만들어 보자.
- ▶ 글맵시의 모양을 바꿔 보자.
- ▶ 글맵시를 회전해 보자.

독도는 우리 땅

1. 독도의 땅값은 얼마나 되나?

독도가 속한 경상 북도 울릉군에서는 얼마 전 18만 902m에 아르는 독도의 땅 값을 발표했지요. 이 발표에 따르면 독도 전체의 땅값은 2억 6292만 1116원이었답니다. 서울에 비하면 엄청 낮은 땅값이지요.

2. 독도의 진정한 가치

그러나 독도 주변의 바다는 한류와 난류가 만나는 곳이어서 수많은 종류의 어류들이 살지요. 또한 군사적으로도 우리 나라의 가장 동쪽에 위치하여 러시아, 일본 북한 등의 나라를 감시할 수 있는 해상 기지입니다. 여기에 풍부한 지하 자원과 지질학적으로는 바닷속 산인 해저산의 진화 과정을 한눈에 알 수 있는 지질 유적으로 평가 받고 있지요. 그러므로 독도를 단지 땅값으로 평가할 수 없어요.

3. 독도는 우리 땅!!!

이런 독도의 가치를 전부 돈으로 계산한다면 상상할수 없을 만큼 높아요. 이렇게 여러가지로 활용 가치가 높은 독도이기 때문에 일본은 억지주장을 하며 독도를 탐내고 있는 것이지요.

❶ 글맵시 삽입하기

01 '08-독도.hwp'를 불러온 후 [입력]-[개체]-[글맵시] 또는 [글맵시] 아이콘(✎)을 클릭합니다.

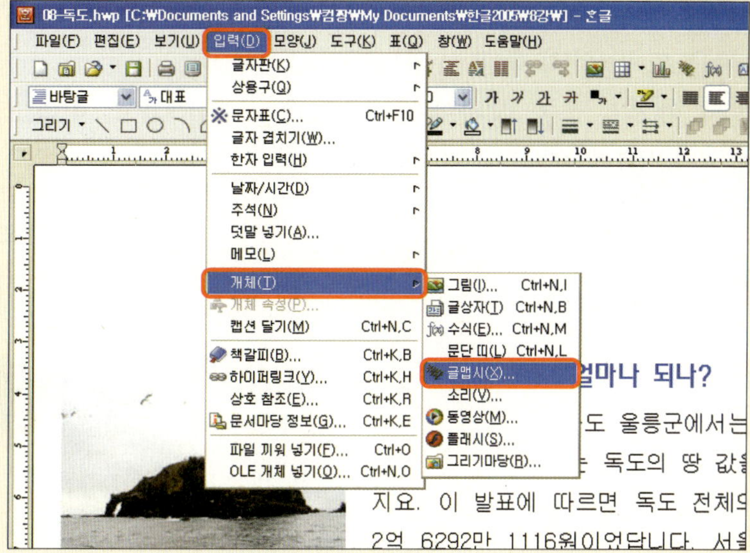

02 [글맵시 개체 만들기] 대화 상자가 나타납니다. 내용에 "독도는 우리 땅"을 입력하고 글꼴을 '복숭아'로 설정한 후 [설정]을 클릭합니다.

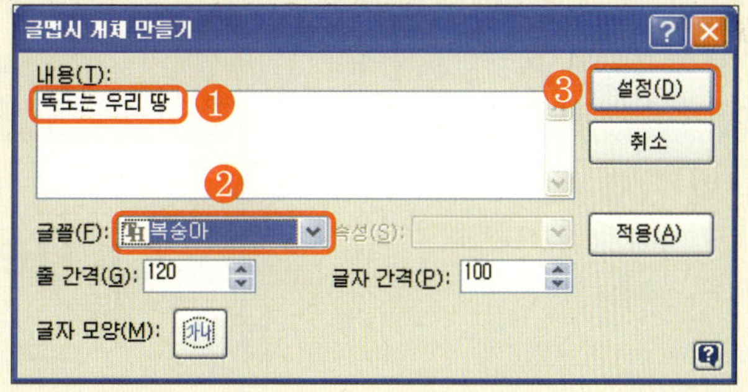

03 '독도는 우리 땅' 이라는 내용의 글맵시 개체가 삽입됩니다.

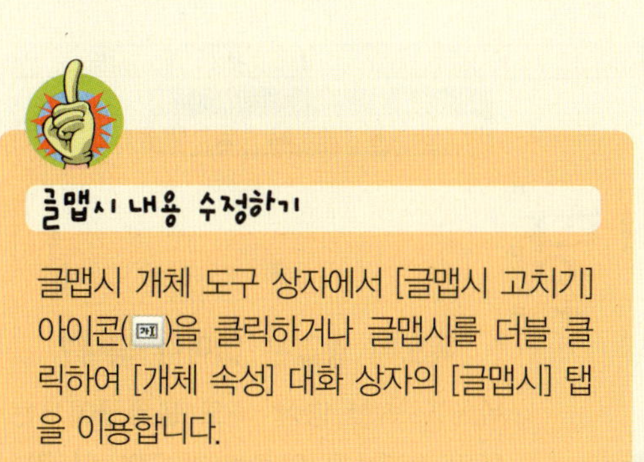

글맵시 내용 수정하기

글맵시 개체 도구 상자에서 [글맵시 고치기] 아이콘(⬚)을 클릭하거나 글맵시를 더블 클릭하여 [개체 속성] 대화 상자의 [글맵시] 탭을 이용합니다.

01 글맵시를 클릭하면 [글맵시 개체] 도구 상자가 표시됩니다. [글맵시 개체] 도구 상자에서 [글맵시 글자 모양] 아이콘을 클릭한 후 ⬡ 모양을 클릭합니다.

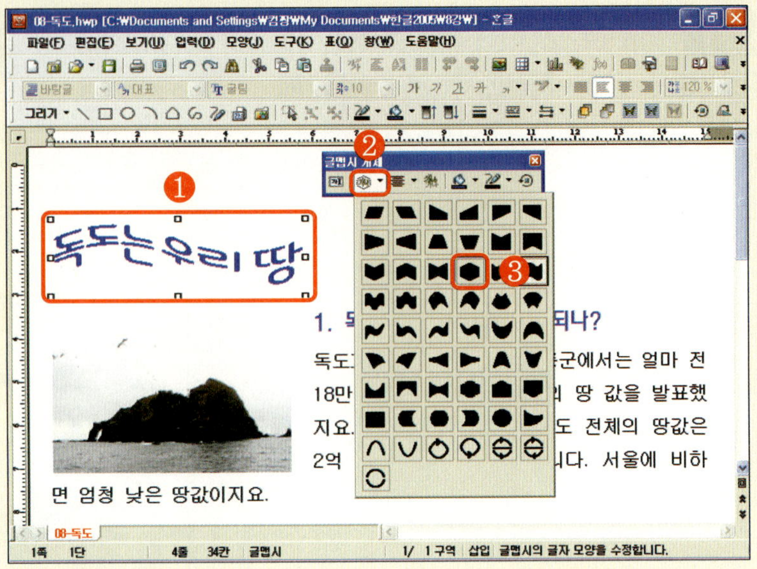

02 글맵시의 모양이 변경됩니다. 이제 [글맵시 개체] 도구 상자에서 [면 색] 아이콘을 클릭한 후 '보라'를 클릭합니다.

03 글맵시의 글자 색이 변경됩니다. 글맵시에 테두리를 설정하기 위해 글맵시를 더블 클릭합니다.

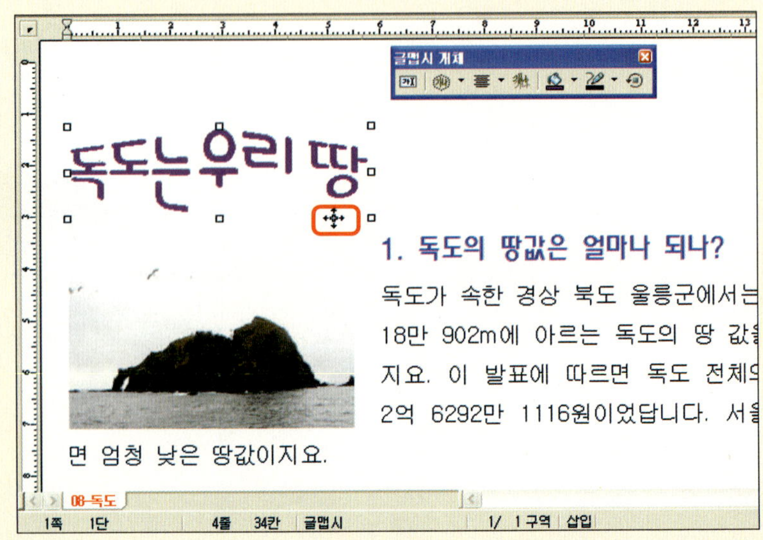

04 [개체 속성] 대화 상자의 [선] 탭에서 선의 색을 '파랑', 종류를 '실선'으로 지정한 후 [설정]을 클릭합니다.

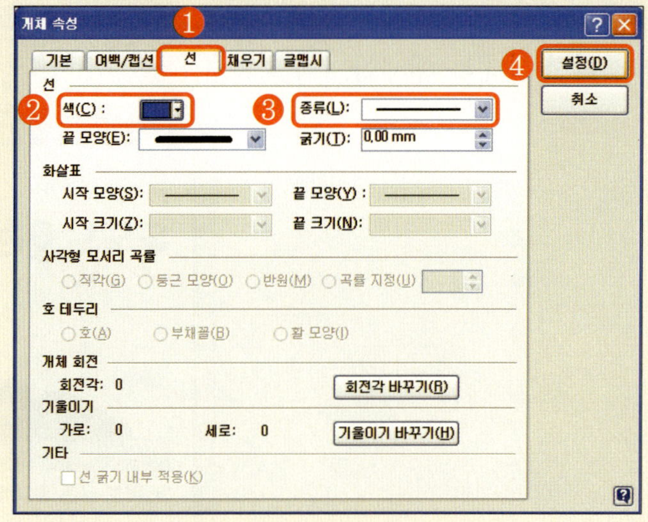

05 글맵시에 테두리 색이 설정됩니다.

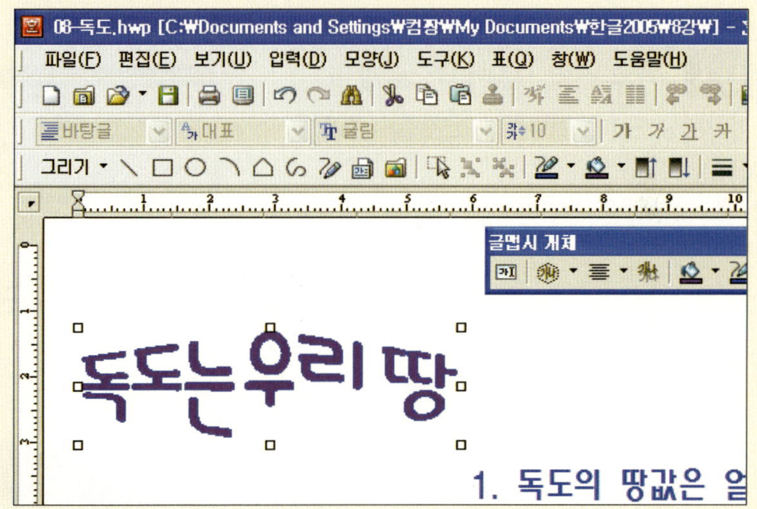

❸ 글맵시 회전하기와 위치 이동하기

01 글맵시가 선택된 상태에서 [글맵시 개체] 도구 상자의 [회전] 아이콘을 클릭하고 회전 조절점을 마우스로 드래그하여 글맵시 개체를 회전합니다.

02 글맵시 개체가 회전됩니다. [Esc]를 눌러 회전 상태를 해제합니다.

03 마우스로 글맵시 개체의 조절점을 드래그하여 크기를 조절합니다.

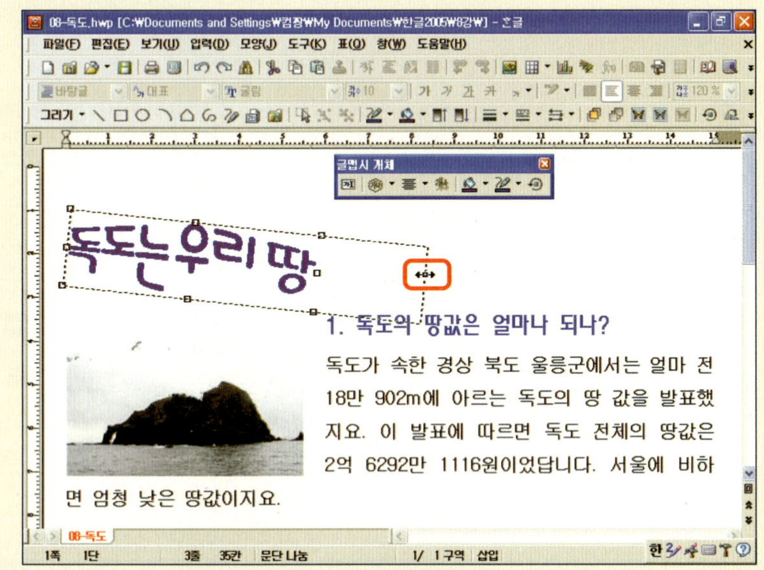

04 글맵시 개체를 드래그하여 위치를 이동합니다.

1. 산타할아버지! 선물 주세요

① '08-산타.hwp' 파일 불러오기
② 글맵시 삽입
  • 내용 편집 : 내용을 3줄에 입력
  (산타 할아버지
    올해는 착한 일을 많이 했어요
  선물 많이 많이 주세요.)
  • 글꼴 – 휴먼매직체
  • 글자 모양 : ⊕
  • 채우기 효과 : 보라
  • 회전하기
③ '08-산타 완성.hwp'로 저장

2. 물고기의 나이는 어떻게 알 수 있나요?

물고기 나이를 알 수 있는 가장 일반적인 방법은 비늘을 보고 판단하는 것이다.

비늘에는 윤선이라고 하는 동그란 무늬의 선이 있다. 이 윤선은 물고기가 성장해 나이를 먹는 것과 더불어 그 숫자가 하나씩 늘어난다. 윤선의 간격은 수온이 따뜻할 때는 넓고 추울 때는 좁다. 밀집돼 있는 윤선의 숫자를 세면 나이를 알 수 있다. 그러나 물고기 종류에 따라서는 윤선의 수와 나이가 일치하지 않는 경우도 있다.

물고기는 또 아가미 옆에 위치, 중력에 의해 몸의 기울기를 느끼는 기능을 담당하는 "이석"이나 "척추뼈"의 윤선으로도 나이를 알 수 있다. 하지만 이것도 서로 나이가 다르게 나올 수도 있다.

물고기 나이를 정확히 안다는 것은 매우 어려운 일이다.

① '08-물고기 나이.hwp' 파일 불러오기
② 글맵시 삽입
  • 내용 편집 : 내용을 8줄에 입력
  (물
  고
  기
  의
  나
  이
  는
  어떻게 알 수 있나요?)
  • 글꼴 – 휴먼옛체
  • 글자 모양 : ■
③ '08-물고기 나이 완성.hwp'로 저장

내공 평가하기

① 다음과 같은 문서를 작성한 후 문서를 인쇄하세요.

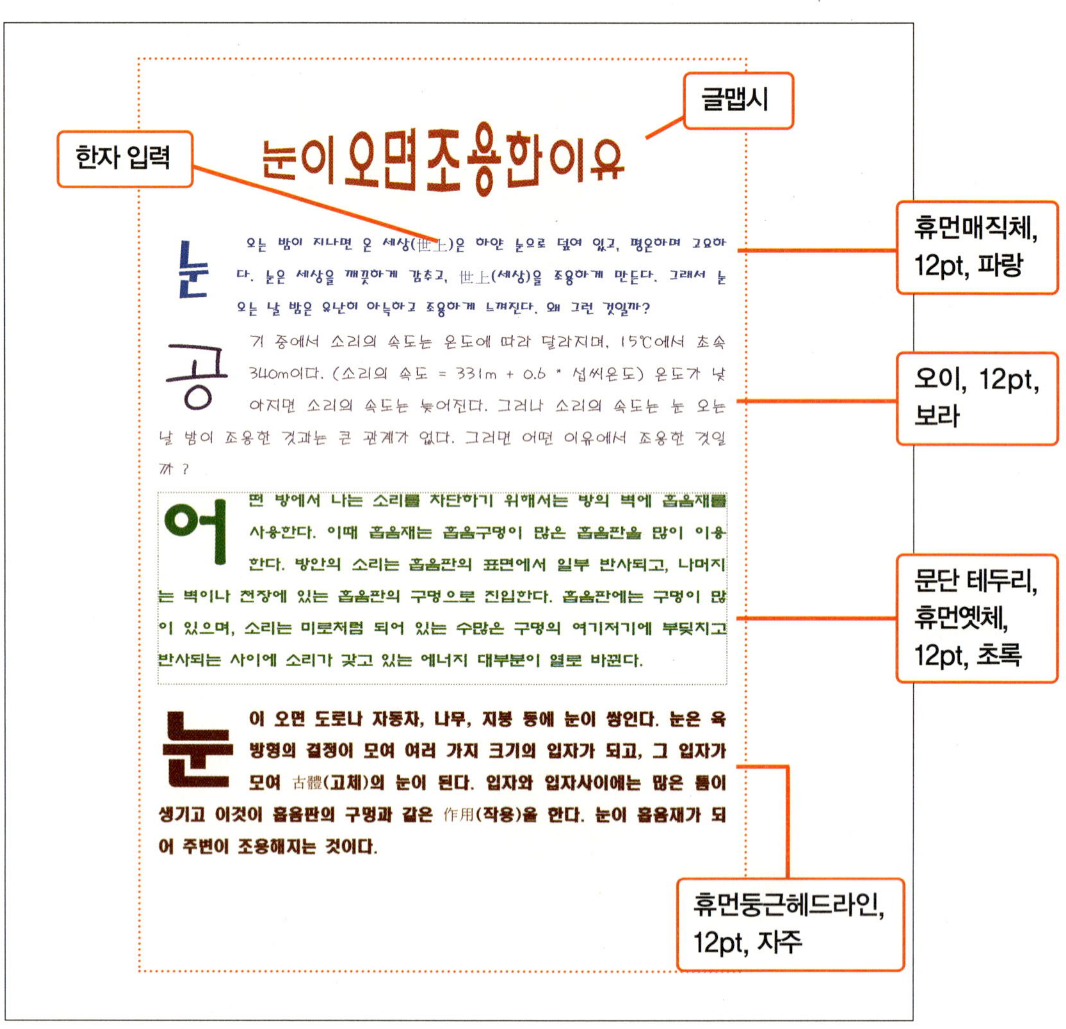

❶ 글맵시 삽입하기
　– 글꼴 : 양재튼튼B, 글자 모양 : ⬡, 글자 색 : 빨강
❷ 한자 입력 후 글자 모양 설정
❸ 문단 첫 글자 장식
❹ 문단 테두리 설정
　– 종류 : 점선, 굵기 – 0.3mm, 왼쪽 · 오른쪽 · 위쪽 간격 : 2.0mm
❺ 쪽 테두리 설정
　– 종류 : 굵은 점선, 굵기 – 0.5mm, 색 : 빨강, 왼쪽 · 오른쪽 · 위쪽 · 아래쪽 : 5mm
❻ 전체 줄 간격 200%
❼ '종합–01 완성.hwp'로 저장

 획득 아이템 

 풀이 시간 ① 분
② 분

② 다음과 같은 문서를 작성한 후 문서를 인쇄하세요.

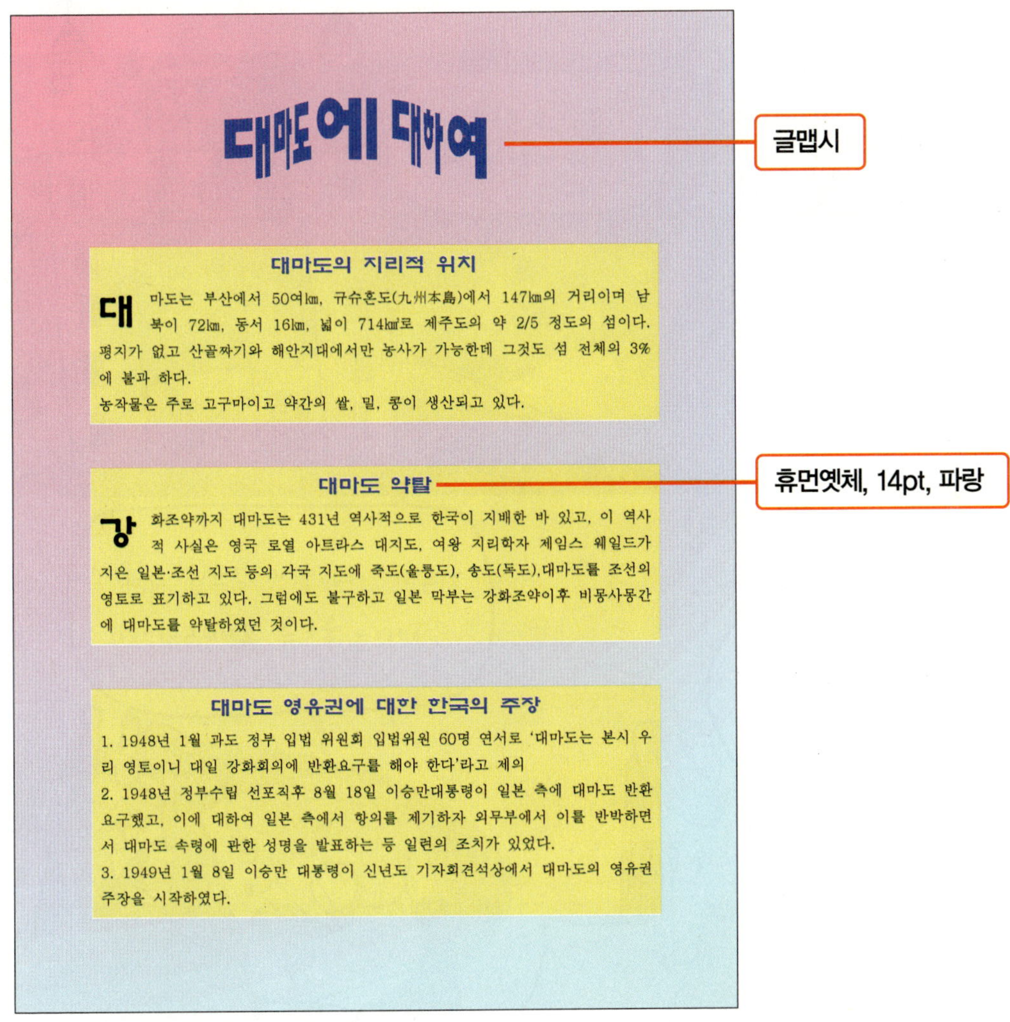

❶ 편집 용지를 'B5'로 변경
❷ 글맵시 삽입
  – 글꼴 : 휴먼굵은체, 글자 모양 : ▣, 글자 색 : 파랑
❸ 문단 첫 글자 장식, 문단 정렬 설정하기
❹ 문단 배경 설정
  – 면 색 : 연노랑색, 왼쪽 · 오른쪽 · 위쪽 간격 : 2mm
❺ 쪽 배경 설정
  – 그러데이션 : 시작색 – 연자주색, 끝색 – 연하늘색
❻ 미리 보기로 확인 후 인쇄
❼ '종합–02 완성.hwp'로 저장

한글 2005 기능 활용하기 ②

신문기자가 된 컴짱

취재에 성공하면
어디라도 빠르게 갈 수 있는
마법 신발을 주지!
왜? 어려울 것 같나?
어째서 그렇게 안절부절
못하나?
비비적
비비적
그.... 마법 신발이라는거.... 지금...
주시면 안 될까요?
왜... 왜 그러니?
으~오~옥
취재보다.......
지금은~~
화장실이
더 급하거든요오!
쌩~
이... 이봐!
컴쟝!

09 학교 가는 길

그리기 마당에서 그림을 넣어 보자.
그림의 크기를 조절하고 위치를 옮겨 보자.
그림을 회전시켜 보자.

약도, 알림 문서, 카드들을 한글 2005에서 자유롭게 만들 수 있습니다.
이런 문서들은 글자로만 만들면 뭔가 허전하죠?
그림이 빠지면 안 되죠? 한글 2005에서는 기본적으로 여러 종류의
그림이 제공되므로 필요한 그림을 쉽게 넣을 수 있습니다.

월   일
오늘의
임무

학교 가는 길
우리 아파트
백화점
지하철 역
푸른 마을
우리 학교

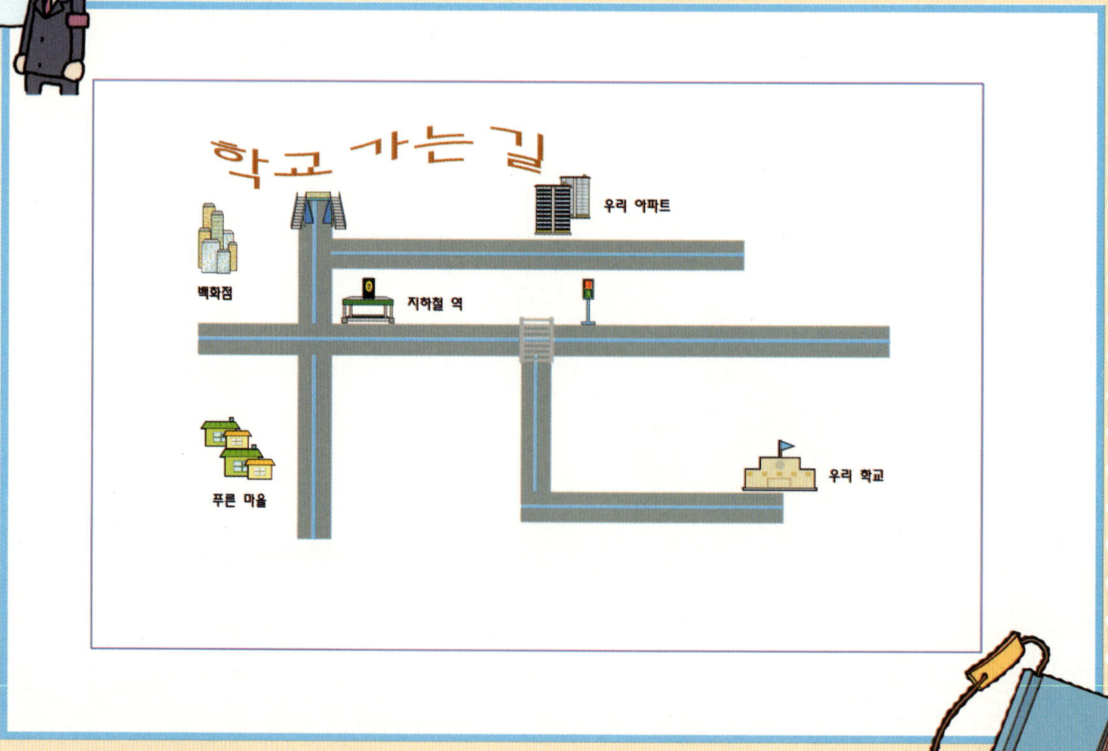

❶ 그리기마당으로 그림 삽입하기

01 '09-약도.hwp'를 불러온 후 [모양]-[편집 용지]를 선택합니다.

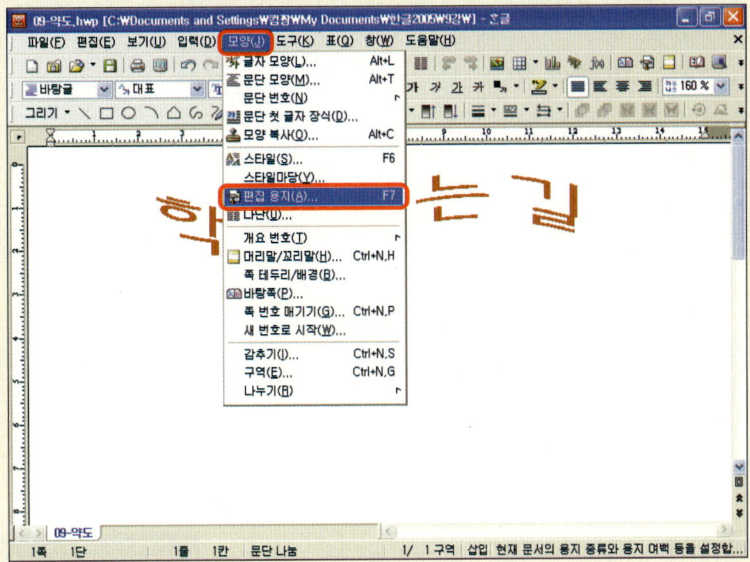

02 [편집 용지] 대화 상자가 표시되면 [기본] 탭에서 '넓게'를 선택하고 [설정]을 클릭합니다.

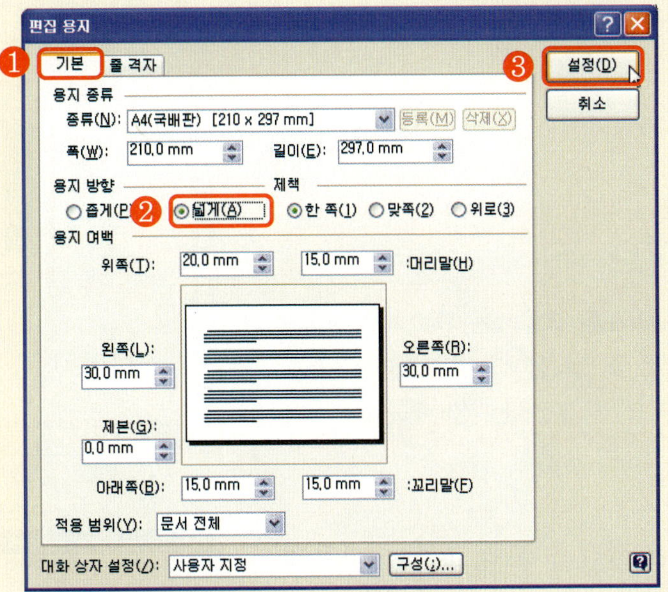

03 종이가 가로로 길게 변경됩니다. [입력]-[개체]-[그리기마당]을 클릭하거나 그리기 도구 상자에서 [그리기마당] 아이콘(■)을 클릭합니다.

그리기 도구 상자 표시하기

그리기 도구 상자가 표시되지 않으면 [보기]-[도구 상자]-[그리기 도구 상자]를 클릭합니다.

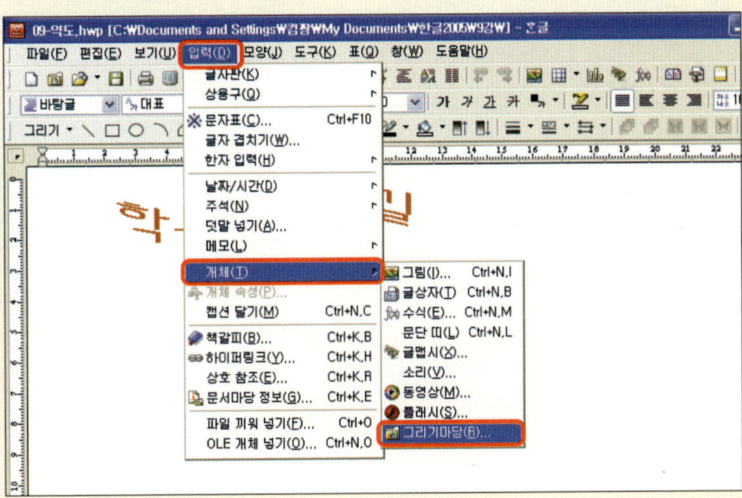

04 [그리기마당] 대화 상자가 표시되면 [그리기 조각] 탭의 '선택할 꾸러미'에서 '약도(일반)'을 선택합니다. '버스전용도로'를 선택하고 [넣기]를 클릭합니다.

버스전용도로 그리기

'바로넣기'가 선택되어 있으면 [그리기마당] 대화 상자를 닫지 않은 상태에서 그림을 삽입할 수 있습니다.

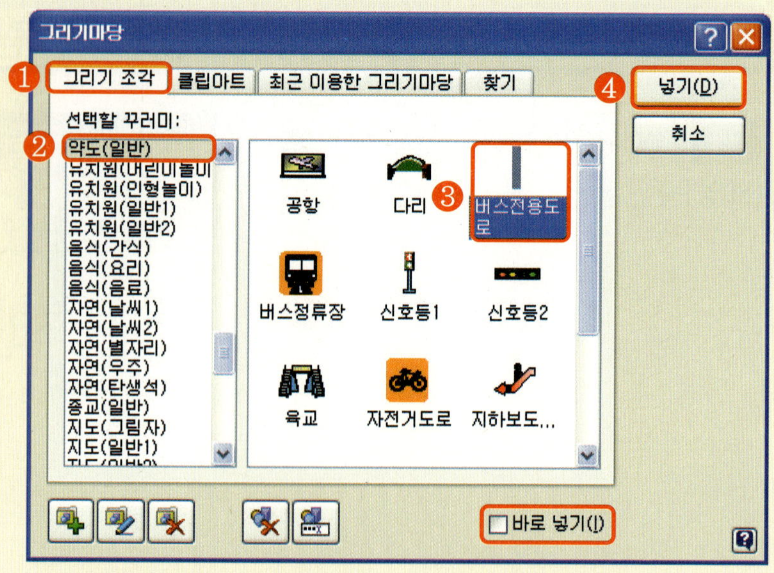

05 다음과 같이 드래그하여 '버스전용도로'를 그립니다.

버스전용도로 그리기

버스전용도로를 그릴 때는 가로 세로 비율이 고정된 채 그려집니다. 일단 기본 크기로 그린 후 크기를 조절하는 것이 편리합니다.

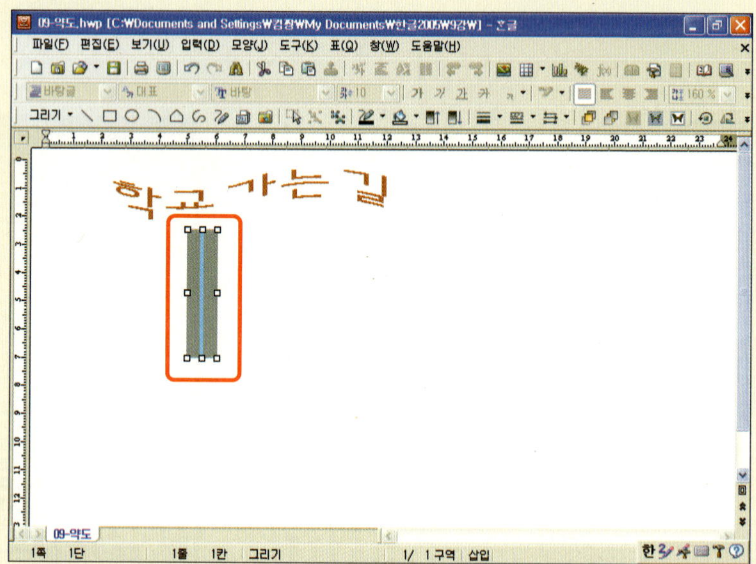

06 조절점을 드래그하여 다음과 같이 '버스전용도로'의 크기를 조절합니다.

그림 위치 이동하기

그림을 마우스로 드래그하여 원하는 위치로 이동할 수 있습니다.

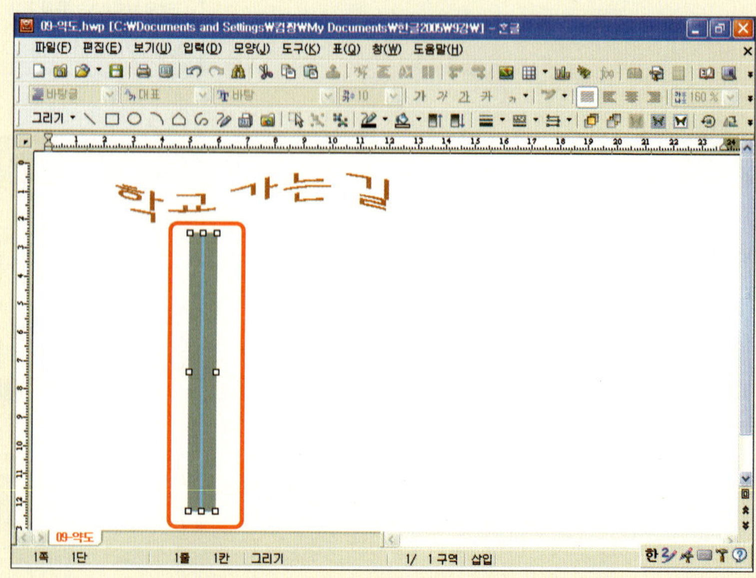

07 같은 방법으로 '버스전용도로'를 하나 더 그린 후 회전시키기 위해 그리기 도구 상자의 [90도 회전] 아이콘()을 클릭합니다.

그림 자유 각도로 회전하기

그림을 선택하고 그리기 도구 상자의 [개체 회전] 아이콘을 클릭하여 표시되는 조절 점을 드래그하면 원하는 각도로 그림을 회전할 수 있습니다.

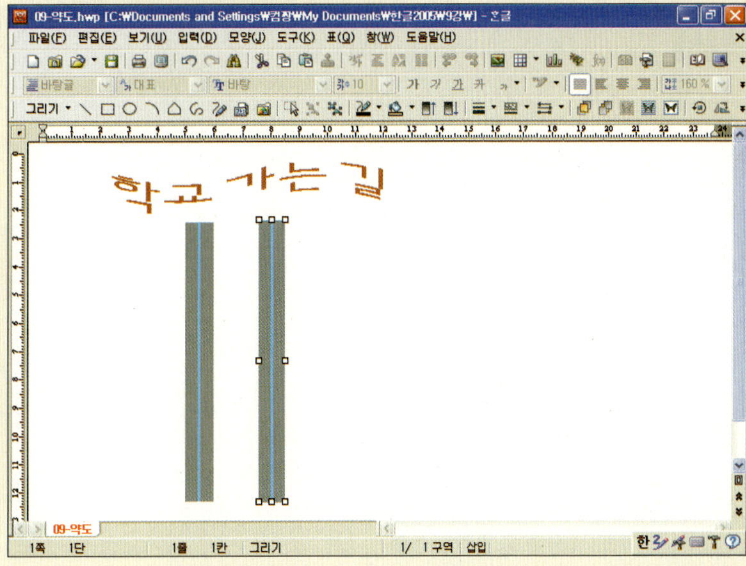

08 그림이 90도로 회전됩니다.

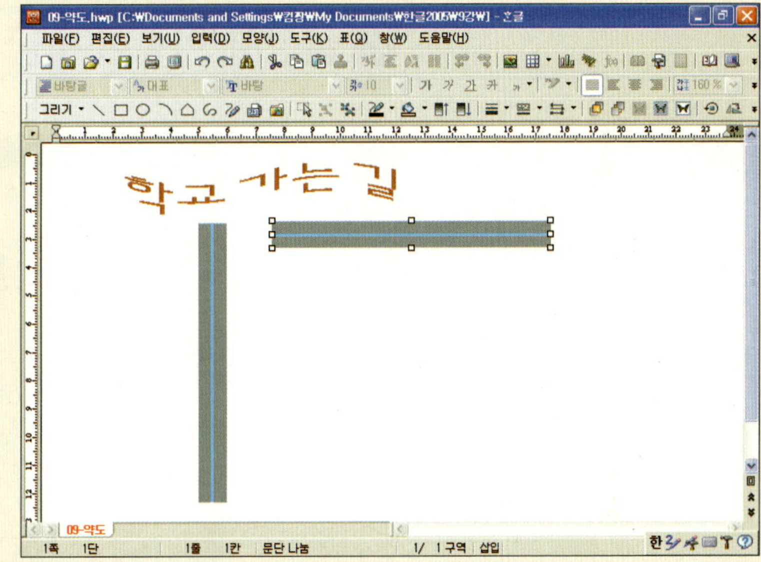

09 마우스로 드래그하여 위치와 크기를 조절합니다.

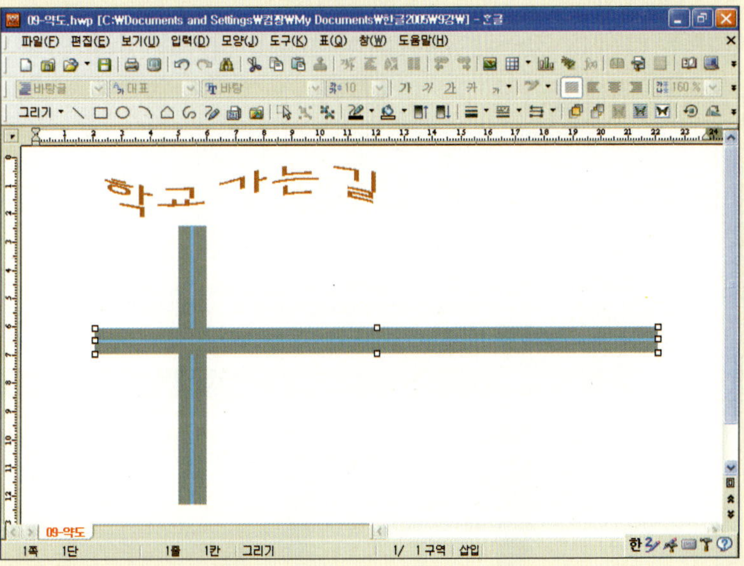

10 같은 방법으로 다음과 같이 세 개의 길을 더 추가합니다.

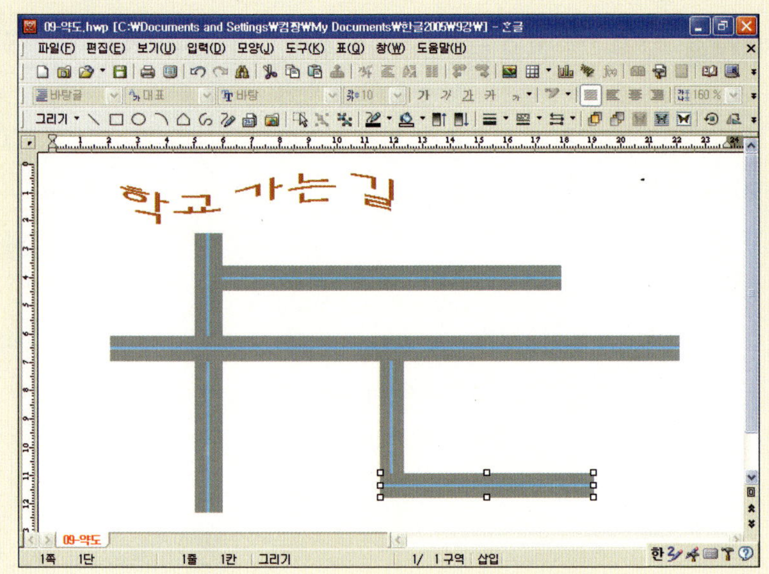

❷ 글상자 이용하여 글 입력하기

01 그리기 도구 상자에서 [그리기마당] 아이콘(🖼)을 클릭한 후 '약도(건물)'에서 '빌딩3'을 선택하고 [넣기]를 클릭합니다.

02 다음과 같이 드래그하여 그립니다. 한 번에 원하는대로 그려지지 않으면 그린 후에 크기와 위치를 조절합니다.

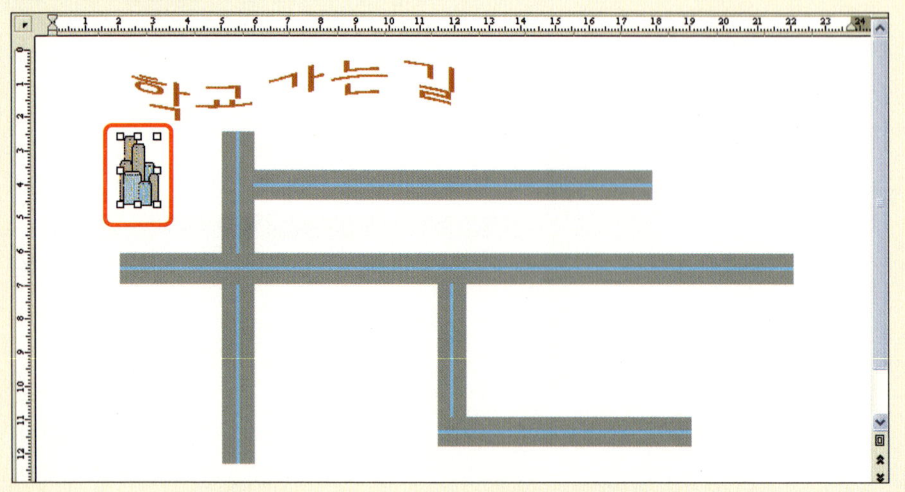

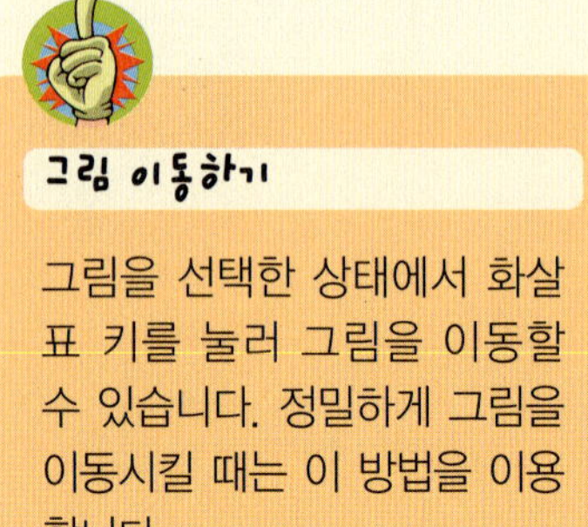

그림 이동하기

그림을 선택한 상태에서 화살표 키를 눌러 그림을 이동할 수 있습니다. 정밀하게 그림을 이동시킬 때는 이 방법을 이용합니다.

03 그림 밑에 글자를 입력하기 위해 [입력]-[개체]-[글상자] 또는 그리기 도구 모음에서 [글상자] 아이콘(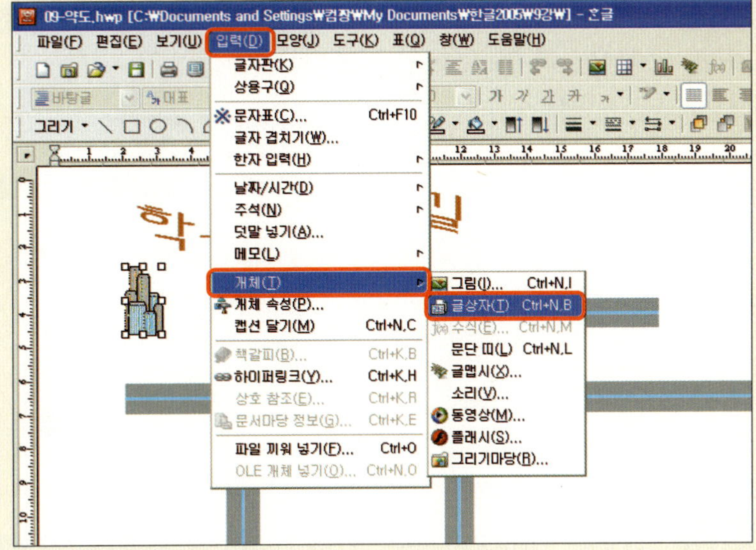)을 클릭합니다.

04 입력하고자 하는 위치에 마우스로 드래그하여 글상자를 그립니다.

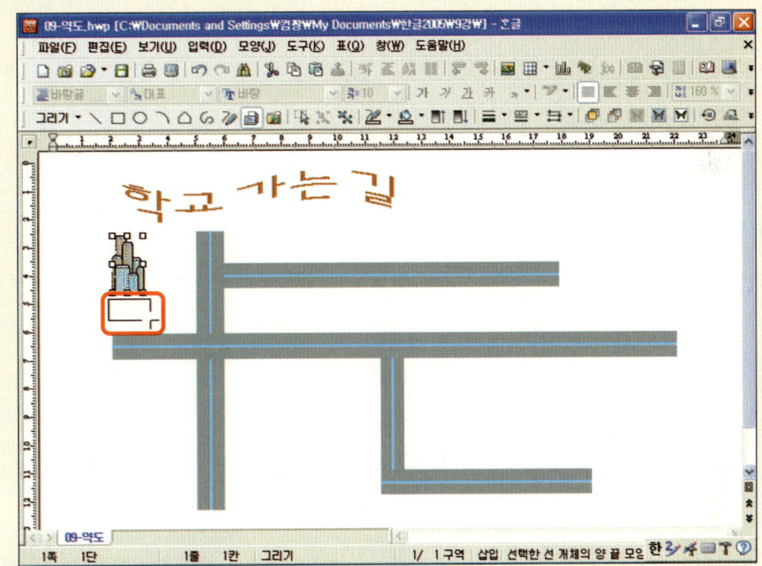

05 글상자 안에 커서가 표시되면 내용을 입력합니다.

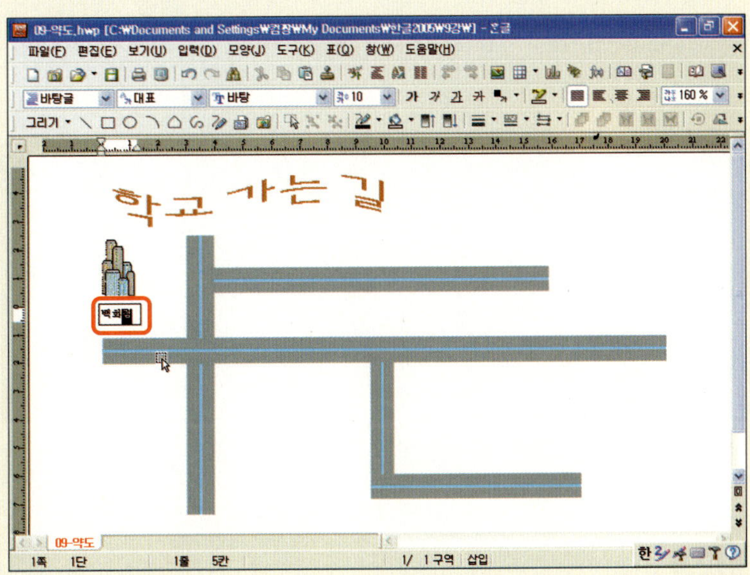

06 글상자의 글에 블록을 설정하고 글꼴은 '휴먼 모음T', 크기는 '12pt'로 설정합니다.

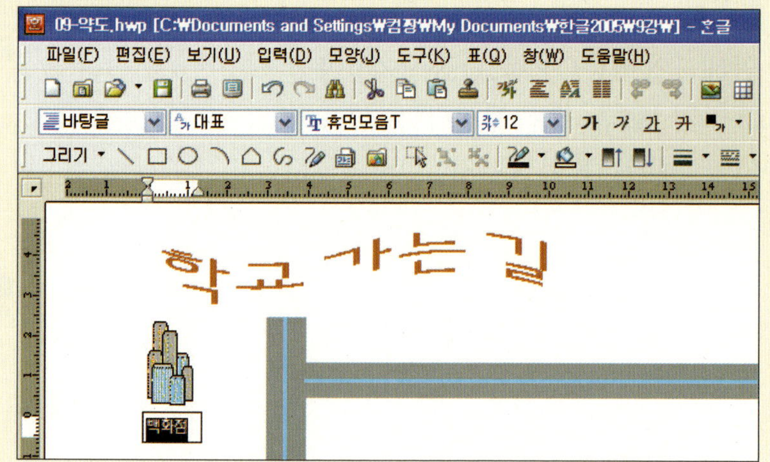

07 글상자 테두리 선을 없애기 위해 글상자의 테두리를 더블 클릭하고 [개체 속성] 대화 상자가 나타나면 [선] 탭에서 선 종류를 '선 없음'으로 선택하고 [설정]을 클릭합니다.

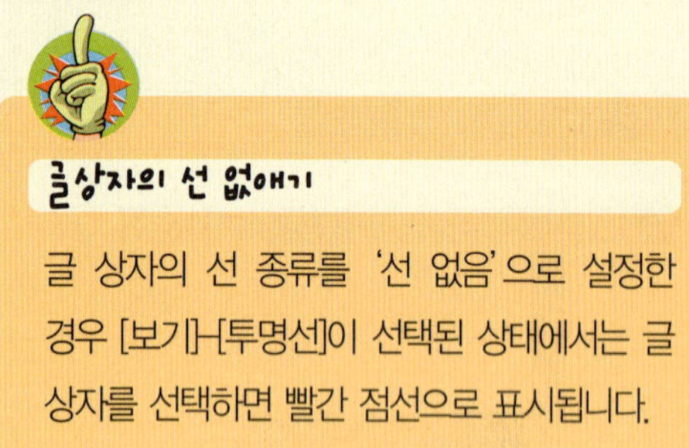

글상자의 선 없애기

글 상자의 선 종류를 '선 없음'으로 설정한 경우 [보기]-[투명선]이 선택된 상태에서는 글 상자를 선택하면 빨간 점선으로 표시됩니다.

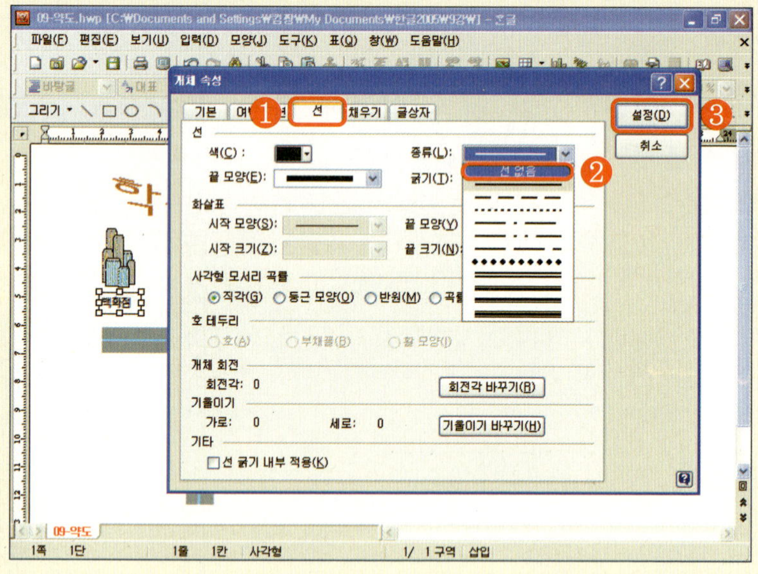

08 같은 방법으로 그리기 마당과 글상자를 이용하여 약도에 표시되는 건물과 글자를 입력합니다.

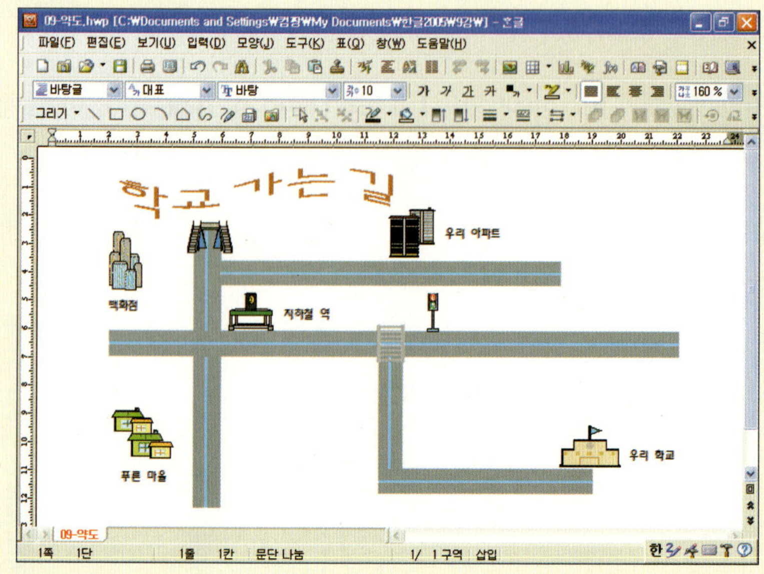

09 미리 보기로 확인한 후 '09-약도 완성.hwp'로 저장합니다.

1. 부모님! 감사합니다

① 내용을 입력하고 지시사항대로 편집하기
② '09-편지완성.hwp' 로 저장

내용 입력, 그리기 글상자,
휴먼 모음T, 5pt, 청록, 그림자

그리기마당의 '배경그림1-궁전' 삽입

2. 띠별로 성격 알아보기

① '09-띠 성격.hwp' 파일 불러오기
② 그리기마당의 '전통(십이지)' 꾸러미를 이용하여 각 동물 그림 삽입
③ 그리기마당의 '장식(화살표 장식)' 꾸러미의 '장식02-2'를 이용하여 화살표 삽입
④ 글상자를 이용하여 각 띠의 이름을 입력
⑤ '09-띠 성격 완성.hwp' 로 저장

10 자이로드롭 속의 과학

▶ 그림을 문서에 삽입해 보자.
▶ 그림의 본문과의 배치를 설정해 보자.
▶ 그림에 여백과 테두리를 설정해 보자.

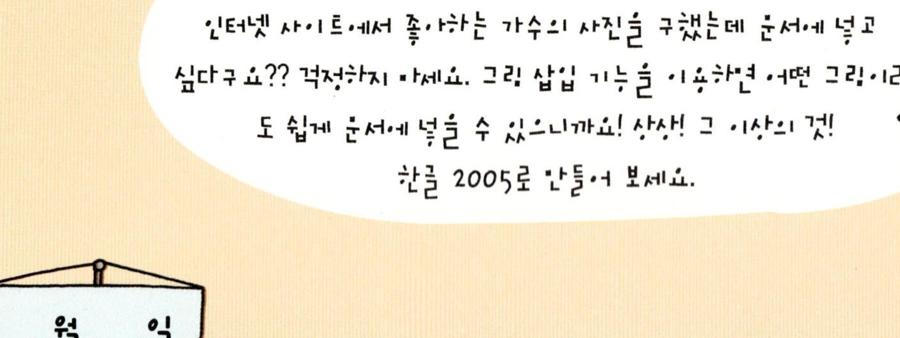

1. 상승과 낙하의 숨은 과학!

의자는 강한 전기모터에 의해 레일을 따라 상승하게 되는데 호이스트는 직선으로, 의자는 원을 그리면서 올라갑니다(아파트 25층-70m). 여기서 3초간 정지를 합니다. 3초 후 호이스트에 있던 4개의 고리가 풀리면서 탑승의자가 떨어지는데 낙하거리는 35m, 시간은 2.5초, 속도는 시속 94km 입니다.

2. 내려올 때 다리가 들리는 느낌은 다리 아래쪽에 생긴 고기압이 그 이유!

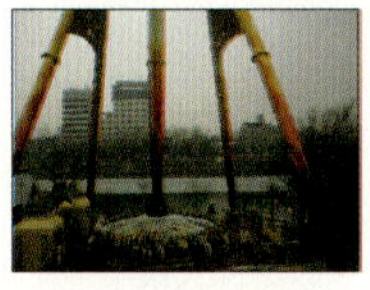

탑승의자가 고속으로 떨어지게 되면 의자 밑의 공기가 밖으로 밀리면서 탑승자들의 다리 밑은 순간적으로 고기압 상태가 됩니다. 탑승자들의 다리는 들어올려지게 됩니다.

3. 멈출 때 땅으로 꺼지는 느낌은 탑승의자의 가속도가 그 이유!

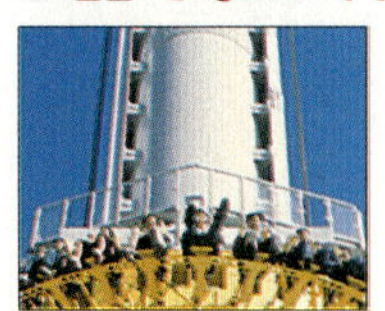

탑승의자의 가속도(평균 17m/sec2)는 우리가 일반적으로 느끼는 중력 가속도(9.8m/sec2) 보다 커 평소보다 중력을 크게 느끼기 때문입니다.

❶ 그림 삽입하기

01 '10-자이로드롭.hwp'를 불러온 후 [입력]-[개체]-[그림] 또는 기본 도구 상자에서 [그림] 아이콘(🖼)을 클릭합니다.

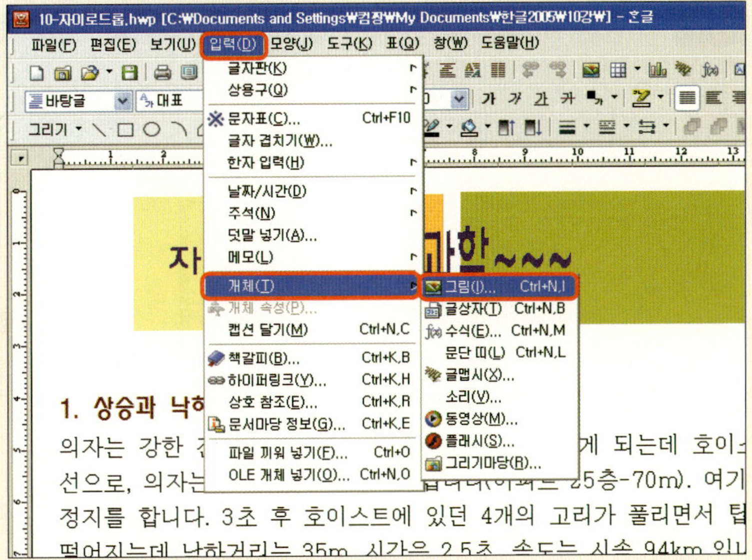

02 [그림 넣기] 대화 상자가 표시되면 제공된 그림 중 '자이로드롭1.jpg'를 선택하고 '문서에 포함'에 체크한 후 [열기]를 클릭합니다.

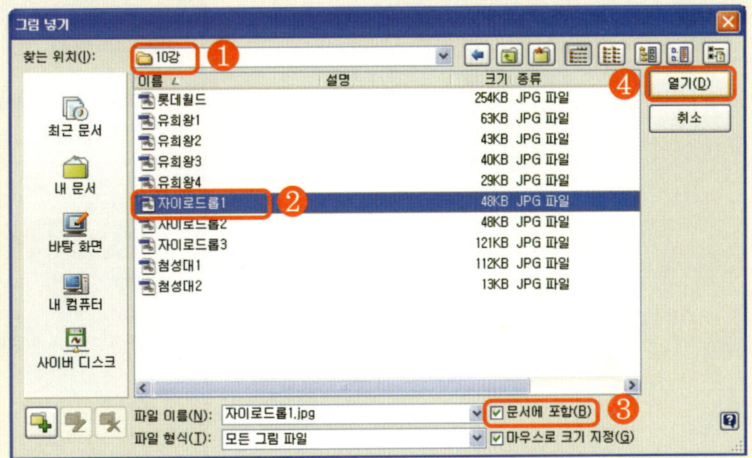

03 마우스로 드래그하면 그림이 삽입됩니다. 넣고자 하는 위치에 적당한 크기로 드래그합니다.

그림 크기 조절하기

그림을 더블 클릭하여 [개체 속성] 대화 상자의 [기본] 탭에서 크기를 직접 입력할 수도 있습니다.

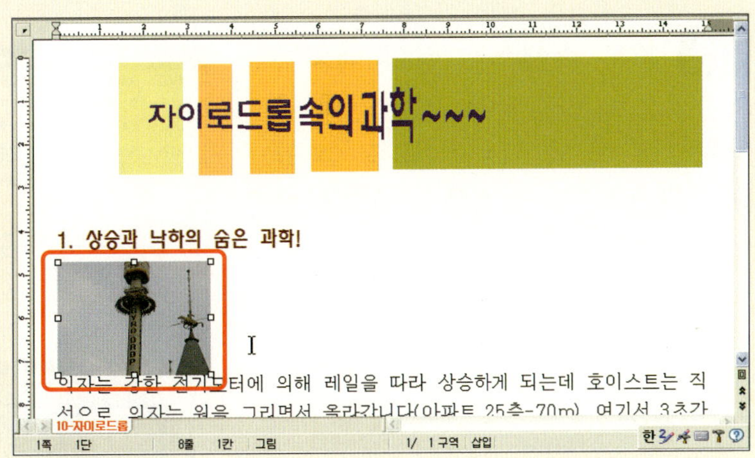

01 그림을 마우스로 클릭한 상태에서 [입력]-[개체 속성]을 선택하거나, 그림을 더블 클릭합니다.

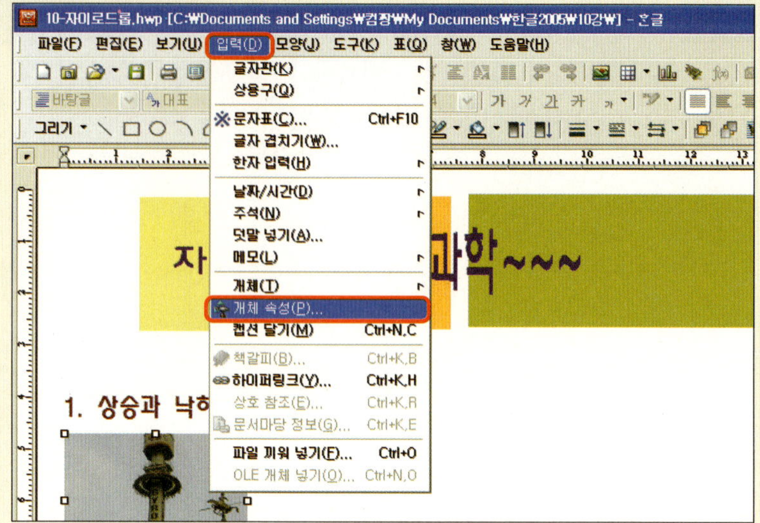

02 [개체 속성] 대화 상자가 표시되면 [기본] 탭의 '위치'에서 본문과의 배치를 '어울림'으로 지정한 후 [설정]을 클릭합니다.

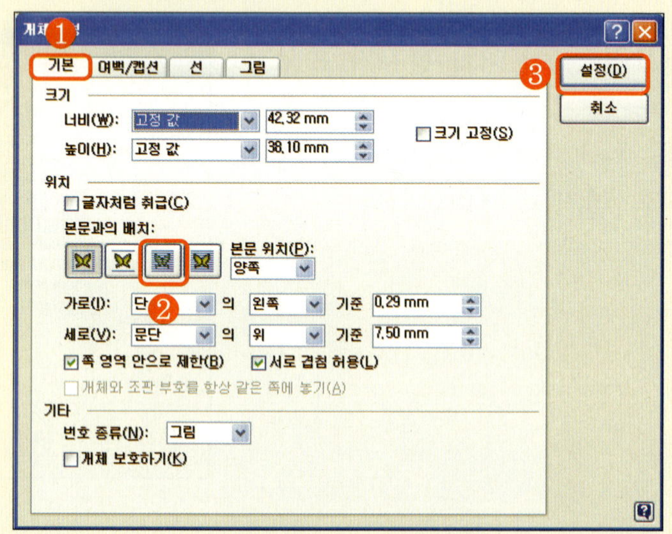

03 본문 속에서 그림의 배치가 어울림으로 변경되어 그림 옆에 글자가 나란히 흐르는 것을 볼 수 있습니다. 이제 조절점을 드래그하여 크기를 조절합니다.

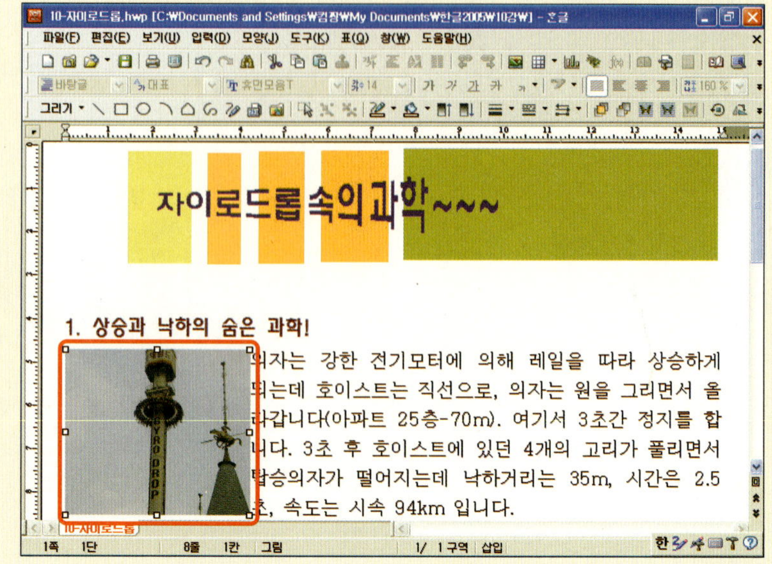

04 같은 방법으로 '자이로드롭 2.jpg', '자이로드롭3.jpg' 파일을 차례로 삽입하고 위치와 크기, 본문과의 배치를 설정합니다.

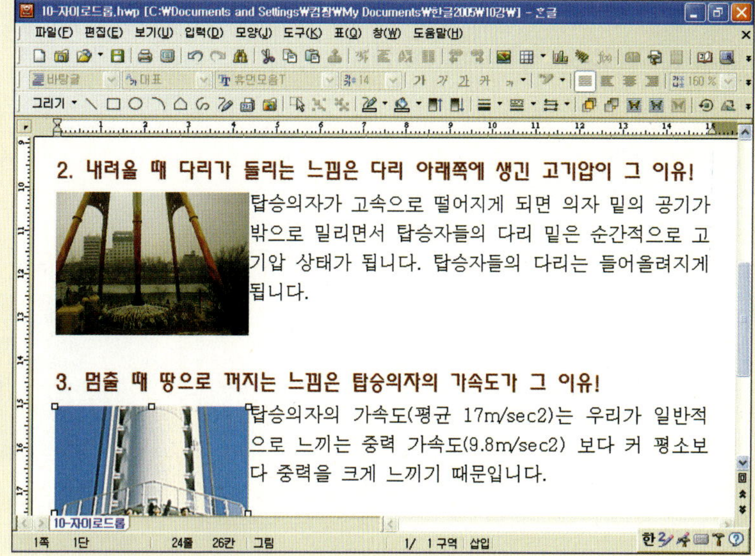

❸ 그림의 여백과 테두리 선 설정하기

01 그림을 더블 클릭하여 [개체 속성] 대화 상자가 표시되면 [여백/캡션] 탭에서 오른쪽 여백을 '5'로 지정합니다.

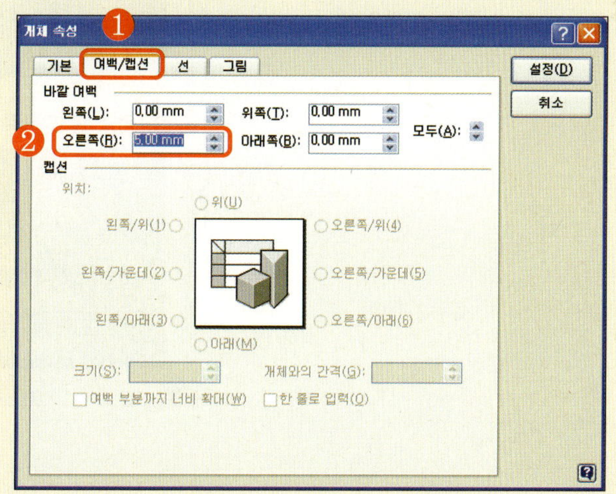

02 [선] 탭을 클릭하고 선 종류를 '실선'으로 선택한 후 [설정]을 클릭합니다.

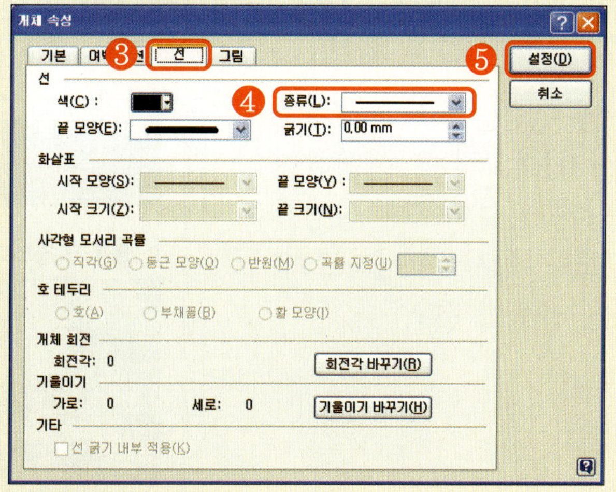

03 그림에 테두리 선이 설정되고 오른쪽 글과의 사이에 여백이 생깁니다.

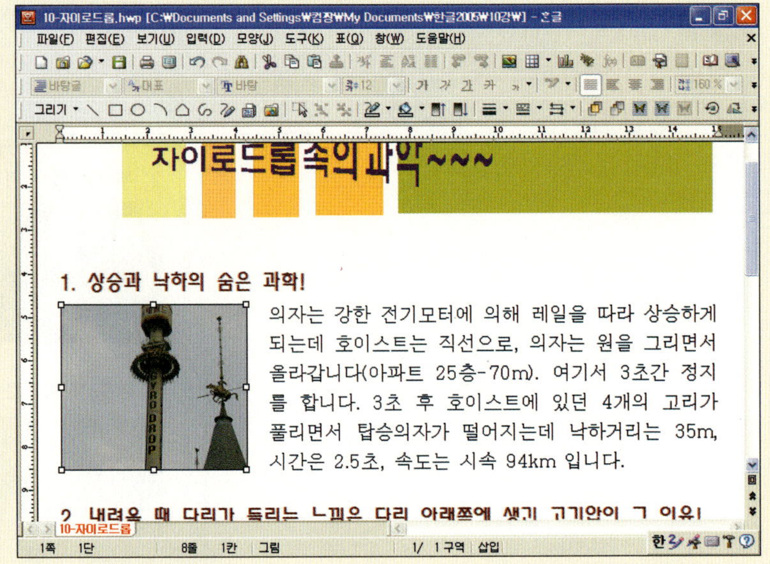

04 같은 방법으로 다른 두 개의 그림에도 오른쪽 여백과 테두리 선을 설정합니다.

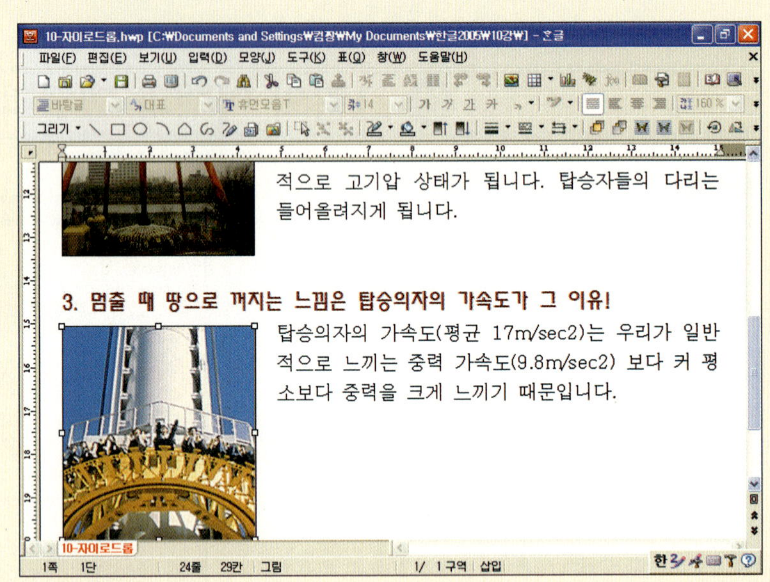

❹ 그림 도구 상자로 그림 편집하기

01 세 번째 그림을 선택한 후 [보기]-[도구 상자]-[그림]을 선택하여 그림 도구 상자가 보이도록 설정합니다. 그림 도구 상자에서 [자르기] 아이콘(◫)을 클릭합니다.

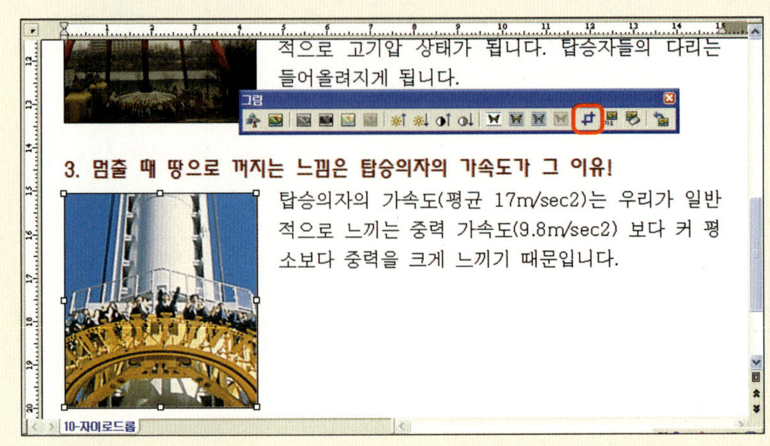

02 아래쪽 가운데 조절점에 마우스 포인터를 위치시키고 마우스 포인터가 자르기 모양으로 바뀌었을 때 드래그합니다.

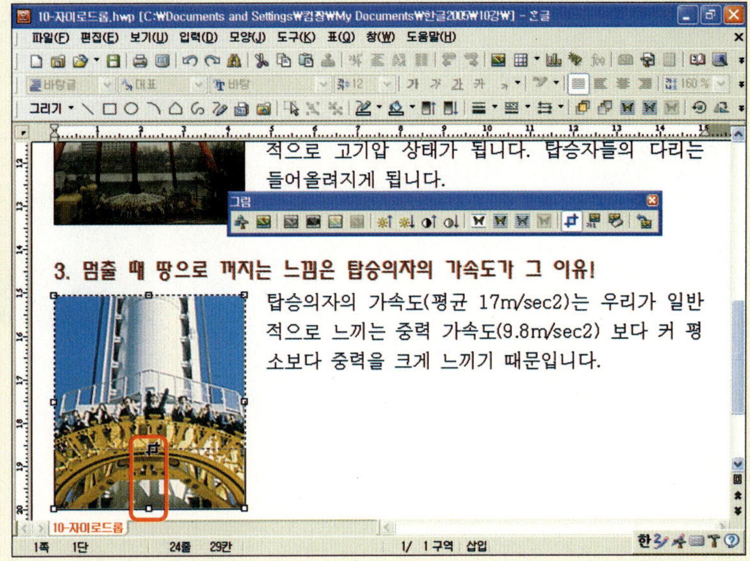

03 그림이 잘라져 표시됩니다. 새로운 그림을 하나 더 삽입하기 위해 그리기 도구 상자에서 [그림] 아이콘(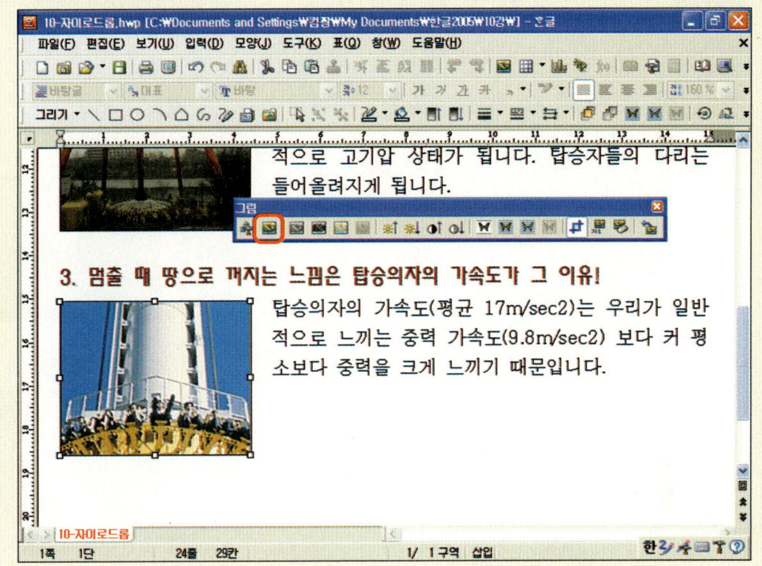)을 클릭합니다.

04 [그림 넣기] 대화 상자에서 '롯데월드.jpg'를 선택하고 [열기]를 클릭합니다.

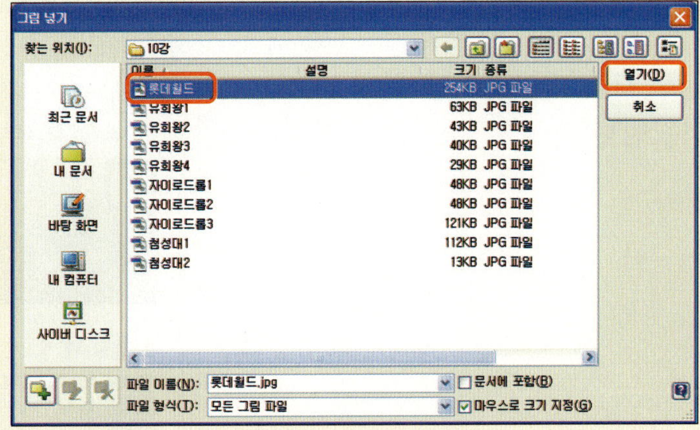

05 그림이 삽입됩니다. 그림을 글 뒤로 보내기 위해 그림 도구 상자에서 [글 뒤로] 아이콘(圖)을 클릭합니다.

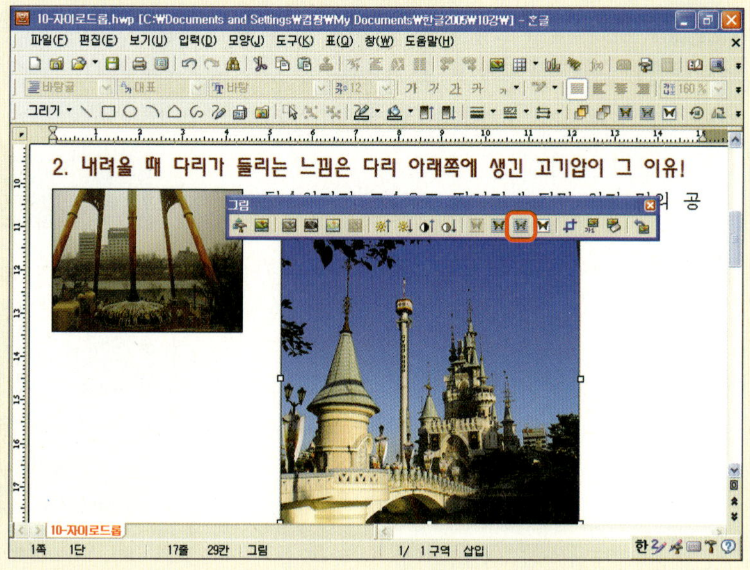

06 그림과 글자가 겹쳐지면서 그림이 글자 뒤에 배치됩니다. 그림을 흐리게 표시하기 위해 그림 도구 상자에서 [워터마크] 아이콘(圖)을 클릭합니다.

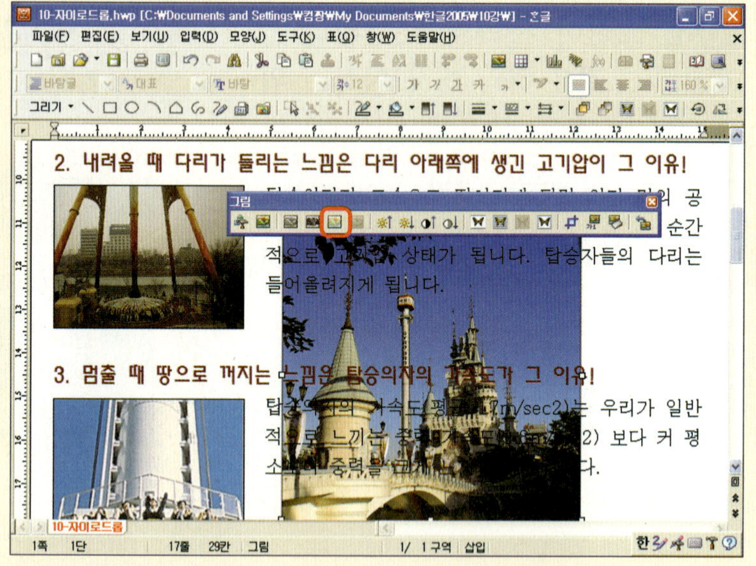

07 그림에 워터마크가 설정되어 흐리게 표시됩니다. 미리 보기로 확인한 후 '10-자이로드롭 완성.hwp'로 저장합니다.

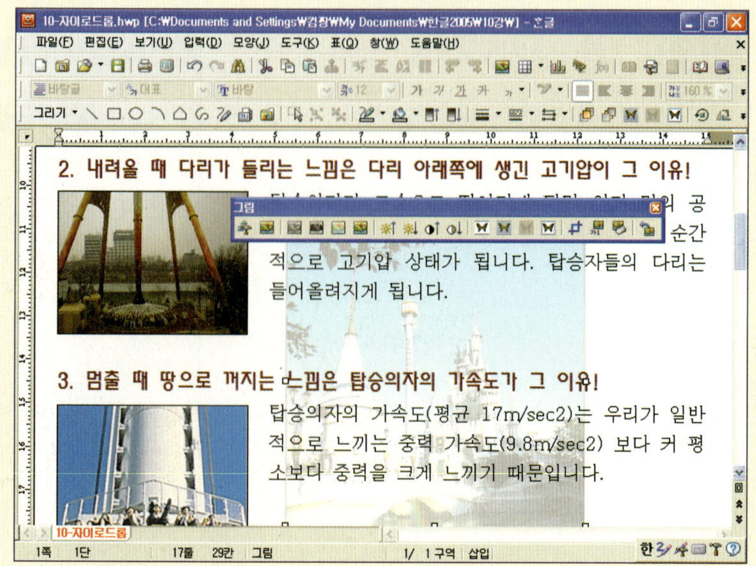

1. 첨성대에는 어떤 비밀이?

① '10–첨성대.hwp' 파일 불러오기
② 제목을 글맵시로 삽입
- 내용 입력 : 첨성대의 비밀
- 글꼴 – 헤드라인D
- 글자 모양 : ▶
③ 그림 삽입(문서에 포함)
- 왼쪽 · 오른쪽 여백 : 5, 테두리 : 실선, 빨강, 어울림 배치
- 첫 번째 그림 : 첨성대1.jpg
- 두 번째 그림 : 첨성대2.jpg
④ '10–첨성대 완성.hwp'로 저장

2. 유희왕 캐릭터

① '10–유희왕.hwp' 파일 불러오기
② 그림 삽입(문서에 포함)
- 첫 번째 그림 : 유희왕1.jpg, 오른쪽 여백 : 5
- 두 번째 그림 : 유희왕2.jpg, 왼쪽 · 오른쪽 여백 : 5
- 세 번째 그림 : 유희왕3.jpg, 왼쪽 여백 : 5
- 배경 그림 : 유희왕4.jpg, 글 뒤로, 워터마크 효과
③ '10–유희왕 완성.hwp'로 저장

11 생일 초대장 만들기

▶ 도형을 이용하여 문서에 직접 그림을 그려 보자.
▶ 도형의 면 색과 선 색, 선 종류와 선 두께를 변경해 보자.
▶ 도형의 배치 순서를 변경해 보자.

나의 아홉 번째 생일에 친구들을 초대합니다.
꼭 와서 맛있는 것도 먹고
재밌게 놀았으면 좋겠어!
언제 : 10월 10일 오후 3시
어디서 : 우리집(현대아파트 104동 1203호)
Tel : 02-555-1234

❶ 도형 그리기

01 새로운 문서를 열고 [모양]–[편집 용지]를 클릭한 후 [기본] 탭에서 용지 종류는 'B5', 용지 방향은 '넓게'로 변경하고 [설정]을 클릭합니다.

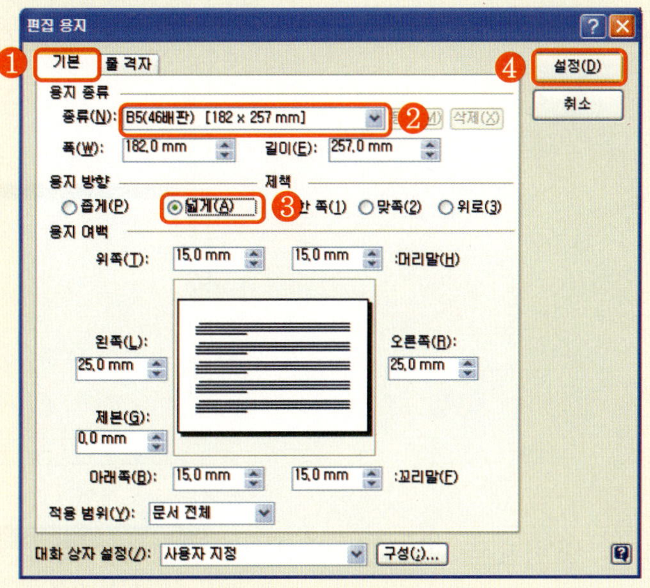

02 그리기 도구 상자에서 [직선 그리기] 아이콘(\)을 클릭한 후 다음과 같이 Shift 를 누른 채 드래그합니다.

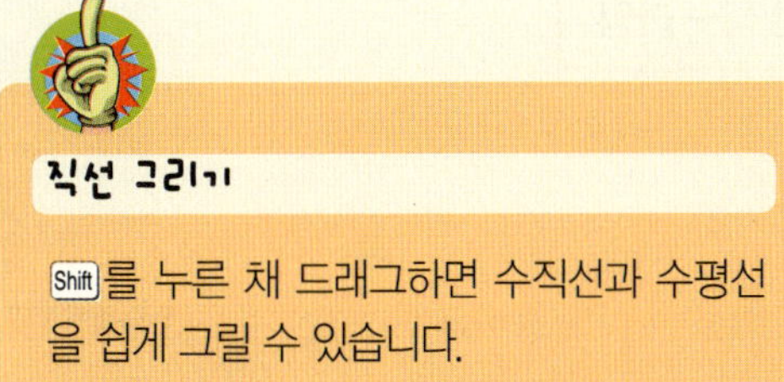

직선 그리기

Shift 를 누른 채 드래그하면 수직선과 수평선을 쉽게 그릴 수 있습니다.

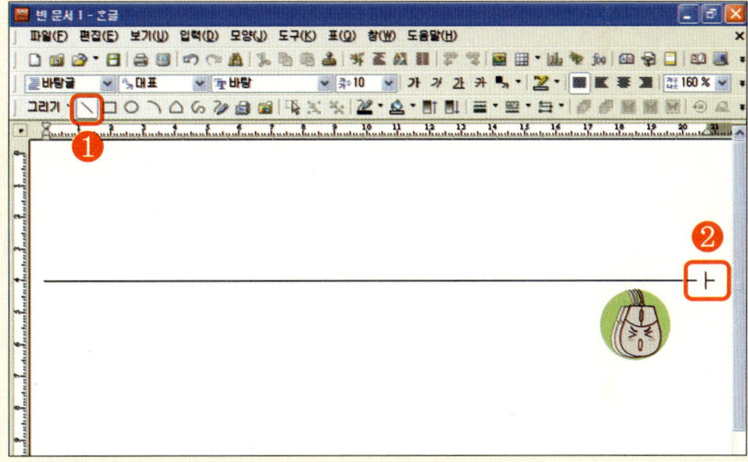

03 직선이 그려집니다. 직선을 선택한 상태에서 [선 굵기] 아이콘(≡·)을 클릭한 후 '5mm'를 선택합니다.

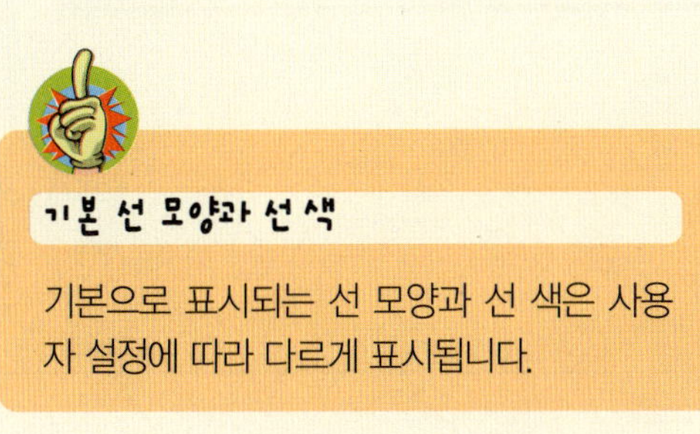

기본 선 모양과 선 색

기본으로 표시되는 선 모양과 선 색은 사용자 설정에 따라 다르게 표시됩니다.

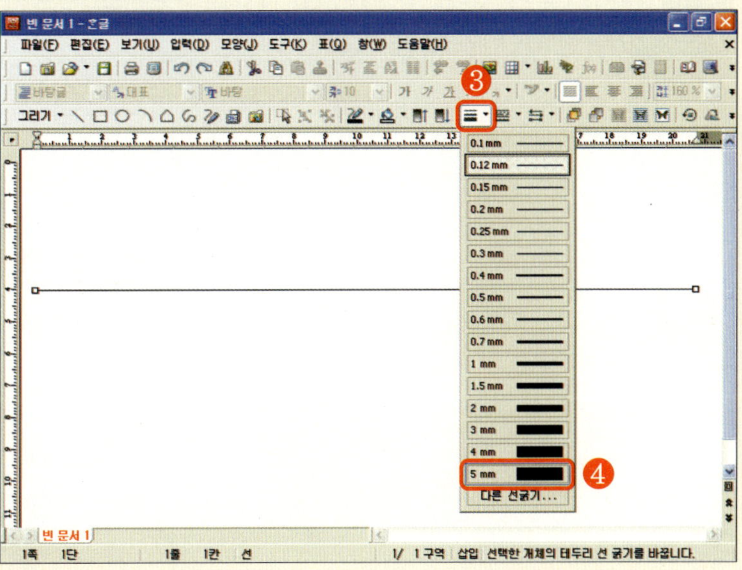

04 선의 굵기가 변경됩니다. 계속해서 [선 색] 아이콘(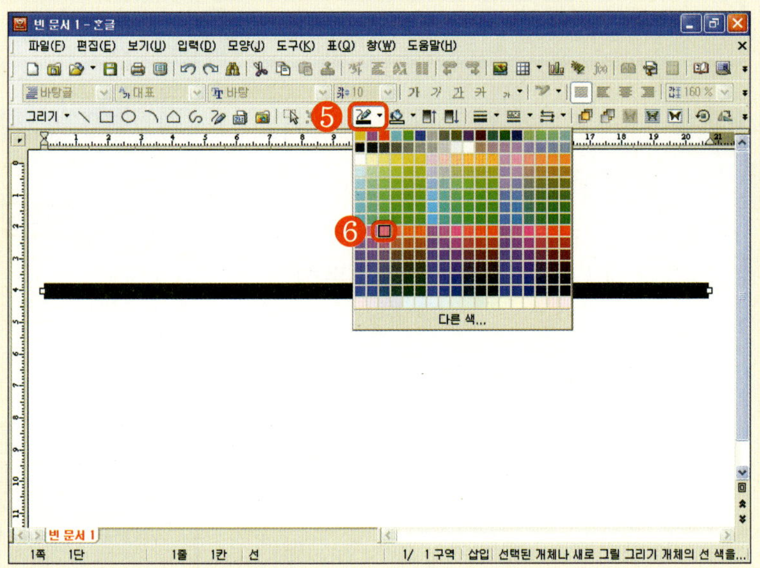)을 클릭한 후 '장미색'을 선택합니다.

05 같은 방법으로 다음과 같이 두 개의 선을 더 그립니다.

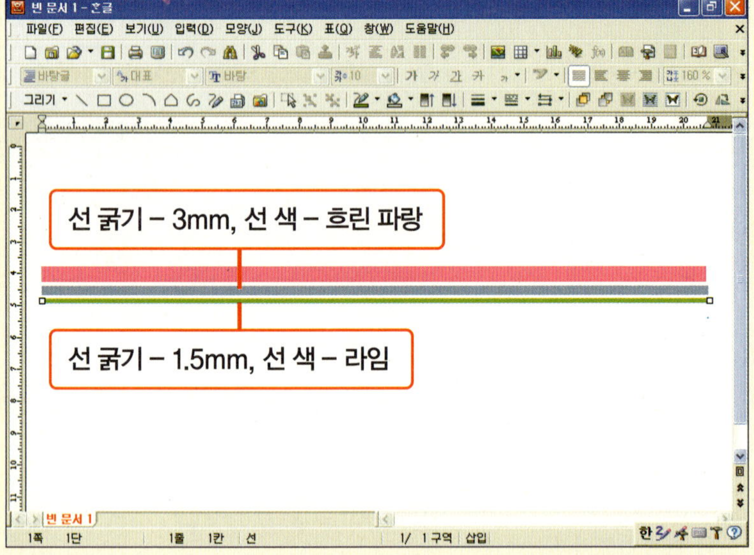

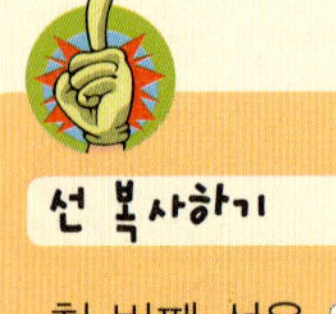

선 복사하기

첫 번째 선을 Ctrl을 누른 채 드래그하여 복사한 후 선 굵기와 선 색을 지정할 수도 있습니다.

06 그리기 도구 모음에서 [타원] 아이콘(○)을 클릭한 후 다음과 같이 그립니다.

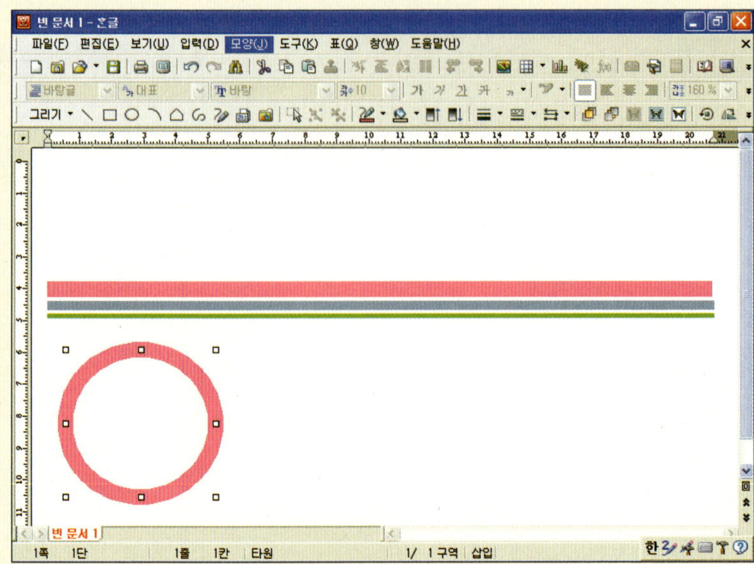

정원 그리기

원을 그릴 때 Shift를 누른 채 드래그하면 정원이 그려집니다.

07 [선 색] 아이콘()을 클릭하여 선 색을 '검정'으로 지정하고, [선 굵기] 아이콘을 클릭하여 선 굵기를 '0.1mm'로 설정합니다.

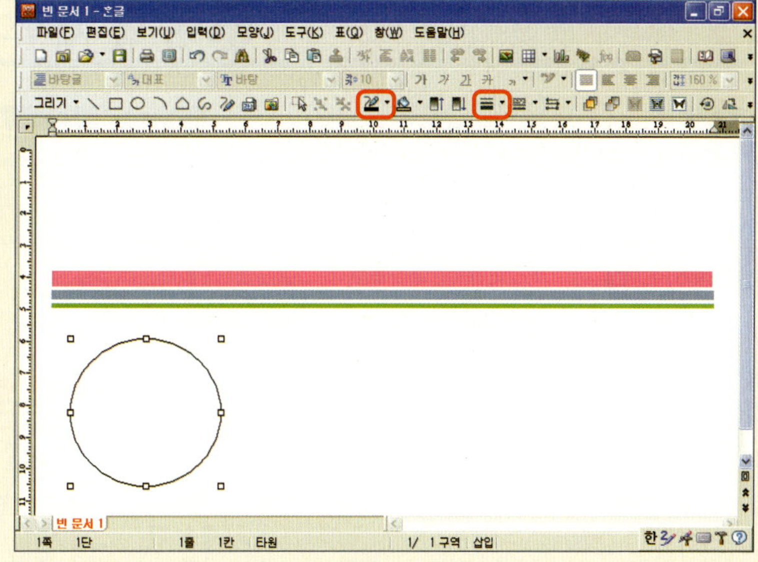

08 똑같은 크기의 원을 복사하기 위해 원을 선택하고 Ctrl을 누른 채 복사할 위치로 드래그합니다.

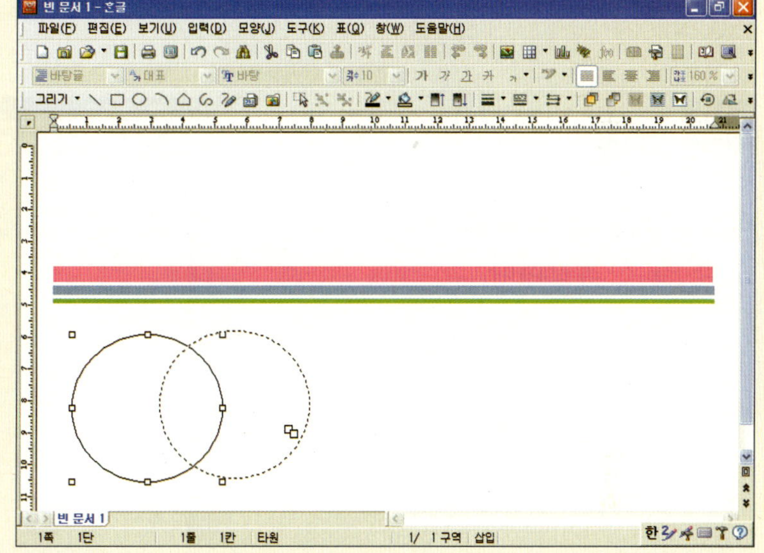

09 똑같은 모양의 원이 복사됩니다. 원을 하나 더 복사하여 다음과 같이 세 개를 그립니다.

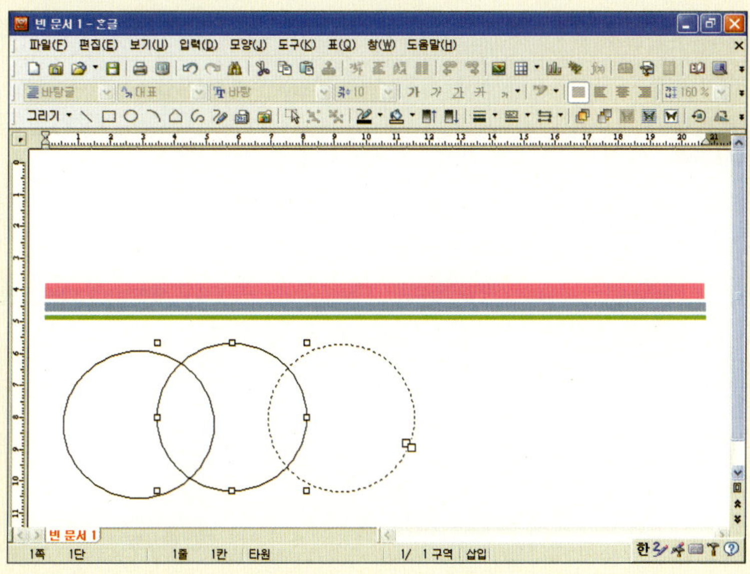

01 가운데 원 도형을 선택하고 그리기 도구 모음의 [면 색] 아이콘(🪣▼)을 클릭한 후 '밝은 보라'를 선택합니다.

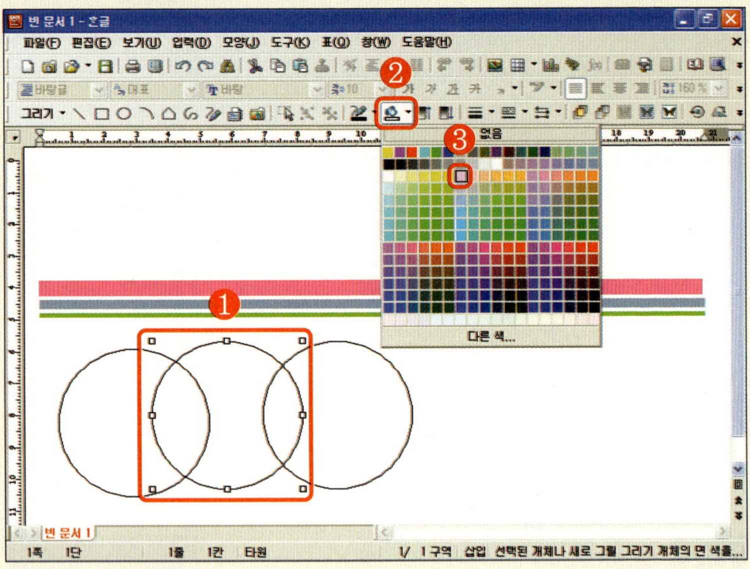

02 도형의 면 색이 변경됩니다. 이번에는 그리기 도구 모음의 [선 색] 아이콘(🖉▼)을 클릭한 후 '밝은 보라'를 선택합니다.

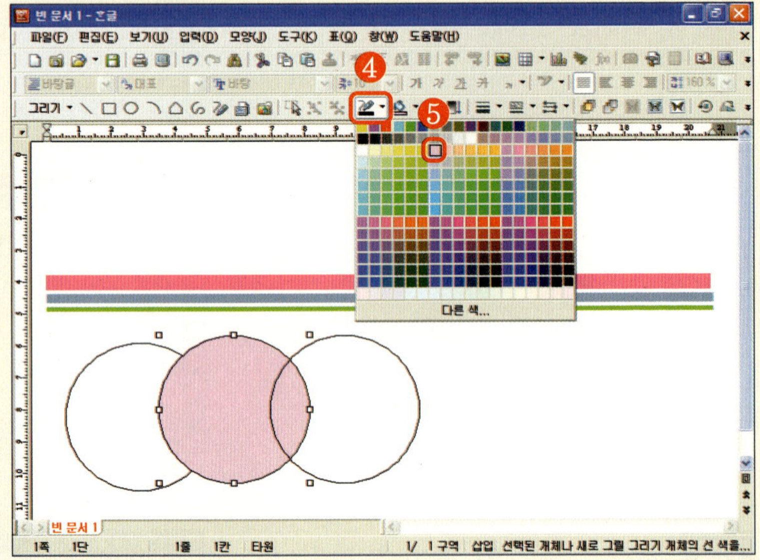

03 도형의 선 색이 변경됩니다.

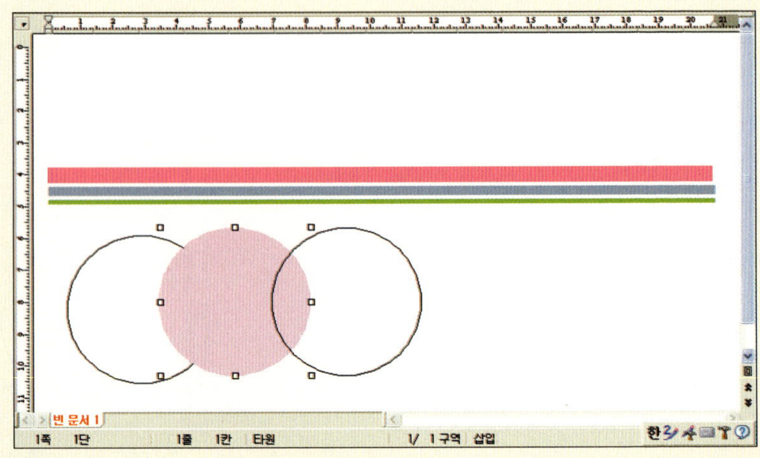

04 도형 안을 그림 파일로 채워 보겠습니다. 왼쪽 원을 더블 클릭하여 [개체 삽입] 대화 상자가 표시되면 [채우기] 탭에서 '그림'을 선택합니다. '채우기 유형'을 '가운데로'로 선택하고 '문서에 포함'에 체크한 다음, [그림 삽입] 아이콘을 클릭합니다.

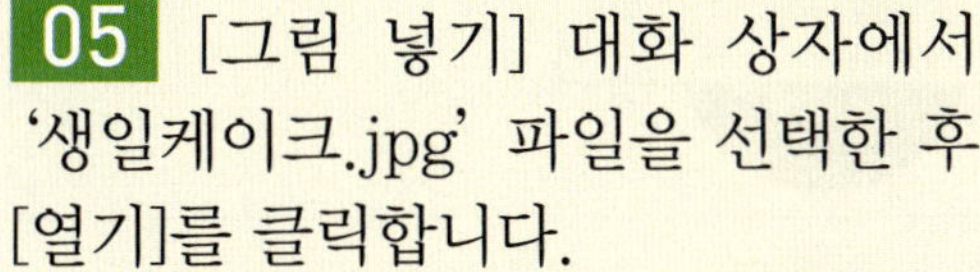
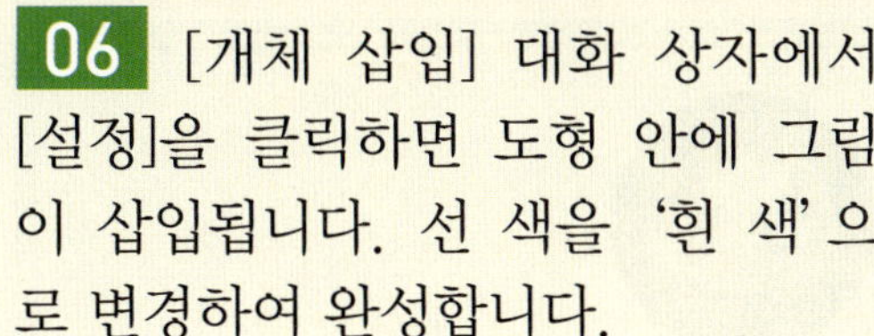
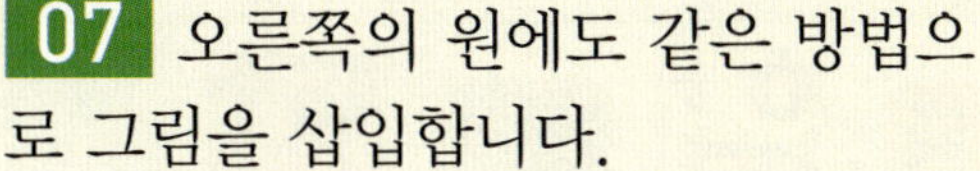

05 [그림 넣기] 대화 상자에서 '생일케이크.jpg' 파일을 선택한 후 [열기]를 클릭합니다.

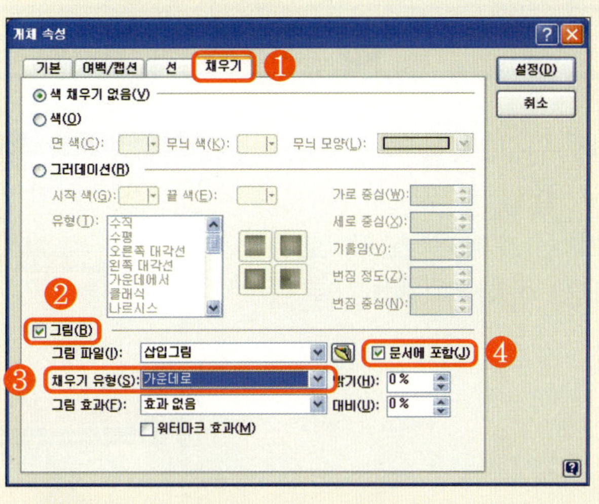

06 [개체 삽입] 대화 상자에서 [설정]을 클릭하면 도형 안에 그림이 삽입됩니다. 선 색을 '흰 색'으로 변경하여 완성합니다.

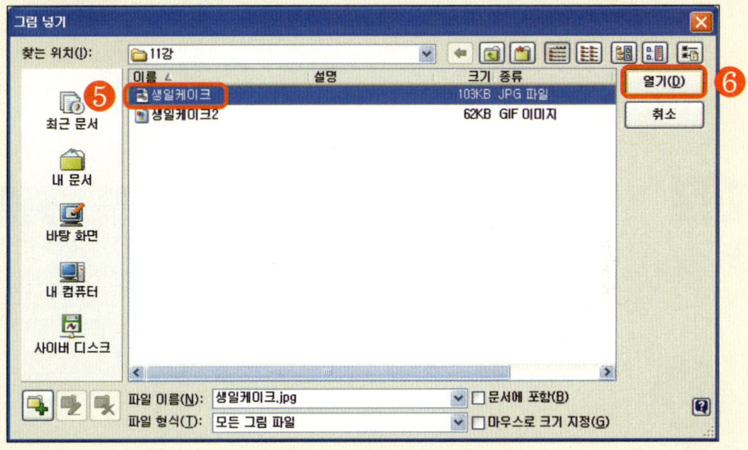

07 오른쪽의 원에도 같은 방법으로 그림을 삽입합니다.

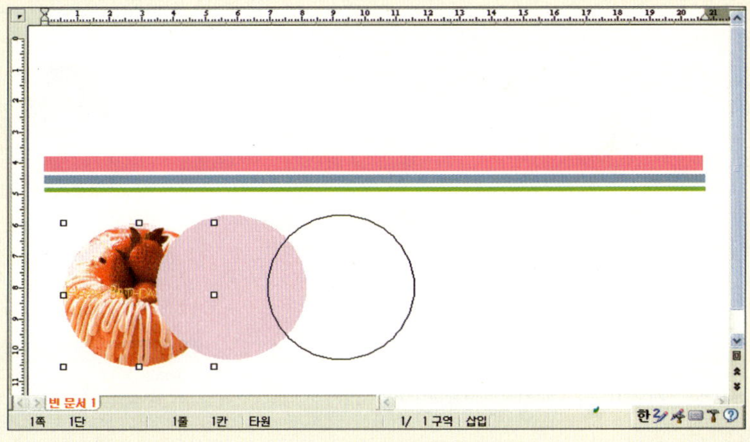

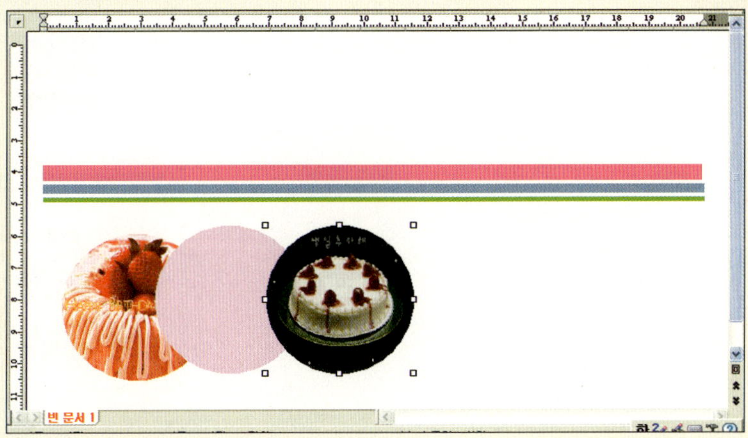

❸ 도형의 배치 순서 변경하기

01 가운데 원 도형을 마우스 오른쪽 단추로 클릭한 후 [맨 뒤로]를 클릭하거나 그리기 도구 모음에서 [맨 뒤로] 아이콘(￼)을 클릭합니다.

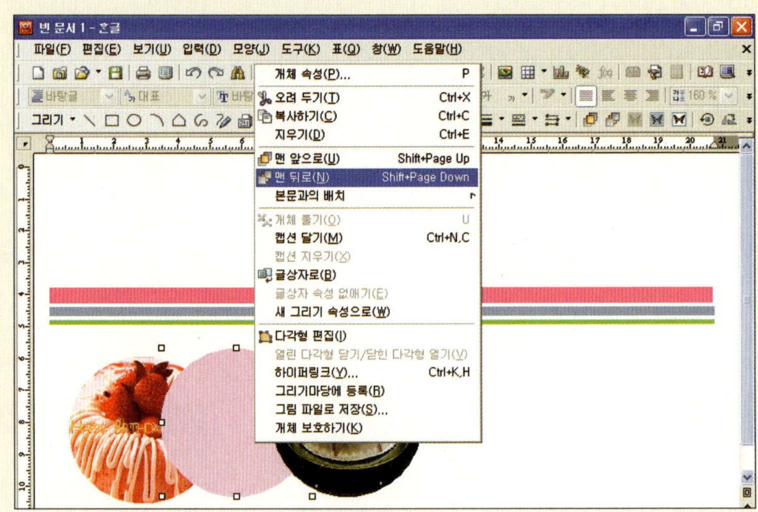

02 선택한 도형이 가장 뒤로 갑니다.

도형 배치 순서 변경하기

겹쳐 있는 도형 중 하나를 맨 앞으로 가져오려면 [맨 앞으로] 아이콘(￼)을 클릭합니다. 도형이 겹쳐 있을 때 도형 하나를 앞으로 가져오거나 뒤로 보내려면 [그리기]─[순서 바꾸기]─[하나 앞으로]/[하나 뒤로]를 클릭합니다.

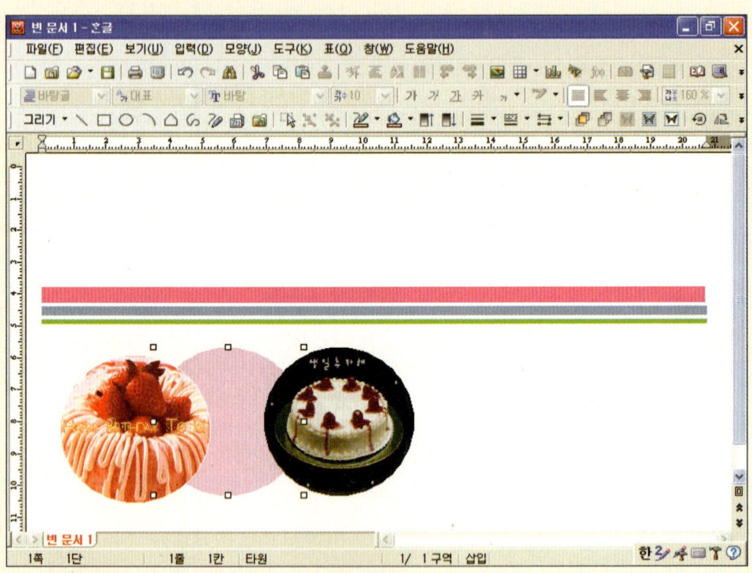

03 도형과 글상자를 이용하여 다음과 같이 초대장을 완성합니다.

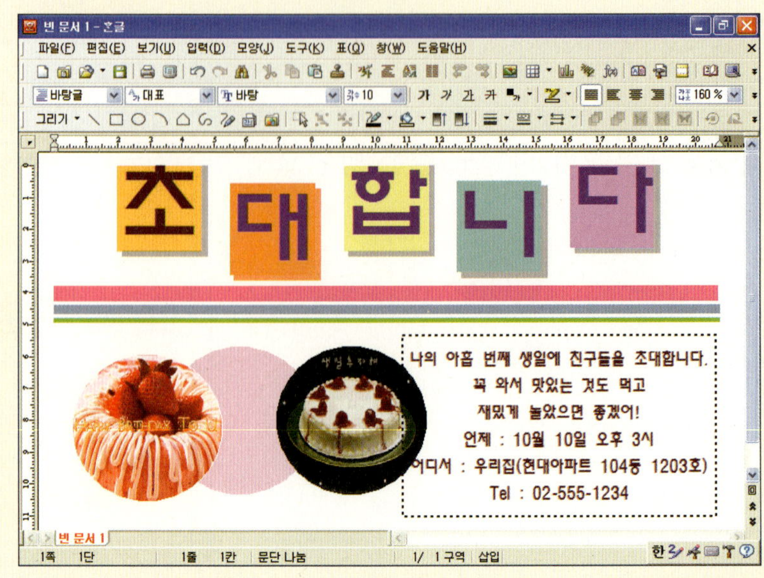

1. 가을 하늘 잠자리

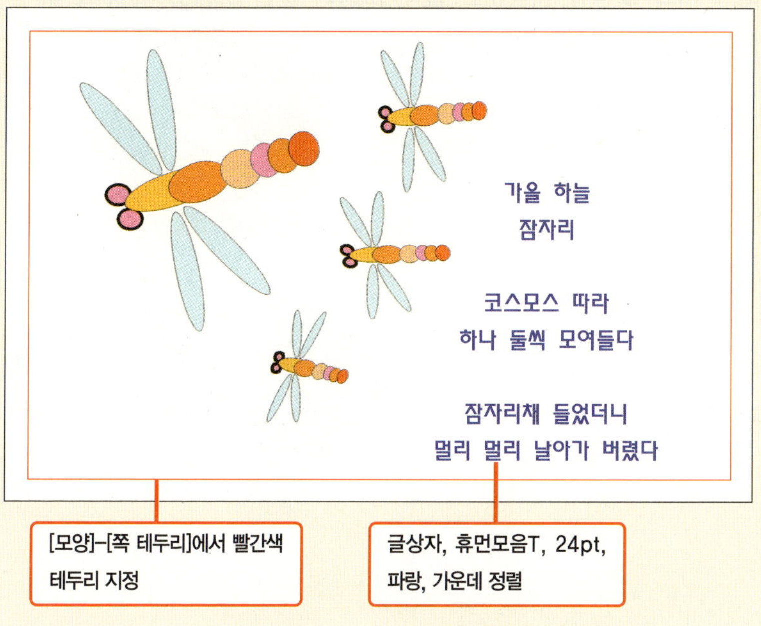

1. 새로운 문서 창에서 [모양]–[편집 용지]를 클릭하고 용지 방향을 '넓게'로 변경
2. 타원을 이용하여 잠자리 그리기
   - 날개와 몸통은 원을 그리고 회전하여 그림
   - 눈의 선 굵기는 1mm로 설정
   - 잠자리 하나를 그린 후 그룹으로 묶고 복사하는 것이 편리함
3. '11–잠자리 완성.hwp'로 저장

2. 우리집 찾아오는 길

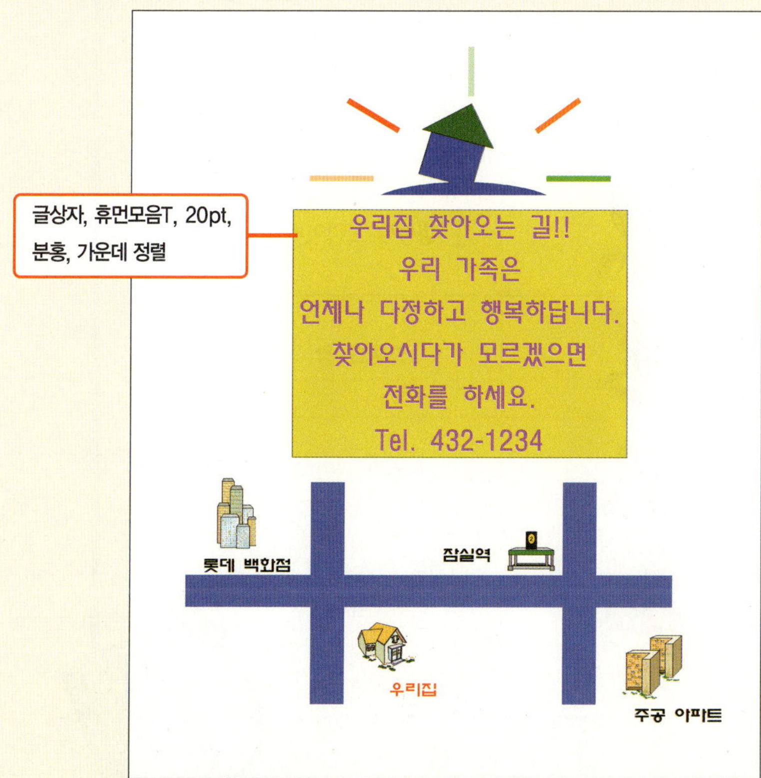

1. 그리기 마당의 약도(일반1), 약도(건물2) 꾸러미를 이용하여 건물 그리기
2. 글상자를 이용하여 건물의 이름 입력
3. '11–우리집 약도 완성.hwp'로 저장

12 카트라이더 캐릭터

▶ 문서에 표를 삽입해 보자.
▶ 표에 글자와 그림을 입력하고 글자 모양과 문단 모양을 바꿔 보자.
▶ 표의 줄 높이, 칸 너비를 조절해 보자.

카트라이더 캐릭터

캐릭터	그림	특징
다오(Dao)		정통파 드라이버
배찌(Bazzi)		스피드 광
우니(Uni)		어린이 라이더
마리드(Marid)		디지니의 마음을 뺏기 위해 노력중

❶ 표 삽입하기

01 '12-카트라이더.hwp'를 불러온 후 [표]-[표 만들기]를 선택합니다.

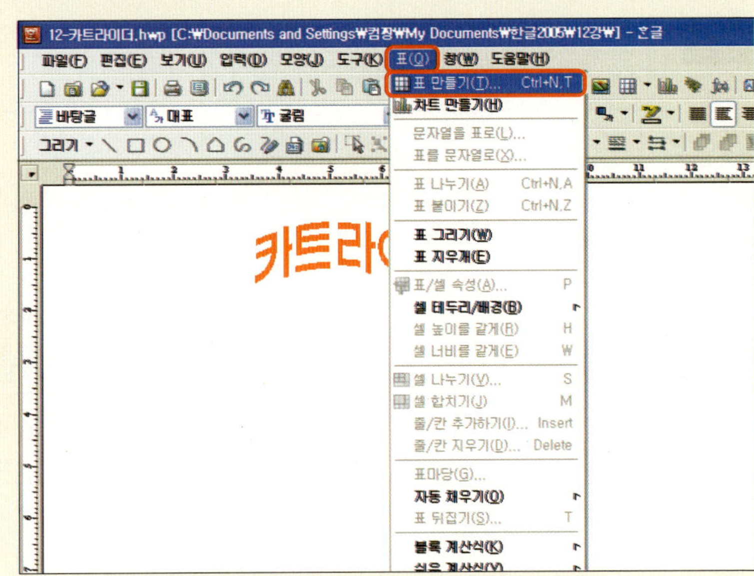

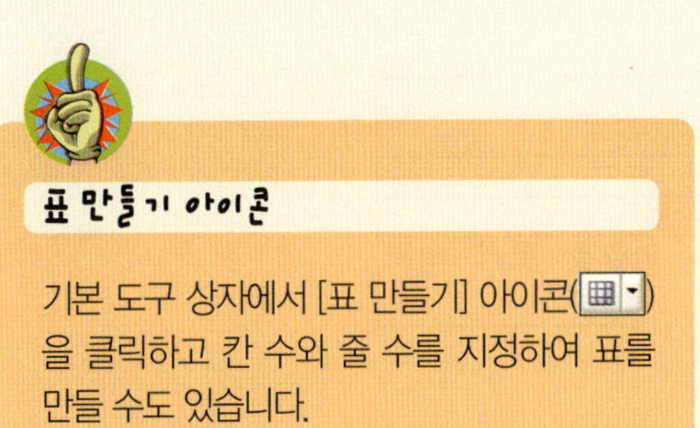

표 만들기 아이콘

기본 도구 상자에서 [표 만들기] 아이콘(▦▼)을 클릭하고 칸 수와 줄 수를 지정하여 표를 만들 수도 있습니다.

02 [표 만들기] 대화 상자가 표시되면 줄 수는 '5', 칸 수는 '3'으로 지정하고 [만들기]를 클릭합니다.

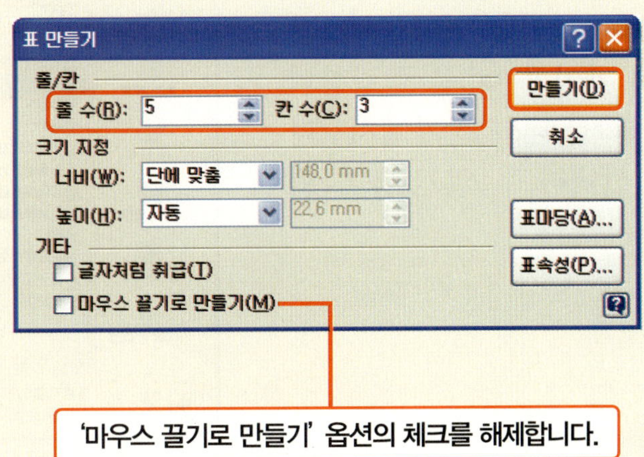

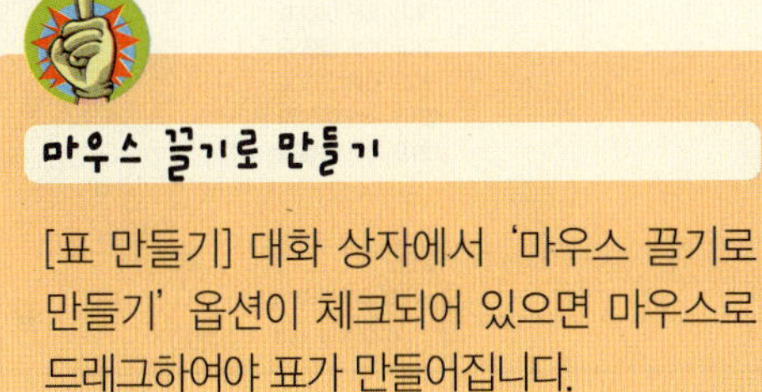

마우스 끌기로 만들기

[표 만들기] 대화 상자에서 '마우스 끌기로 만들기' 옵션이 체크되어 있으면 마우스로 드래그하여야 표가 만들어집니다.

'마우스 끌기로 만들기' 옵션의 체크를 해제합니다.

03 다음과 같이 5줄, 3칸의 표가 만들어집니다.

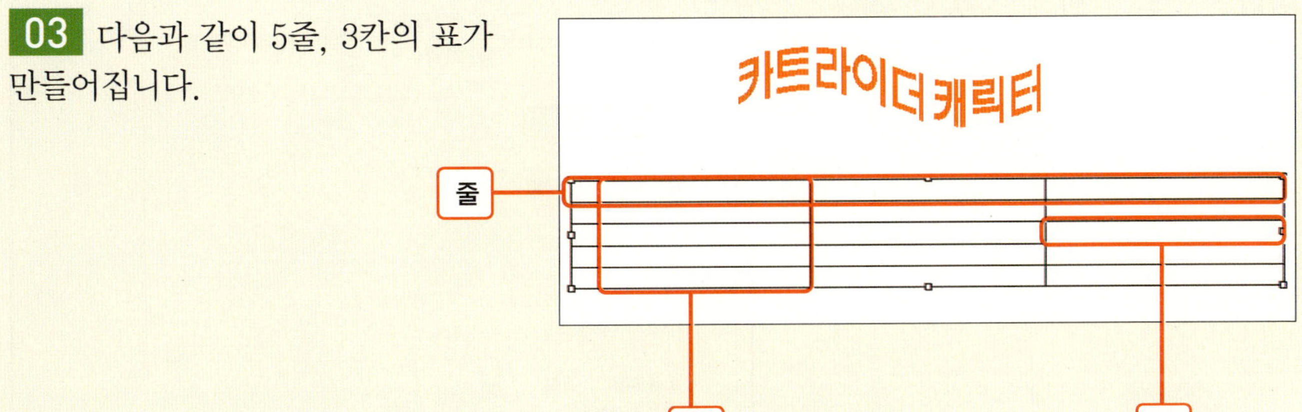

❷ 표에 내용 입력하고 서식 설정하기

01 다음과 같이 각 셀에 내용을 입력합니다.

카트라이더 캐릭터

캐릭터	그림	특징
다오(Dao)		정통파 드라이버
배찌(Bazzi)		스피드 광
우니(Uni)		어린이 라이더
마리드(Marid)		디지니의 마음을 뺏기 위해 노력중

02 두 번째 줄의 두 번째 칸에 커서를 위치시킨 후 기본 도구 상자에서 [그림] 아이콘(🖻)을 클릭합니다. [그림 넣기] 대화 상자에서 '다오.gif'를 선택하고 [열기]를 클릭합니다.

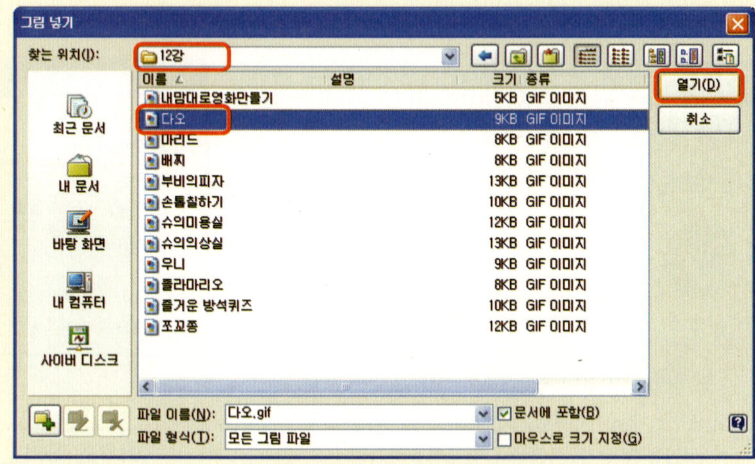

03 그림이 삽입되면 그림을 더블 클릭하여 [개체 속성] 대화 상자를 엽니다. '위치'의 '글자처럼 취급'에 체크하고 [설정]을 클릭합니다.

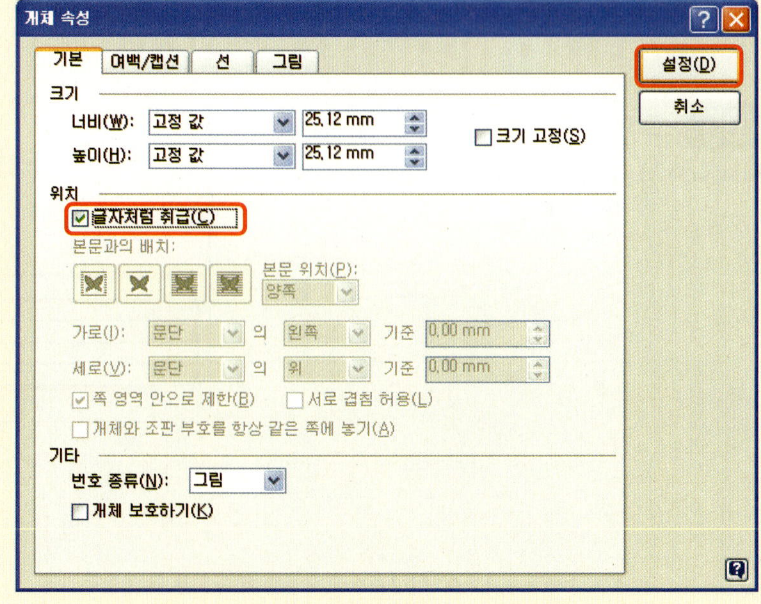

04 그림을 마우스로 드래그하여 크기를 조절합니다. 같은 방법으로 다른 캐릭터의 그림도 삽입합니다.

다오(Dao)		정통파 드라이버
배찌(Bazzi)		스피드 광
우니(Uni)		어린이 라이더
마리드(Marid)		디지니의 마음을 뺏기 위해 노력중

05 마우스로 첫 번째 줄의 첫 번째 칸에서 오른쪽 끝까지 드래그하여 첫 번째 줄 전체를 블록으로 설정합니다.

셀 블록 설정하기

키보드에서 F5를 두 번 연속 누른 후 방향키를 눌러 셀 블록을 설정할 수도 있습니다.

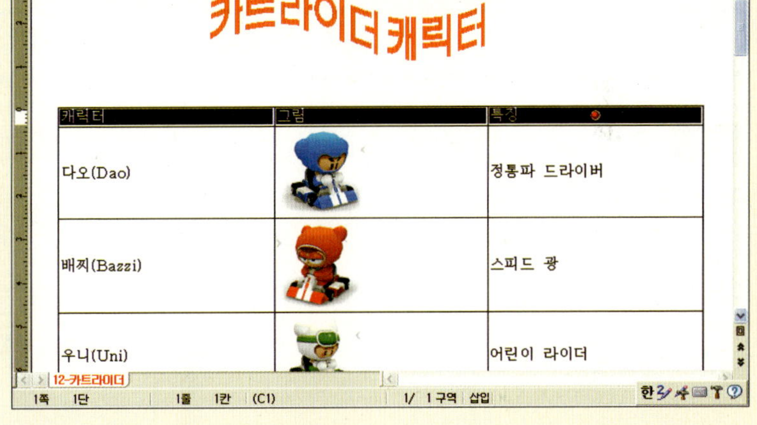

06 서식 도구 상자를 이용하여 글꼴은 '휴먼엑스포', 크기는 '12pt', 글자색은 '파랑'으로 설정하고, 문단 정렬 방식은 '가운데 정렬'을 선택합니다.

셀 블록 해제

셀에서 마우스를 더블 클릭하거나 키보드에서 Esc를 누르면 셀 블록이 해제됩니다.

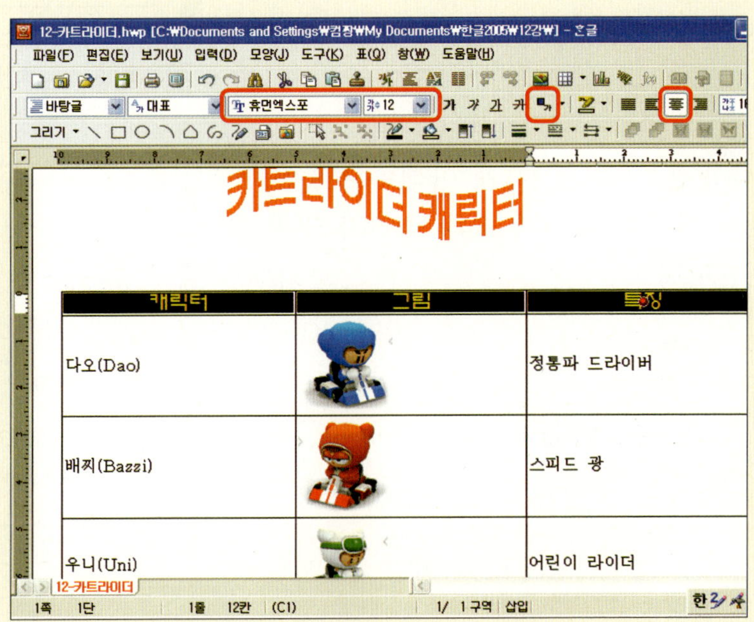

07 두 번째 줄에서 마지막 줄의 마지막 칸까지 마우스로 끌어 셀 블록으로 설정한 후 글꼴은 '휴먼모음T', 크기는 '12pt', 글자색은 '밝은 파랑'으로 설정합니다. 문단 정렬 방식은 '가운데 정렬'로 설정합니다.

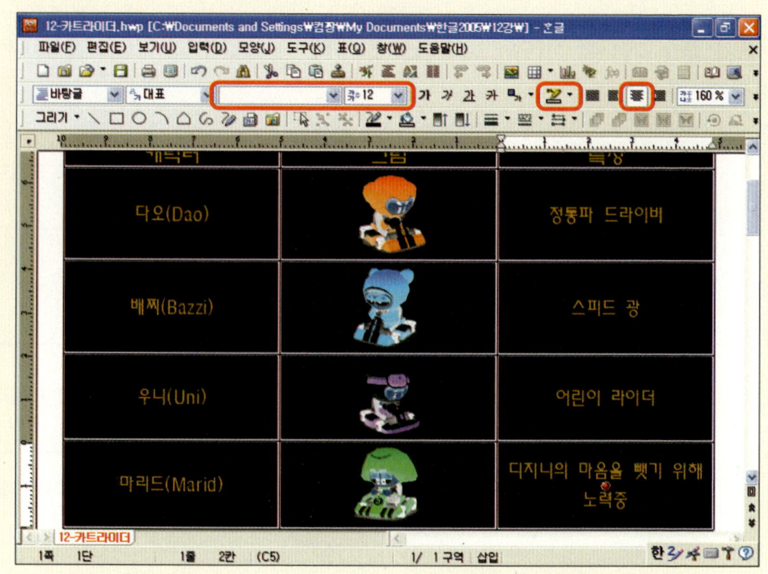

❸ 줄 높이/칸 너비 조절하기

01 첫 번째 줄의 아래쪽 테두리에 마우스 포인터를 위치시키면 마우스 포인터가 ✛ 모양으로 바뀝니다.

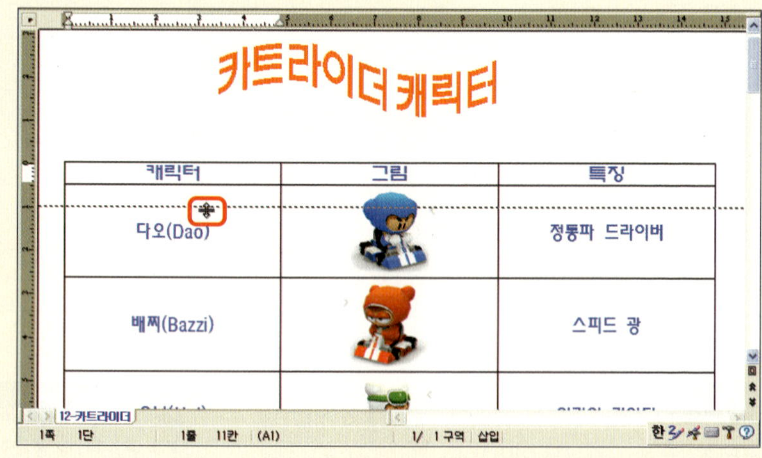

02 Ctrl을 누른 채 아래쪽으로 드래그하면 첫 번째 줄의 높이가 늘어납니다.

키보드를 이용하여 줄 높이 조절하기

셀에서 F5를 한 번 누르면 셀이 셀 블록 상태로 변경됩니다. 이 상태에서 Ctrl을 누른 채 방향키를 눌러 줄의 높이를 변경할 수도 있습니다.

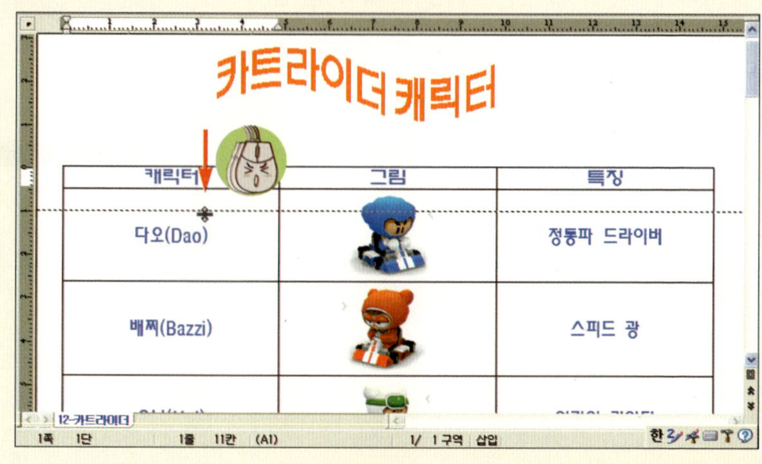

03 칸의 너비를 조절해 봅니다. 두 번째 칸의 오른쪽 테두리에 마우스를 위치시키면 포인터가 ◆ 모양으로 바뀝니다.

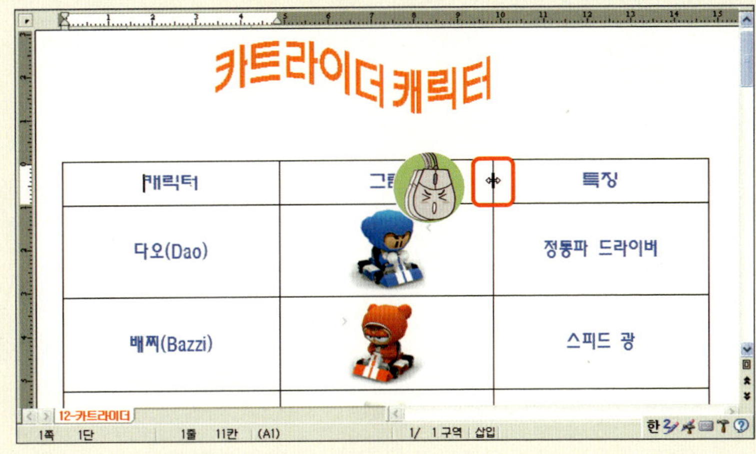

04 왼쪽으로 드래그하면 두 번째 칸의 너비가 줄어들고, 그만큼 세 번째 칸의 너비가 늘어납니다.

Ctrl 을 누른 채 드래그하기

여기에서 Ctrl을 누른 채 드래그하면 두 번째 칸의 너비는 줄어들지만, 세 번째 칸의 너비는 변화가 없습니다.

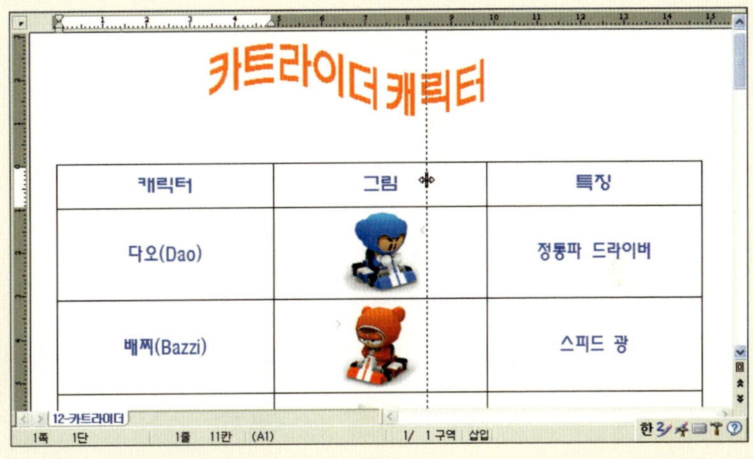

05 미리 보기로 확인한 후 '12-카트라이더 완성.hwp'로 저장합니다.

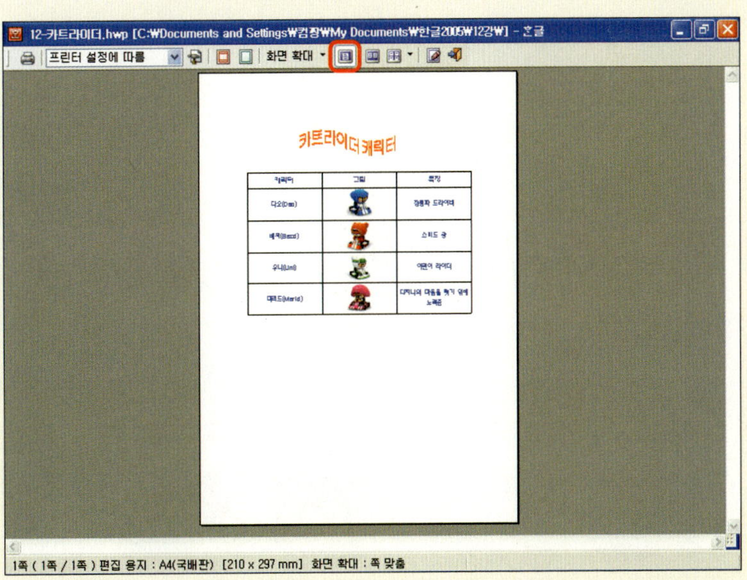

1. 재미있는 북한 말

번호	남한말	북한말
1	여자아이	에미나이
2	눈치	짬수
3	뒷걸음질	물레걸음
4	도시락	곽밥
5	보조개	오목샘
6	잼(빵에 발라먹는)	단졸임
7	소꿉친구	송아지 동무
8	어묵	고기떡
9	이발사	까까쟁이
10	허풍쟁이	쌍포쟁이

① '12-북한말.hwp' 파일 불러오기
② 첫 번째 줄의 서식 설정
  • 글꼴 : 휴먼모음T, 크기 : 12pt, 글자색 : 파랑, 문단 정렬 : 가운데 정렬
③ 나머지 줄의 서식을 설정
  • 글꼴 : 휴먼모음T, 크기 : 12pt, 문단 정렬 : 가운데 정렬
④ '12-북한말 완성.hwp' 로 저장

2. 인기 게임 조사

① '12-인기 게임.hwp' 파일 불러오기
② 표 삽입 후 내용 입력
  • 각 그림의 이름은 게임의 이름으로 되어 있음(예 : 졸라마리오 – 졸라마리오.gif, 슈의미용실2 – 슈의미용실.gif)
③ 첫 번째 줄과 세 번째 줄의 서식을 설정
  • 글꼴 : 휴먼엑스포, 크기 : 12pt, 글자색 : 파랑, 문단 정렬 : 가운데 정렬
④ '12-인기 게임 완성.hwp' 로 저장

13 내가 좋아하는 노래들

▶ 셀 테두리 모양을 바꿔 보자.
▶ 셀 배경을 바꿔 보자.

좋아하는 노래 목록

노래 제목	가수	가사 시작
사랑눈	김태우	이 노래를 부르며
눈물이 나요	조성모	난 눈물이 나요
참 다행이야	에스파파	그만 하자 여기서 끝내자
내 머리가 나빠서	SS501	내 머리는 너무 나빠서
소원을 말해봐	소녀 시대	소원을 말해봐

❶ 셀 테두리 변경하기

01 '13-노래 목록.hwp'를 불러온 후 [표 만들기] 아이콘의 오른쪽 '내림' 단추를 클릭하고 6×3만큼 드래그하여 선택합니다.

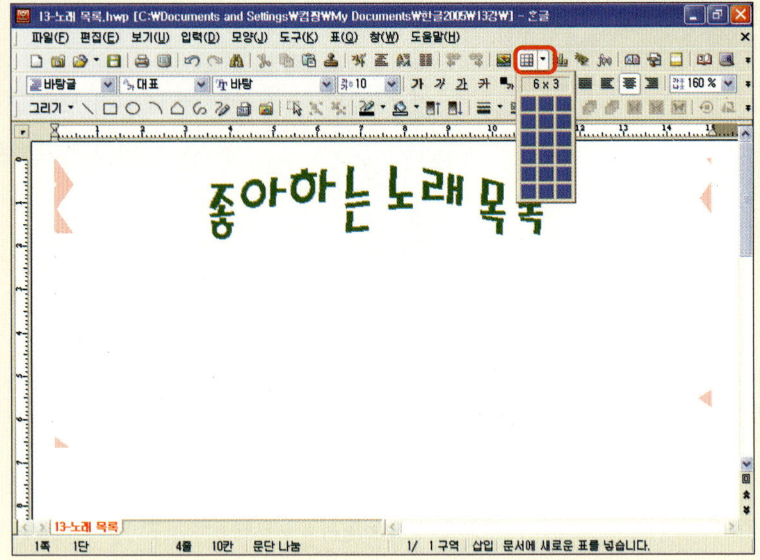

02 6줄, 3칸의 표가 삽입됩니다.

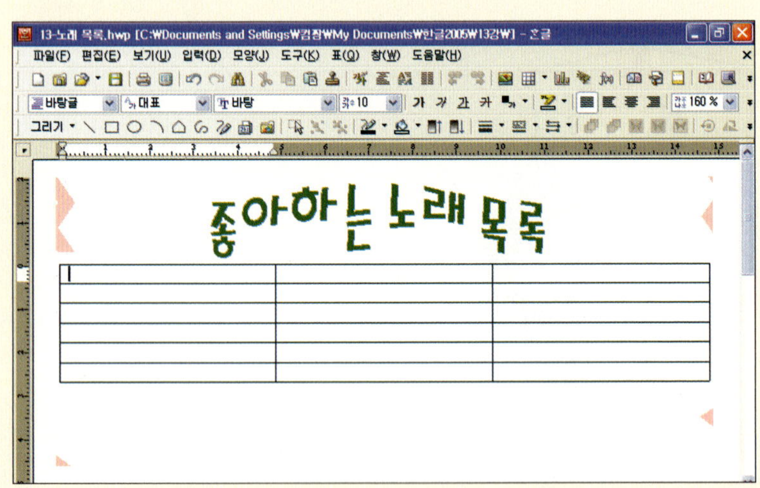

03 셀의 크기를 변경하고 각 셀에 다음과 같이 좋아하는 노래 목록을 입력합니다. 글자를 가운데로 정렬하고 글자 크기는 '12pt'로 설정합니다. 첫 번째 줄의 글꼴은 '휴먼엑스포', 나머지 줄의 글꼴은 '휴먼매직체'로 변경합니다.

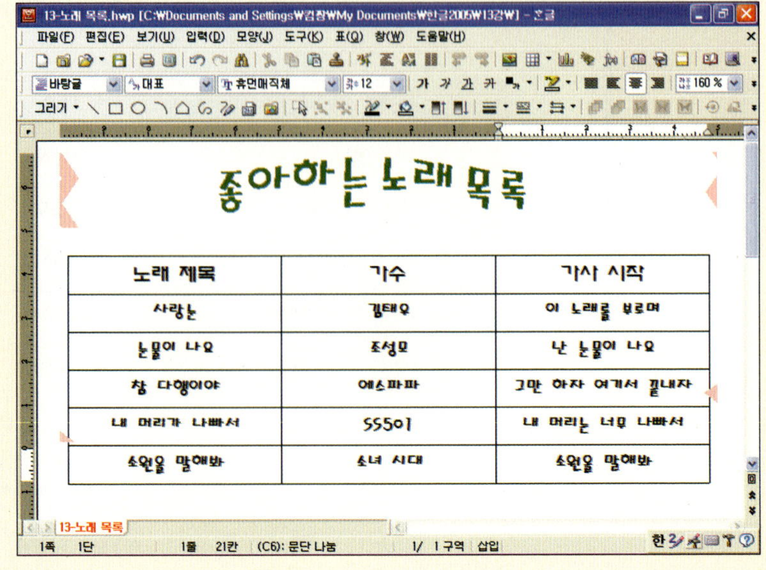

04 표의 바깥 쪽 셀 테두리를 파란 색으로 변경해 봅니다. 표를 마우스로 드래그하여 모든 셀을 블록으로 설정하고 마우스 오른쪽 단추로 클릭한 후 [셀 테두리/배경]–[각 셀마다 적용]을 클릭합니다.

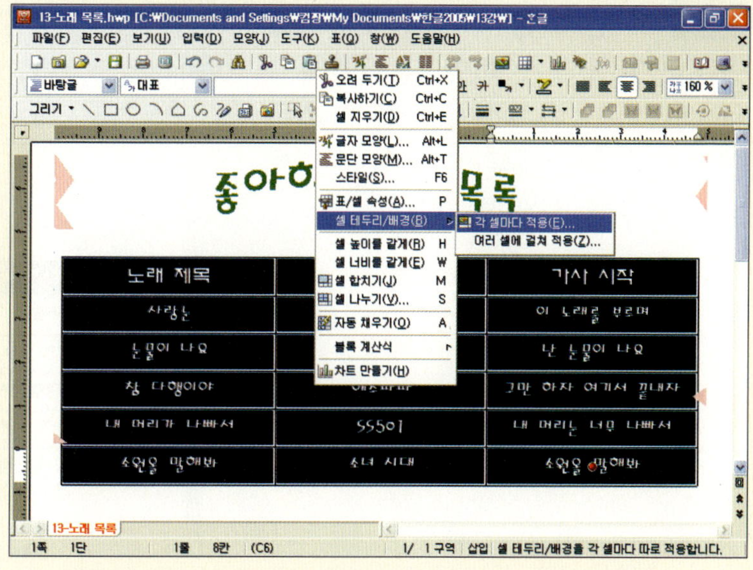

05 [셀 테두리/배경] 대화 상자가 표시되면 [테두리] 탭에서 종류는 '굵은 점선', 굵기는 '0.5mm', 색은 '파랑'을 선택하고 [바깥쪽 모두] 단추를 클릭하고 [설정] 단추를 클릭합니다.

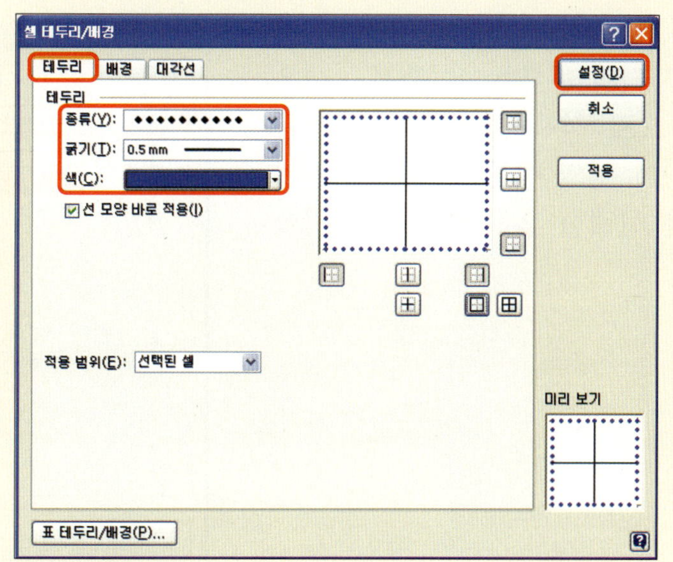

06 셀 블록을 해제하면 바깥쪽 셀 테두리가 변경된 것을 알 수 있습니다.

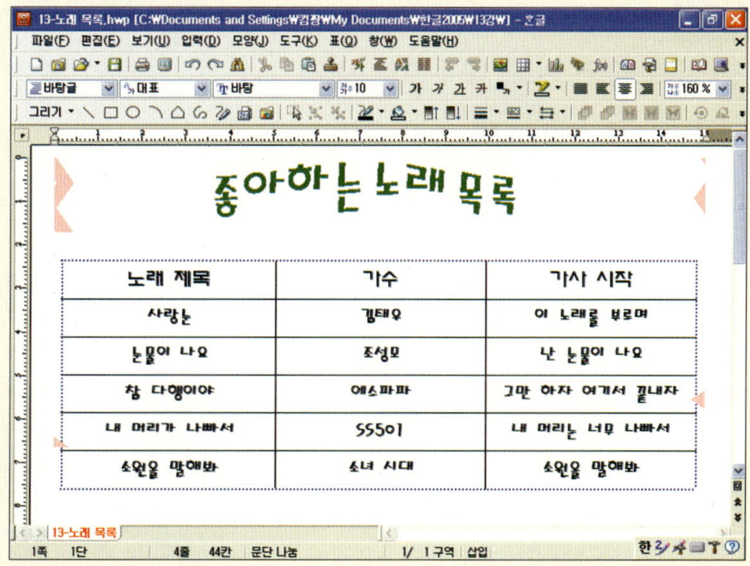

07 첫 번째 줄의 아래 테두리를 변경하기 위해 첫 번째 줄을 블록으로 설정하고 마우스 오른쪽 단추를 클릭한 후 [셀 테두리/배경]-[각 셀마다 적용]을 클릭합니다.

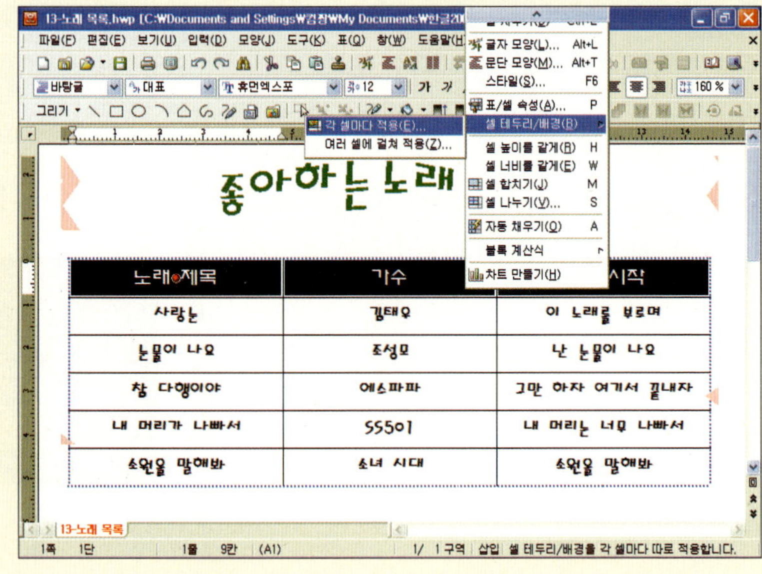

08 [셀 테두리/배경] 대화 상자가 표시되면 종류는 '이중선', 색은 '빨강' 으로 선택하고 [아래] 단추를 클릭하여 셀의 아래 테두리만 변경되도록 선택한 후 [설정]을 클릭합니다.

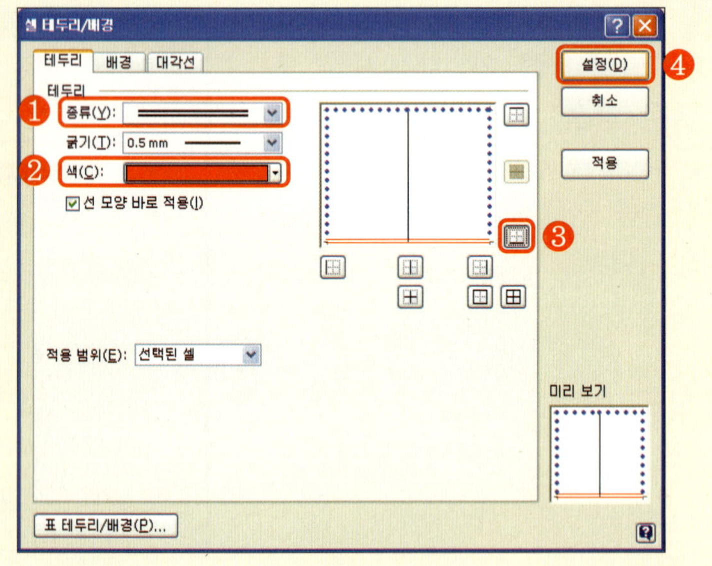

09 블록을 해제하면 다음과 같이 첫 번째 줄의 아래 테두리만 변경된 것을 알 수 있습니다.

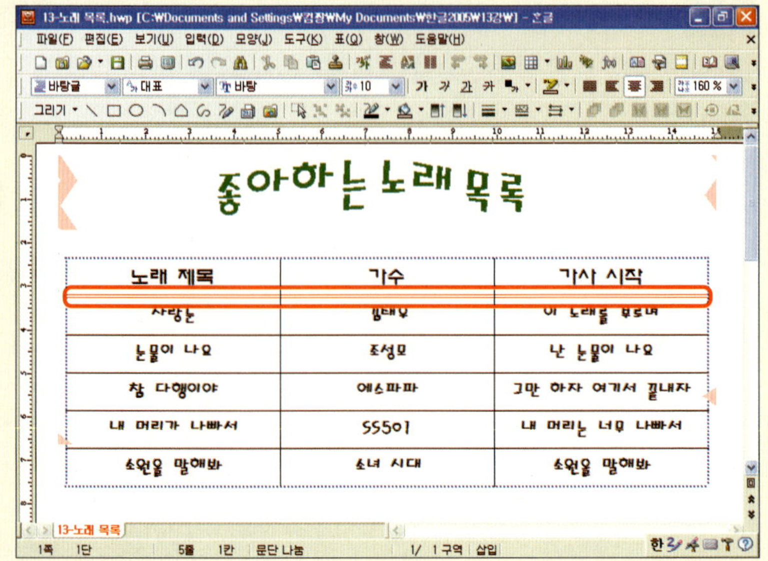

❷ 셀 배경 변경하기

01 첫 번째 줄의 배경을 설정하기 위해 첫 번째 줄을 마우스로 드래그하여 블록으로 설정한 후 마우스 오른쪽 단추를 클릭하고 [셀 테두리/배경]-[각 셀마다 적용]을 클릭합니다.

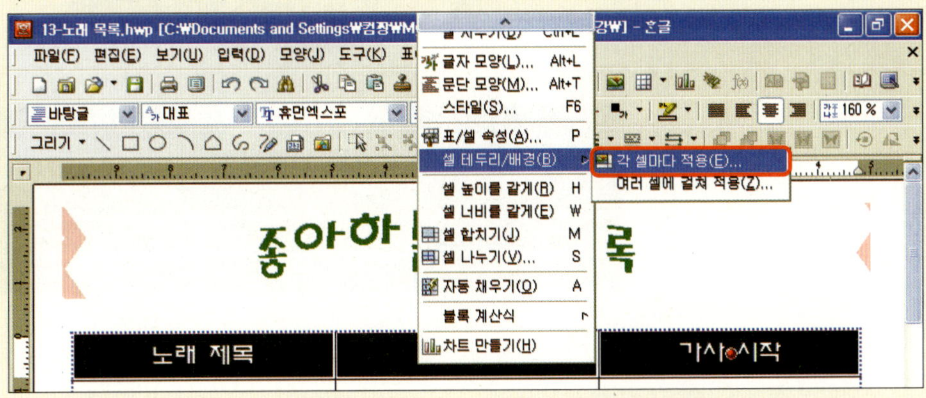

02 [셀 테두리/배경] 대화 상자가 표시되면 [배경] 탭을 선택하고 '그러데이션'을 선택한 후 시작색은 '흰색', 끝색은 '라임색', 유형은 '오른쪽 대각선'으로 설정하고 [설정]을 클릭합니다.

> 셀 배경을 그림으로 채울 수도 있습니다.

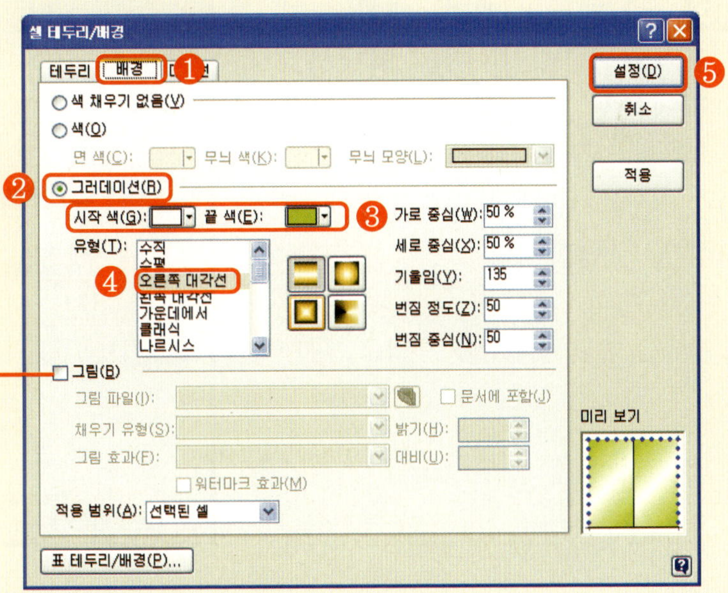

03 블록을 해제하면 다음과 같이 첫 번째 줄의 배경색이 변경된 것을 볼 수 있습니다. 각 셀마다 그러데이션 배경이 각각 설정되었습니다.

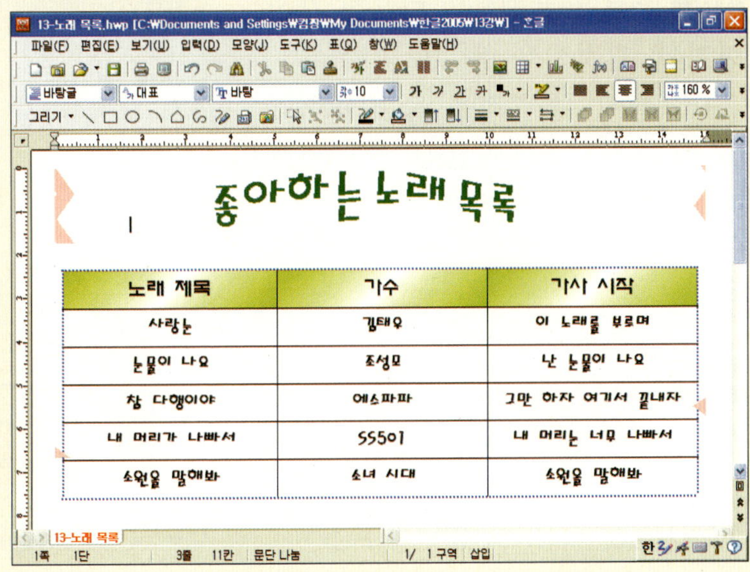

04 두 번째 줄에서 여섯 번째 줄까지 블록을 설정하고 마우스 오른쪽 단추로 클릭하여 [셀 테두리/배경]-[여러 셀에 걸쳐 적용]을 클릭합니다.

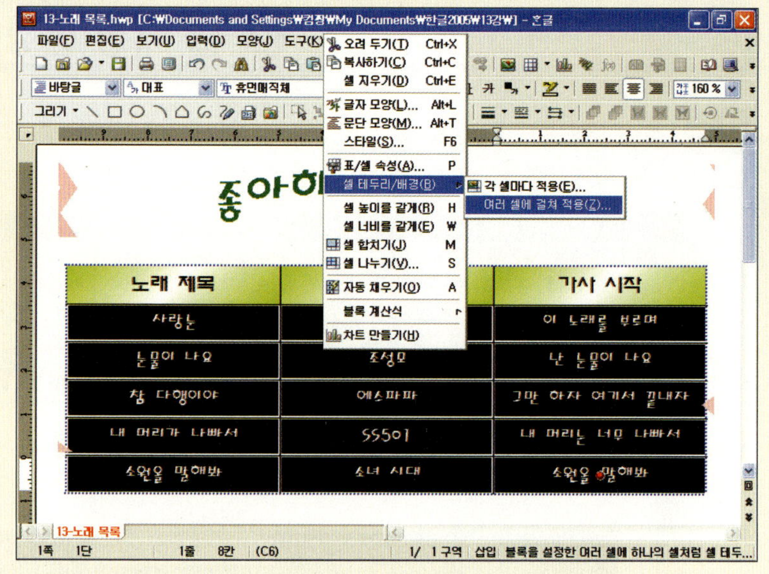

05 [셀 테두리/배경] 대화 상자가 표시되면 [배경] 탭을 선택하고 '그러데이션'을 선택한 후 시작색은 '흰 색', 끝 색은 '진한 노랑', 유형은 '왼쪽 대각선'을 선택한 후 [설정]을 클릭합니다.

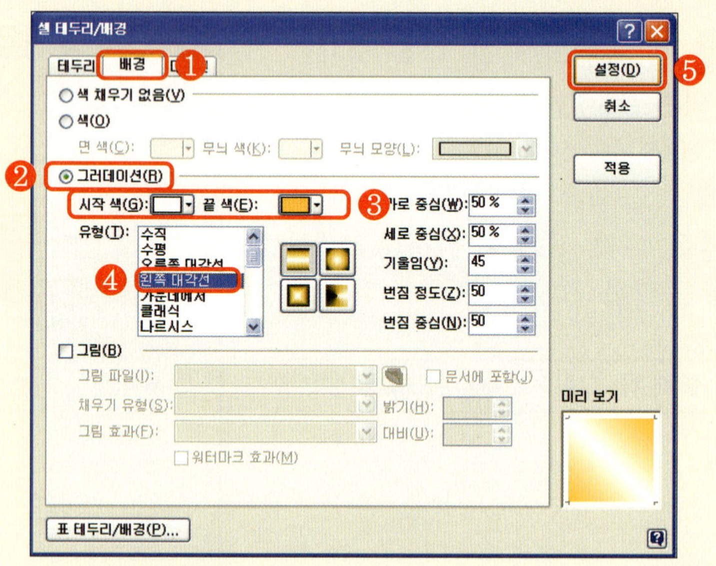

06 블록을 해제하면 다음과 같이 변경된 배경색을 볼 수 있습니다. '여러 셀에 걸쳐 적용'을 선택하였기 때문에 그러데이션이 선택한 전체 셀에 걸쳐서 적용됩니다.

07 '13-노래 목록 완성.hwp'로 저장합니다.

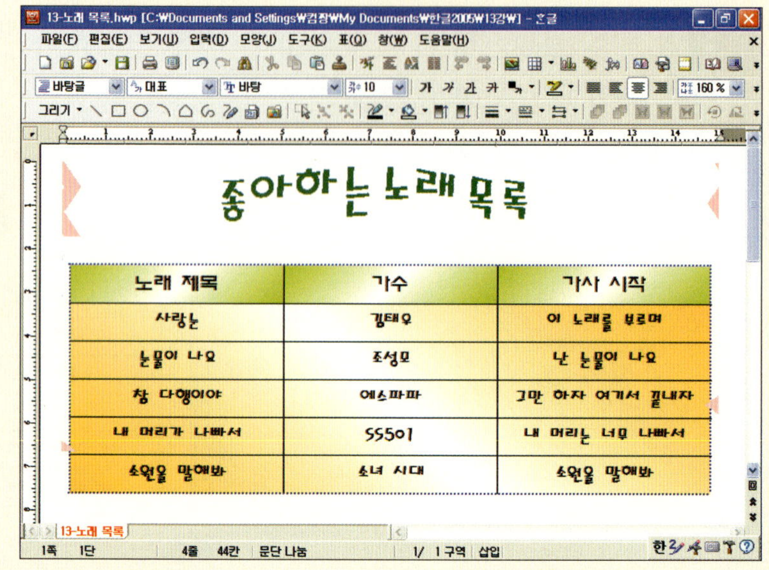

1. 이번 학기 시간표

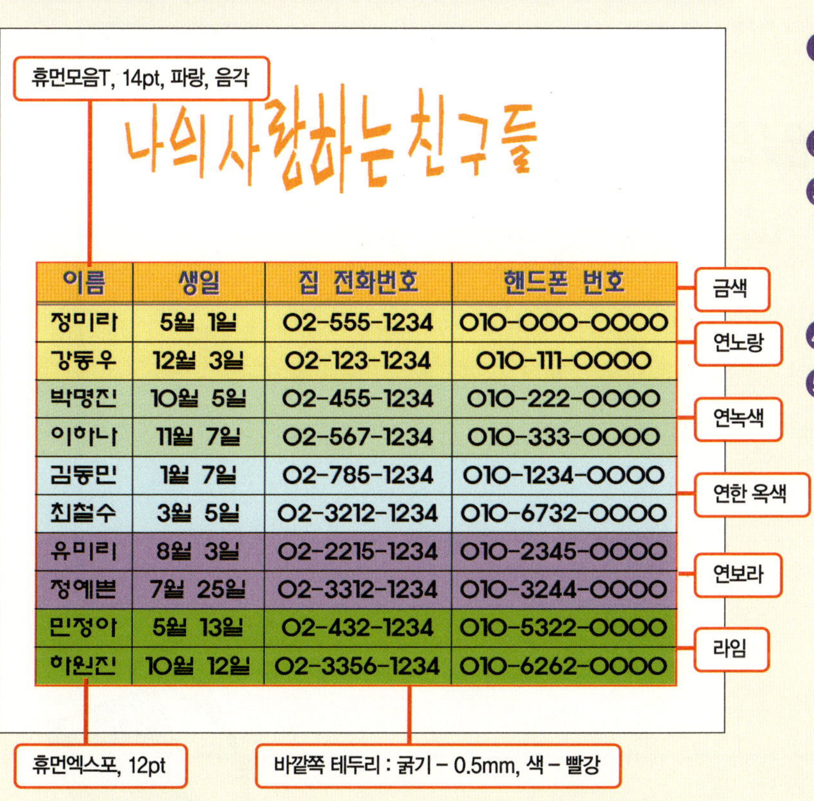

	월요일	화요일	수요일	목요일	금요일	토요일
1교시	읽기	즐거운 생활	읽기	바른 생활	쓰기	듣기 말하기
2교시	바른 생활	듣기 말하기	쓰기	듣기 말하기	슬기로운 생활	읽기
3교시	수학	슬기로운 생활	즐거운 생활	수학	수학	바른 생활
4교시	슬기로운 생활	읽기	수학	즐거운 생활	읽기	슬기로운 생활

휴먼모음T, 가운데 정렬

바깥쪽 테두리 : 굵기 – 0.5mm, 색 – 파랑

❶ '13-시간표.hwp' 파일을 불러온 후 표 삽입
❷ 각 줄의 높이와 너비를 적절하게 변경
❸ 테두리 설정
  • 첫 번째 줄 아래쪽과 첫 번째 칸의 오른쪽 테두리 : 종류 – 굵은 점선, 굵기 – 0.5mm, 색 – 빨강
  • 첫 번째 셀의 오른쪽과 아래쪽 테두리 : 종류 – 선 없음
❹ 제시된 대로 각 셀의 배경색을 설정
❺ '13-시간표 완성.hwp'로 저장

2. 친구 연락처

휴먼모음T, 14pt, 파랑, 음각

이름	생일	집 전화번호	핸드폰 번호
정미라	5월 1일	O2-555-1234	O1O-OOO-OOOO
강동우	12월 3일	O2-123-1234	O1O-111-OOOO
박명진	10월 5일	O2-455-1234	O1O-222-OOOO
이하나	11월 7일	O2-567-1234	O1O-333-OOOO
김동민	1월 7일	O2-785-1234	O1O-1234-OOOO
최철수	3월 5일	O2-3212-1234	O1O-6732-OOOO
유미리	8월 3일	O2-2215-1234	O1O-2345-OOOO
정예쁜	7월 25일	O2-3312-1234	O1O-3244-OOOO
민정아	5월 13일	O2-432-1234	O1O-5322-OOOO
하원진	10월 12일	O2-3356-1234	O1O-6262-OOOO

금색
연노랑
연녹색
연한 옥색
연보라
라임

휴먼엑스포, 12pt

바깥쪽 테두리 : 굵기 – 0.5mm, 색 – 빨강

❶ '13-친구 연락처.hwp' 파일을 불러온 후 표 삽입
❷ 줄 높이와 칸 너비를 적절하게 조절
❸ 테두리 설정
  • 첫 번째 줄의 아래쪽 테두리 : 종류 – 이중선, 색 – 파랑
❹ 제시된 대로 각 줄의 배경 설정
❺ '13-친구 연락처 완성.hwp'로 저장

14 이번 달에는 어떤 일들이?

▶ 표에 줄/칸을 추가하고 삭제해 보자.
▶ 셀을 합치고 나눠 보자.
▶ 표에 여백을 지정해 보자.

6월의 주요 행사

| 2010년 6월 | | | | | | 정영준 |
일요일	월요일	화요일	수요일	목요일	금요일	토요일
		1	2	3	4	5
6	7	8	9	10	11	12
13	14	15	16	17	18	19
20	21	22	23	24	25	26
27	28	29	30			
5월의 주요 행사				7월의 주요 행사		

❶ 줄/칸 추가하기

01 '14-주요 행사.hwp'를 불러옵니다. 세 번째 줄에서 마우스 오른쪽 단추를 클릭하고 [줄/칸 추가하기]를 선택합니다.

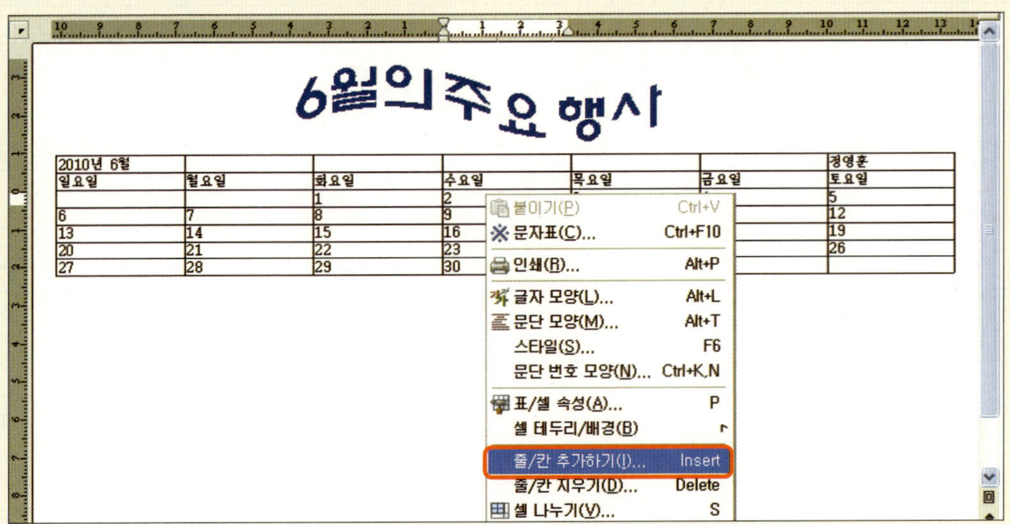

02 [줄/칸 추가하기] 대화 상자가 표시되면 현재 줄의 아래에 새로운 줄을 삽입하기 위해 '아래쪽에 줄 추가하기'을 선택하고 [추가]를 클릭합니다.

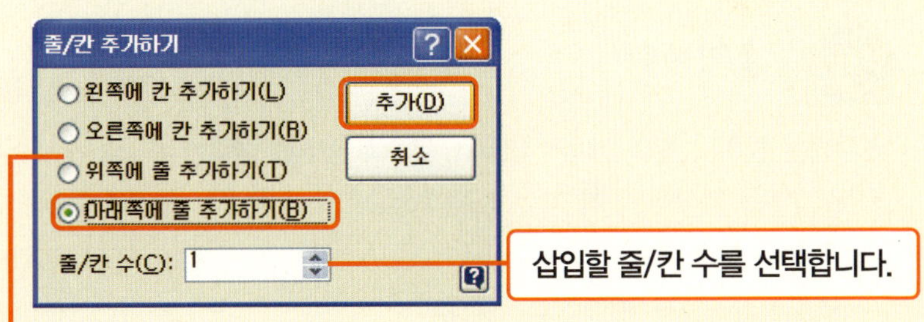

03 다음과 같이 네 번째 줄에 새로운 줄이 추가됩니다.

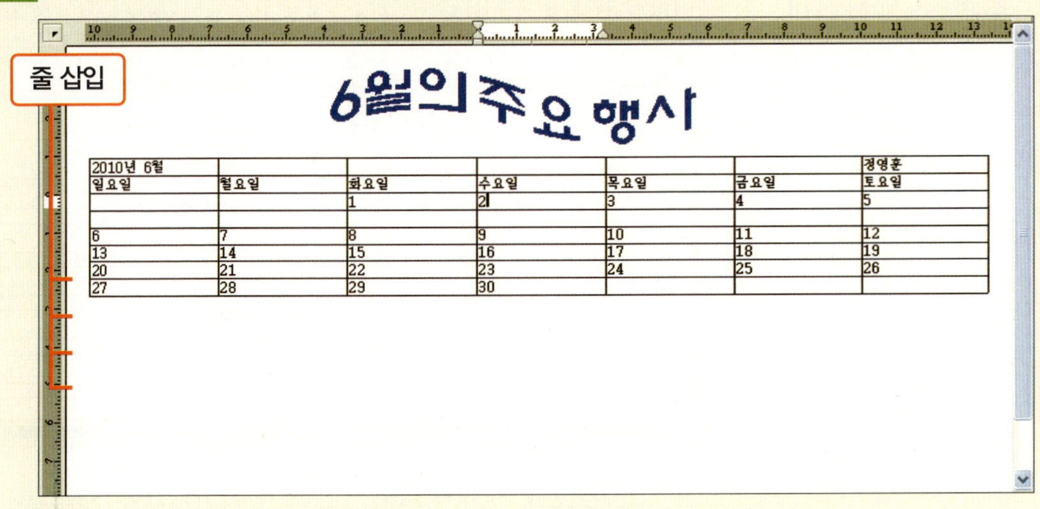

04 같은 방법으로 네 개의 줄을 더 삽입하고 다음과 같이 각 줄의 높이를 보기 좋게 설정한 후 글자 모양과 정렬 방식을 변경합니다.

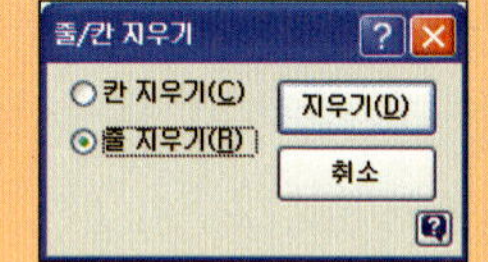
줄/칸 지우기

지우려는 줄이나 칸의 셀에서 마우스 오른쪽 단추를 클릭한 후 [줄/칸 지우기]를 선택하고 [줄/칸 지우기] 대화 상자에서 '줄 지우기' 또는 '칸 지우기'를 선택합니다.

❷ 셀 합치기 및 셀 나누기

01 앞에서 배운 방법으로 마지막 줄에 새로운 줄을 추가합니다. 추가된 줄을 블록으로 설정하고 마우스 오른쪽 단추를 클릭한 후 [셀 합치기]를 선택합니다.

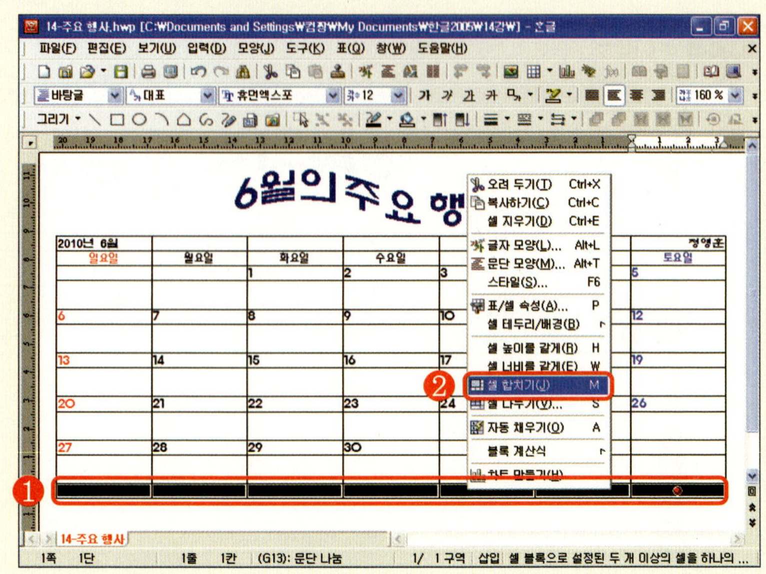

02 선택한 셀들이 모두 합쳐져 하나의 셀로 변경됩니다. 합쳐진 셀을 마우스 오른쪽 단추로 클릭한 후 [셀 나누기]를 선택합니다.

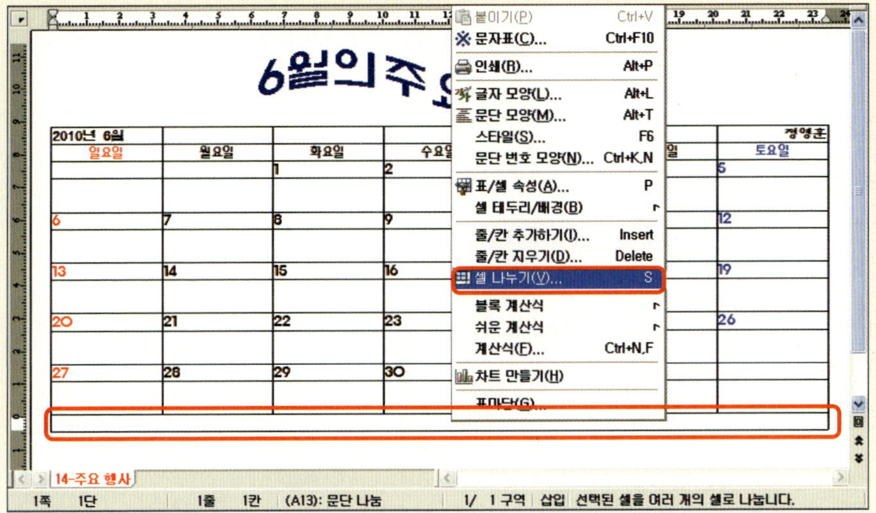

03 [셀 나누기] 대화 상자가 표시되면 '줄 수'의 체크를 해제합니다. '칸 수'에 체크하고 '2'를 입력한 후 [나누기]를 클릭합니다.

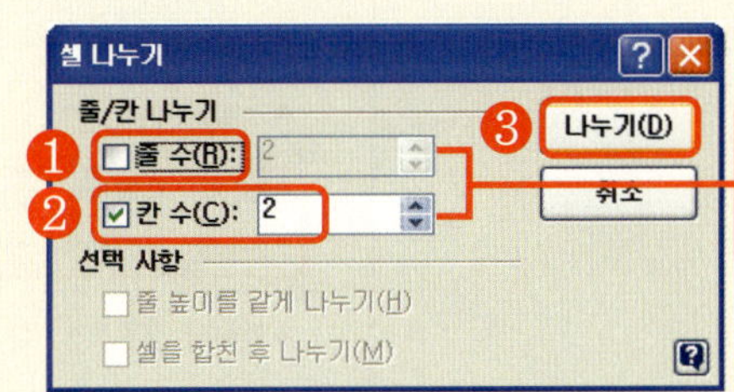

줄로 나누려면 '줄 수'를 칸으로 나누려면 '칸 수'를 선택합니다.

04 두 개의 칸으로 나누어지면 줄 높이를 조정하고 데이터를 입력합니다.

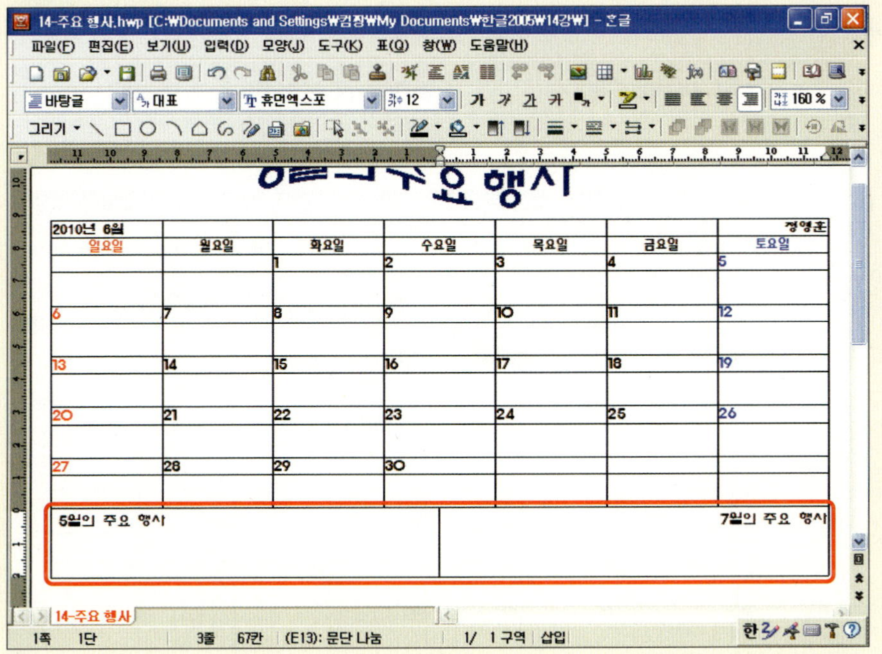

❸ 표 안 여백 설정하기

01 표의 테두리를 마우스로 클릭하고 마우스 오른쪽 단추를 클릭한 후 [개체 속성]을 선택합
니다.

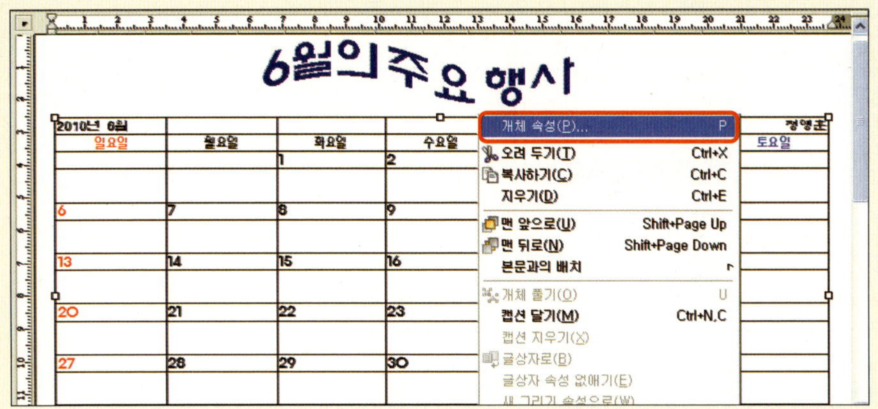

02 [표] 탭에서 왼쪽과 오른쪽의 안 여백을 2mm로 지정하고 [설정]을 클릭합니다.

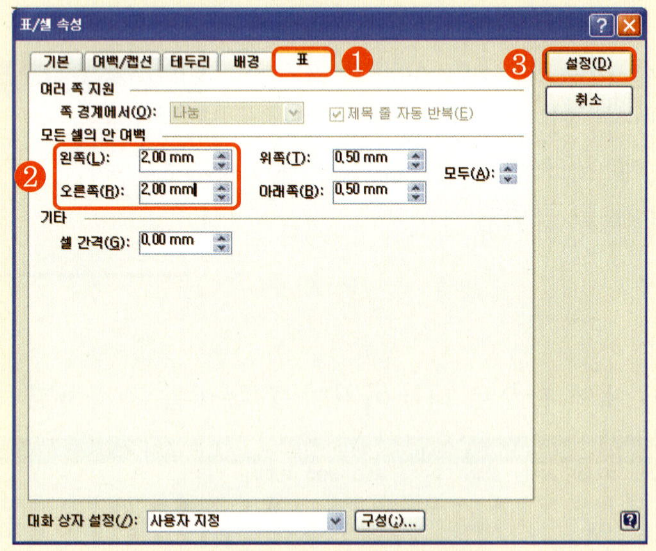

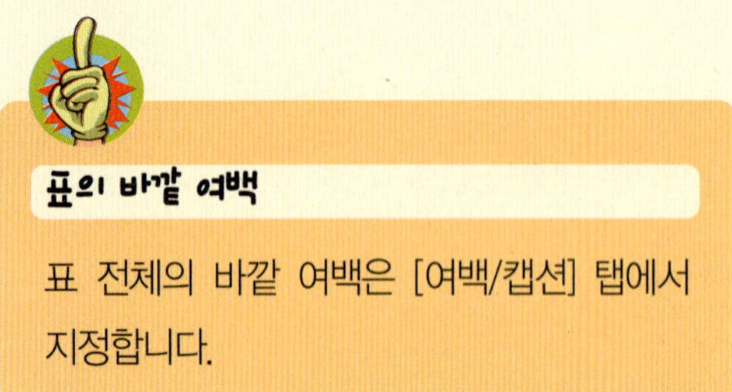

표의 바깥 여백

표 전체의 바깥 여백은 [여백/캡션] 탭에서 지정합니다.

03 왼쪽/오른쪽 안 여백이 변경됩니다. 미리 보기로 확인한 후 '14-주요 행사 완성.hwp'로 저장합니다.

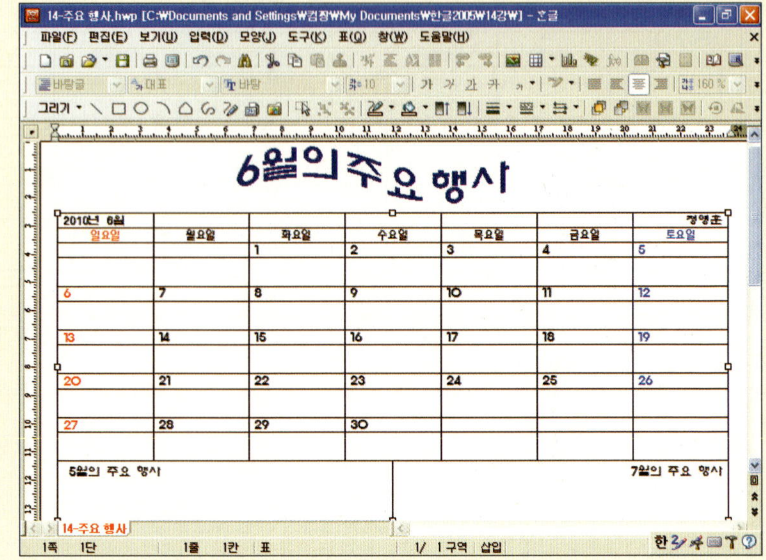

1. 내 명함

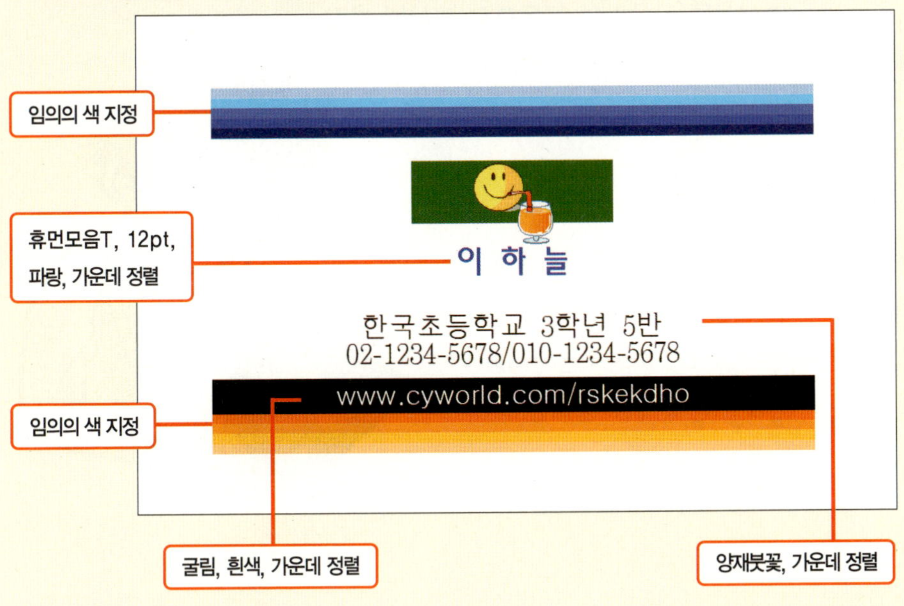

❶ 6줄, 1칸으로 구성된 명함 크기의 표 만들고 줄/칸 간격 조절
❷ 첫 번째 줄과 마지막 여섯 번째 줄은 셀 나누기를 하여 5줄로 나누기
❸ 세 번째 줄은 셀 나누기를 하여 2칸으로 나누기
❹ 표 안에 글, 그림 입력하고 셀 배경색 변경
❺ 셀 테두리를 투명으로 설정하고 '14-명함 완성' 으로 저장

2. 성탄 카드

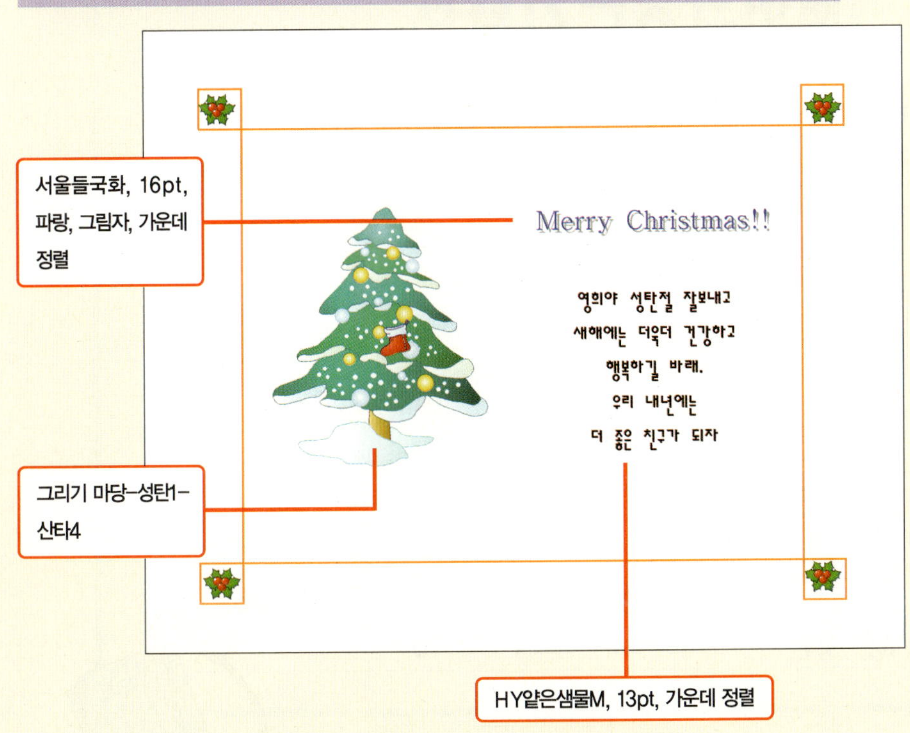

❶ 3줄, 3칸으로 구성된 표 만들고 줄/칸 간격 조절
❷ 두 번째 줄 가운데 칸을 2칸으로 나누기
❸ 표 안에 데이터를 입력하고, 그리기 마당에서 그림 삽입
❹ 셀 테두리 설정하고 '14-성탄 카드 완성' 으로 저장

15 용돈을 아껴 쓰자!

▶ 표에 자동으로 숫자를 채워 보자.
▶ 계산식을 사용하여 자동으로 계산해 보자.

하늘이의 용돈 기입장

번호	날짜	용돈 받은 것		용돈 쓴 곳	
		항목	금액	항목	금액
1	6월 1일	용돈 받음	5000		
2	6월 2일			과자	1000
3	6월 3일			공책 구입	540
4	6월 4일			연필 구입	500
5	6월 5일			떡볶이	1000
6	6월 6일			동생 생일 선물	2000
7	6월 7일	용돈 받음	3000		
8	6월 7일				
9	6월 8일				
10	6월 8일				
합계			8,000		5,040
현재 남은 용돈				2,960	

① 자동 채우기

01 '15-용돈 기입장.hwp'를 불러 옵니다.

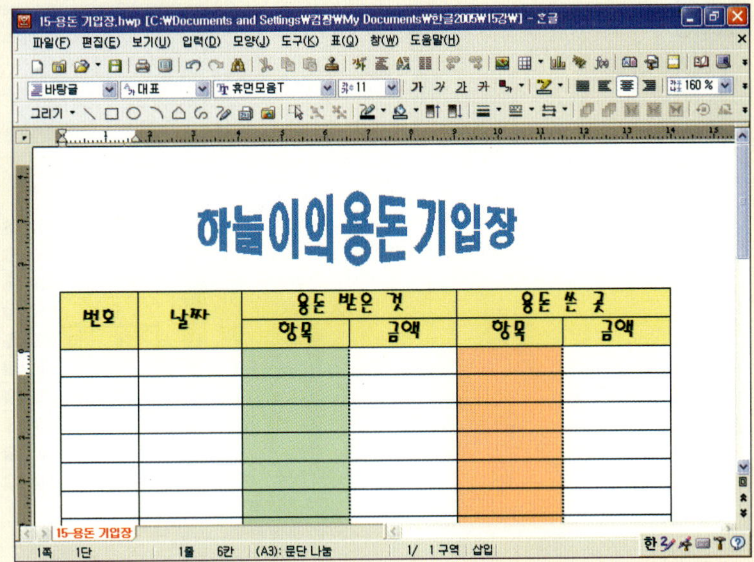

02 번호 칸의 첫 번째 줄에는 '1', 두 번째 칸에는 '2'를 입력합니다. 번호 칸의 첫 번째 줄에서 번호가 입력되어야 하는 마지막 칸까지 블록으로 설정한 후 마우스 오른쪽 단추를 클릭하고 [자동 채우기]를 선택합니다.

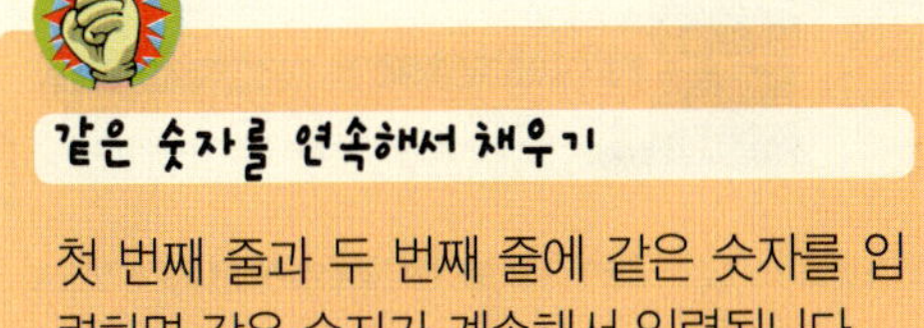

첫 번째 줄과 두 번째 줄에 같은 숫자를 입력하면 같은 숫자가 계속해서 입력됩니다.

03 자동으로 번호가 채워집니다.

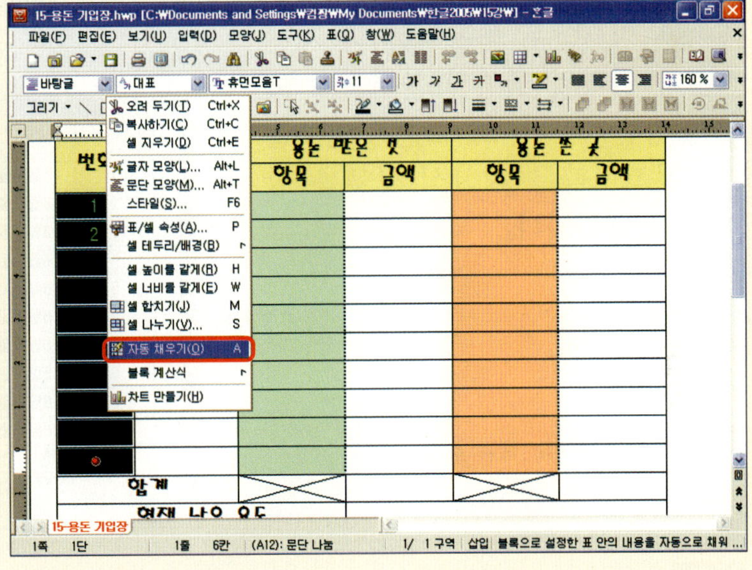

❷ 블록 계산식 사용하기

01 다음과 같이 표에 데이터를 입력합니다.

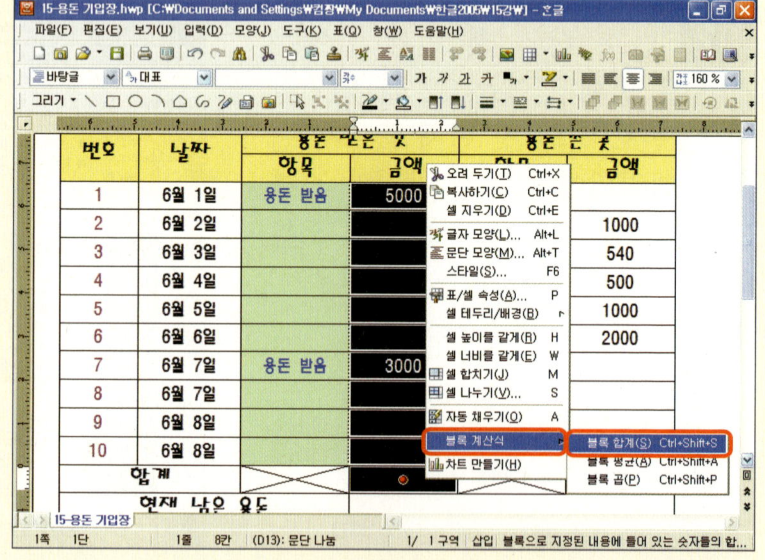

02 먼저 받은 용돈의 합계를 구해 봅니다. 받은 용돈 금액과 계산 결과가 입력될 셀까지 블록으로 모두 설정한 후 마우스 오른쪽 단추를 클릭하고 [블록 계산식]–[블록 합계]를 선택합니다.

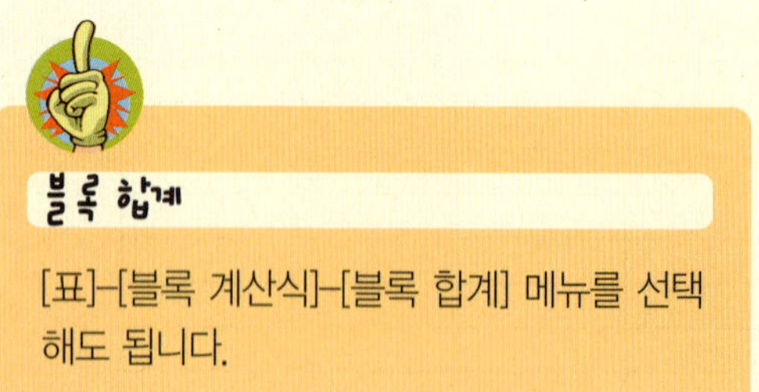

블록 합계

[표]–[블록 계산식]–[블록 합계] 메뉴를 선택해도 됩니다.

03 다음과 같이 자동으로 합계가 구해집니다.

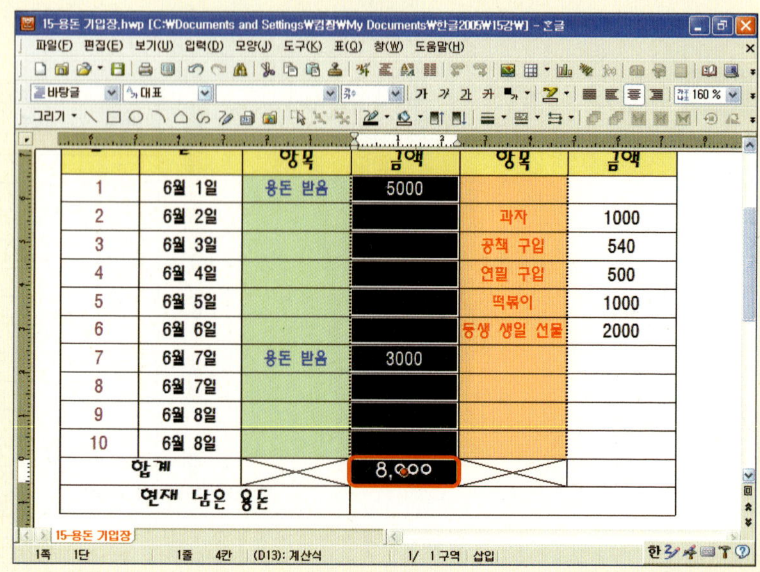

04 같은 방법으로 사용한 용돈의 합계도 구합니다.

번호	날짜	용돈 받은 것		용돈 쓴 것	
		항목	금액	항목	금액
1	6월 1일	용돈 받음	5000		
2	6월 2일			과자	1000
3	6월 3일			공책 구입	540
4	6월 4일			연필 구입	500
5	6월 5일			떡볶이	1000
6	6월 6일			동생 생일 선물	2000
7	6월 7일	용돈 받음	3000		
8	6월 7일				
9	6월 8일				
10	6월 8일				
합계			8,000		5,040

③ 계산식 사용하기

01 현재 남은 용돈은 받은 용돈의 합계에서 사용한 용돈의 합계를 빼면 됩니다. 받은 용돈의 합계가 입력되어 있는 셀은 표에서 13번째 행, 4번째 열로 'D13' 입니다. 아래의 상태 표시줄에서 셀의 주소를 확인할 수 있습니다.

번호	날짜	항목	금액	항목	금액
1	6월 1일	용돈 받음	5000		
2	6월 2일			과자	1000
3	6월 3일			공책 구입	540
4	6월 4일			연필 구입	500
5	6월 5일			떡볶이	1000
6	6월 6일			동생 생일 선물	2000
7	6월 7일	용돈 받음	3000		
8	6월 7일				
9	6월 8일				
10	6월 8일				
합계					5,040

02 사용한 용돈의 합계가 입력되어 있는 셀은 6번째열, 13번째 행입니다. 셀 주소를 확인해 보면 'F13' 입니다.

번호	날짜	항목	금액	항목	금액
1	6월 1일	용돈 받음	5000		
2	6월 2일			과자	1000
3	6월 3일			공책 구입	540
4	6월 4일			연필 구입	500
5	6월 5일			떡볶이	1000
6	6월 6일			동생 생일 선물	2000
7	6월 7일	용돈 받음	3000		
8	6월 7일				
9	6월 8일				
10	6월 8일				
합계			8,000		5,040
현재 남은 용돈					

 **셀 주소**

① 행과 열이 만나는 사각형을 셀이라고 합니다.
② 행은 표의 가로줄을 숫자로 표현합니다.(1, 2, 3, …)
③ 열은 표의 세로줄을 영문 대문자로 표현합니다.(A, B, C, …)

	A	B	C
1	A1	B1	C1
2	A2	B2	C2
3	A3	B3	C3

03 현재 남은 용돈이 입력될 셀을 마우스 오른쪽 단추로 클릭한 후 [계산식]을 선택합니다.

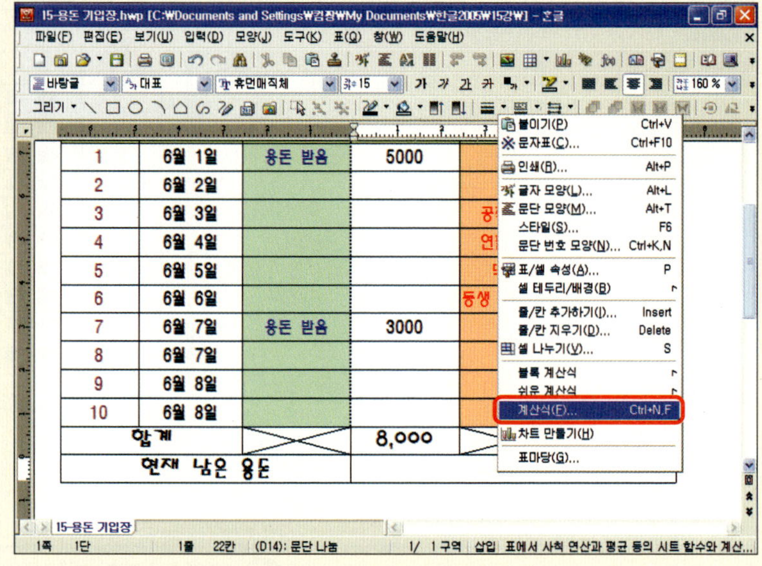

04 [계산식] 대화 상자가 표시되면 '=D13-F13'을 입력한 후 [확인]을 클릭합니다.

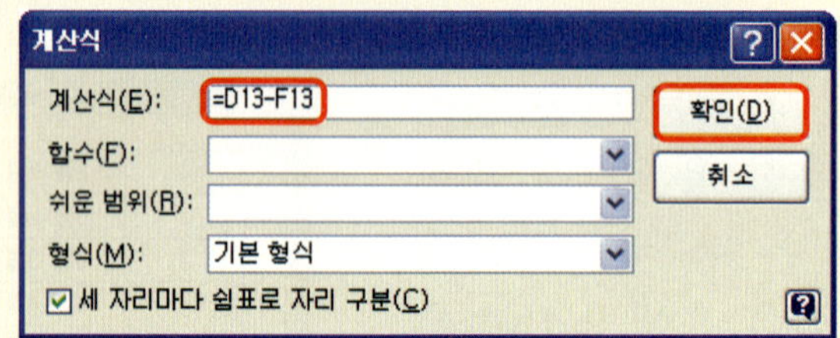

05 다음과 같이 받은 용돈에서 사용한 용돈을 뺀 나머지가 계산됩니다.

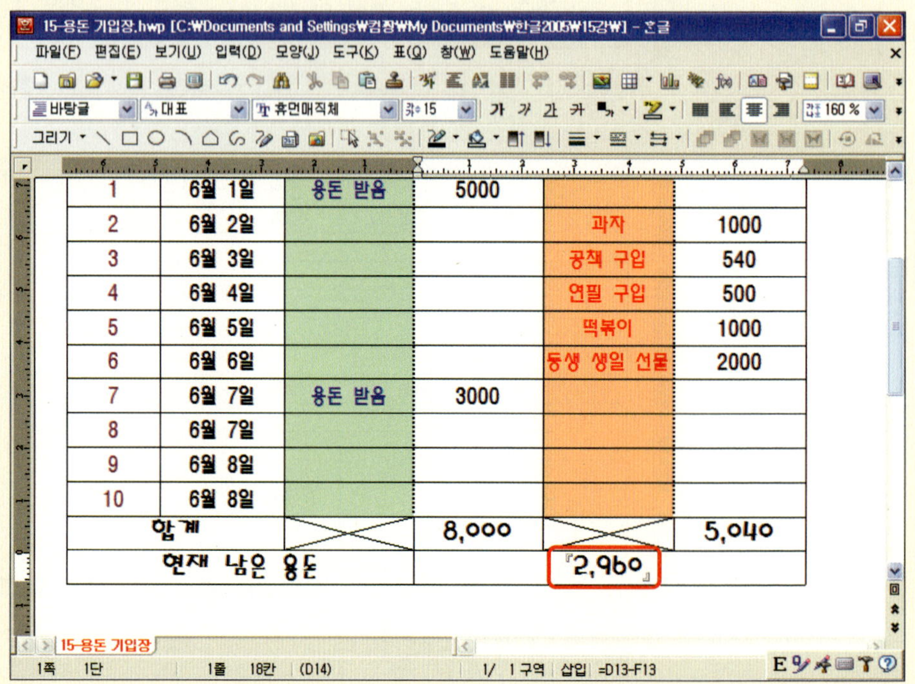

1. 내가 소망하는 것들

번호	이름	핸드폰	디지털카메라	MP3
1	정아라	1		
2	고미선		1	
3	이지연	1		
4	황동민	1		
5	정슬기		1	
6	김지수		1	
7	최민철	1		
8	김민수		1	
9	유호정			1
10	강수라	1		
11	강민정			1
합 계		5	4	2

❶ '15-소망.hwp' 파일 불러오기
❷ 자동 채우기 기능을 이용하여 번호 입력
❸ 블록 합계 기능을 이용하여 합계 구하기
❹ '15-소망 완성.hwp'로 저장

2. 신기한 마방진

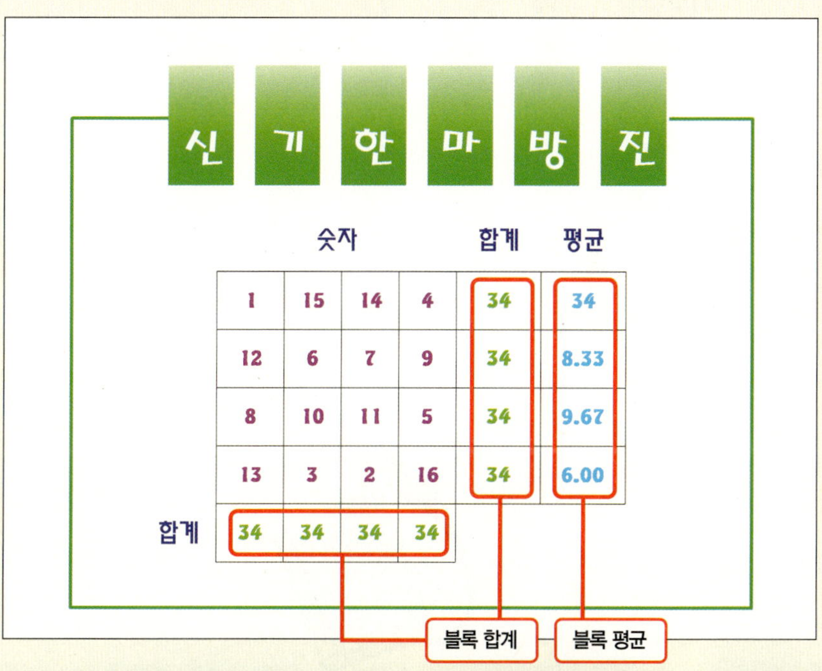

	숫자			합계	평균
1	15	14	4	34	34
12	6	7	9	34	8.33
8	10	11	5	34	9.67
13	3	2	16	34	6.00
합계	34	34	34	34	

❶ '15-마방진.hwp' 파일 불러오기
❷ 블록 합계 기능으로 합계 구하기
❸ 블록 평균 기능으로 평균 구하기
  (합계 포함)
❹ '15-마방진 완성.hwp'로 저장

16 내 키와 몸무게 비교하기

▶ 숫자를 차트로 바꿔 보자.
▶ 차트 도우미를 사용하여 차트를 꾸며 보자.

나이	키	몸무게
7살	110	20
8살	117	22
9살	123	25
10살	128	26

❶ 차트 만들기

01 '16-키와 몸무게.hwp'를 불러옵니다. 차트를 작성하기 위해 다음과 같이 모든 셀을 블록으로 설정하고 마우스 오른쪽 단추를 클릭한 후 [차트 만들기]를 선택합니다.

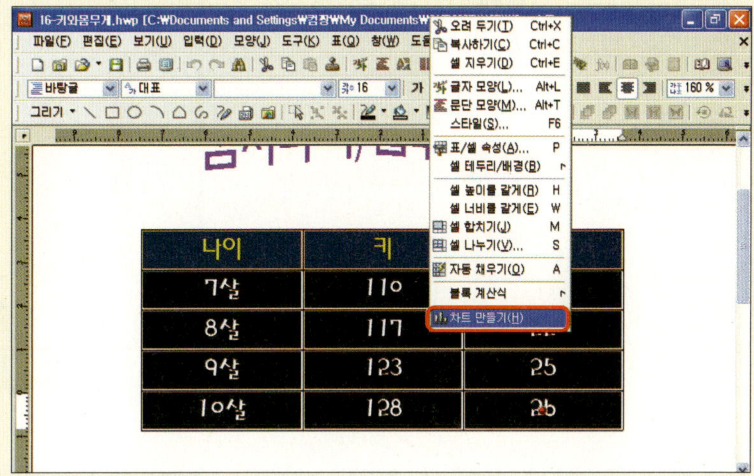

02 차트가 삽입되면 차트를 마우스 오른쪽 단추로 클릭한 후 [도우미]를 선택합니다.

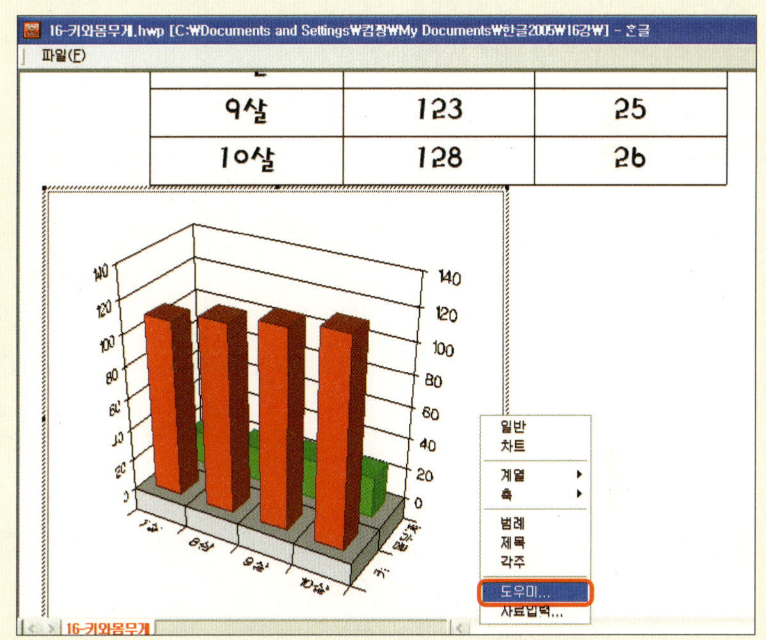

03 [차트 도우미] 대화 상자가 표시되면 [차트 모음] 탭에서 차트 종류를 '2차원 세로 막대형'으로 선택하고 모양은 '세로 막대'로 선택한 후 [다음]을 클릭합니다.

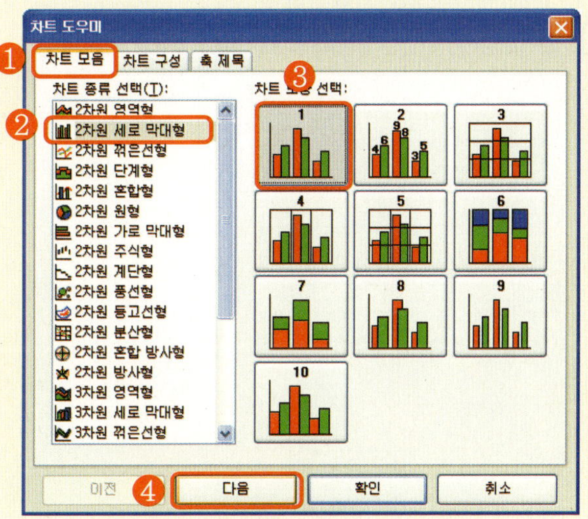

04 [차트 구성] 탭에서 차트 제목으로 "내 키와 몸무게"를 입력하고 차트 범례를 '아래'로 선택한 후 [다음]을 클릭합니다.

[이전] 단계로 돌아가기

[이전]을 클릭하면 이전 단계로 돌아갑니다. 차트의 모양을 다시 설정하려면 [이전]을 클릭한 후 모양을 변경합니다.

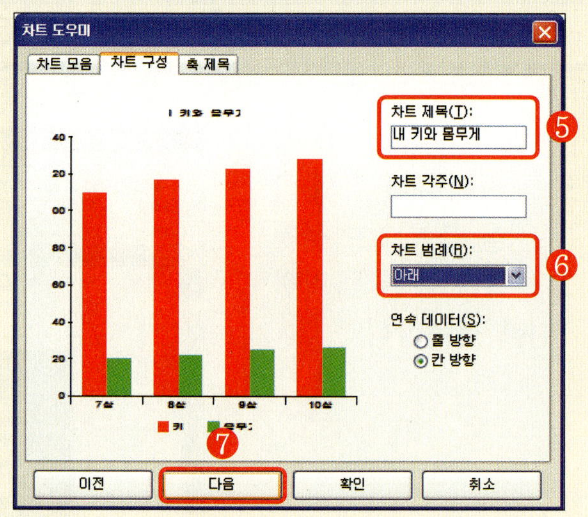

05 [축 제목] 탭에서 항목 이름(X)에 "나이"를 입력하고 [확인]을 클릭하여 차트를 완성합니다.

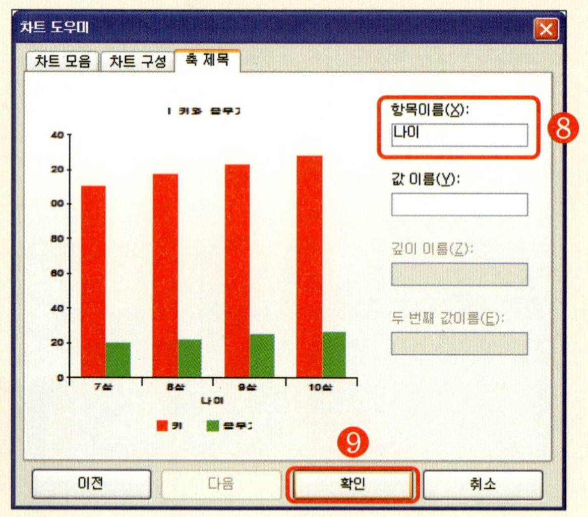

01 차트가 문서에 삽입됩니다. 차트가 아닌 다른 곳을 클릭하여 차트 편집 상태를 빠져 나온 후 마우스로 드래그하여 차트의 위치를 적절하게 조정합니다.

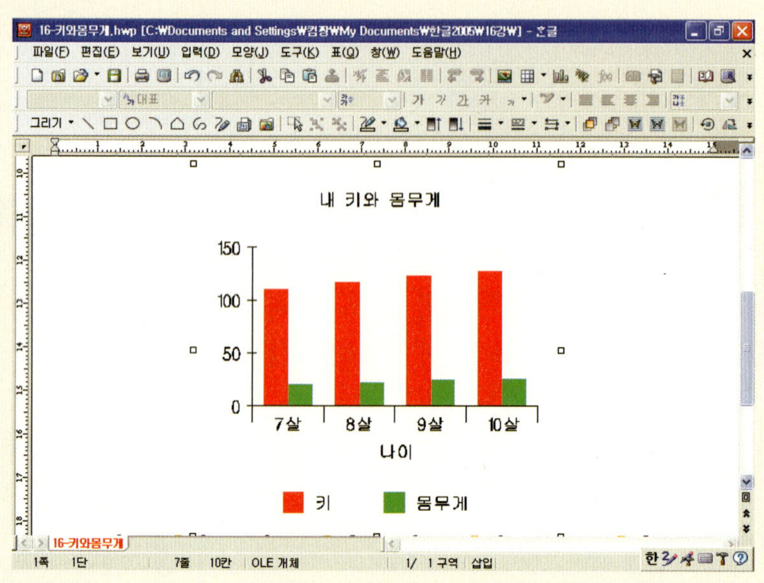

❷ 차트 서식 설정하기

01 차트를 더블 클릭하여 차트 편집 상태로 들어간 후 차트 제목을 마우스로 더블 클릭합니다.

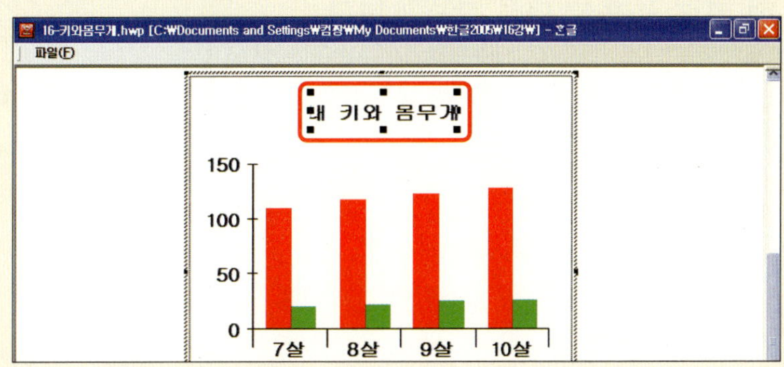

02 [제목 모양] 대화 상자가 표시됩니다. [글꼴] 탭에서 글꼴은 '휴먼매직체', 크기는 '14pt', 색은 '파랑'을 선택한 후 [설정]을 클릭합니다.

03 제목의 글자색이 변경됩니다. 이번에는 빨간색 막대의 색상을 변경하기 위해 빨간색 막대를 더블 클릭합니다.

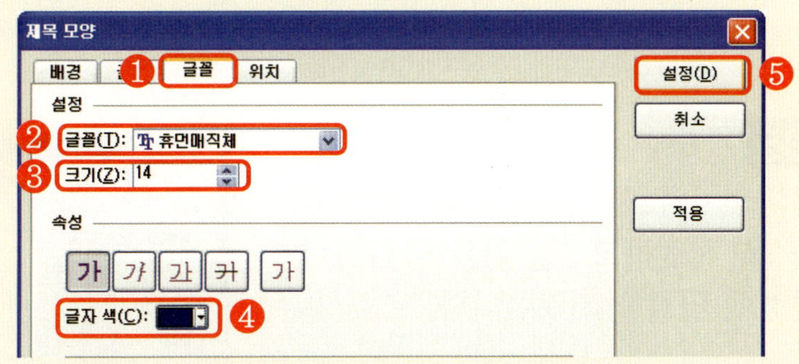

차트 서식 설정하기

차트를 구성하는 글자, 막대 등의 서식을 변경하려면 해당 요소를 더블 클릭합니다.

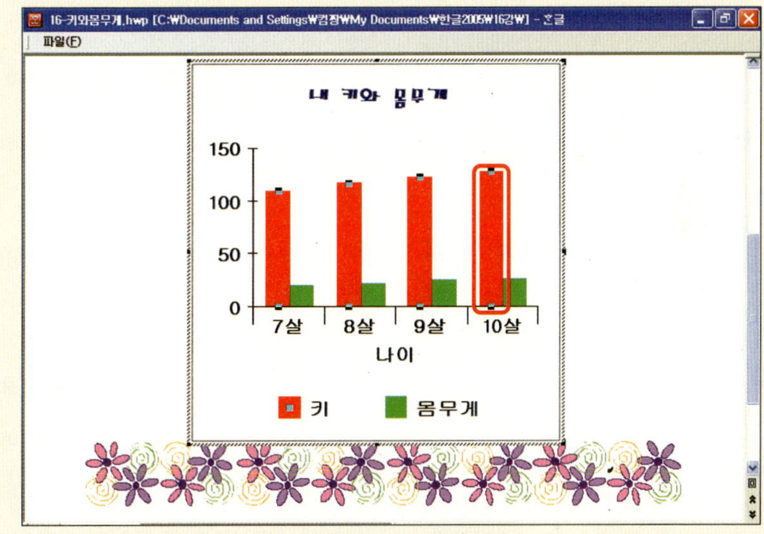

03 [계열 모양] 대화 상자가 표시되면 [면] 탭에서 색을 '진한 오렌지 색'을 선택한 후 [설정]을 클릭합니다.

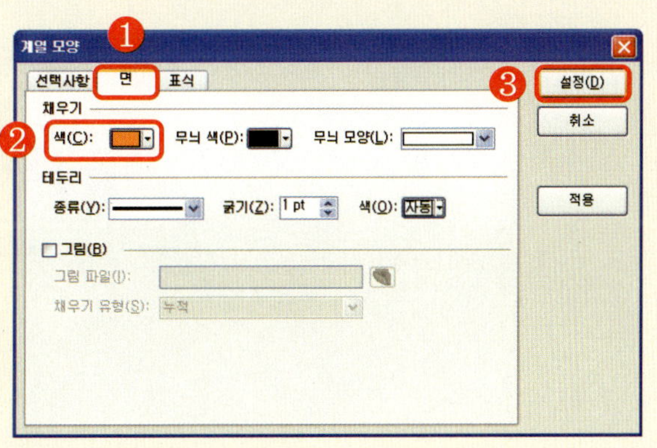

04 키 계열의 면색이 변경됩니다. 이제 범례 모양을 변경하기 위해 범례 부분을 더블 클릭합니다.

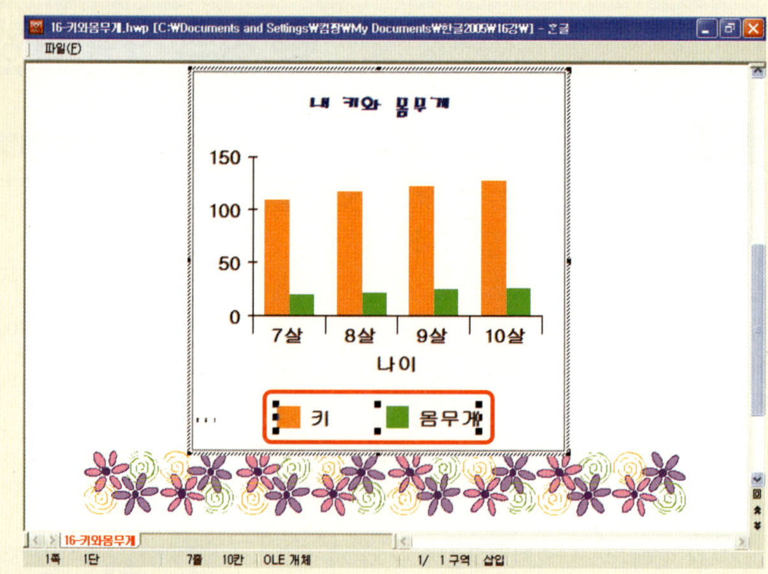

05 [범례 모양] 대화 상자가 표시되면 [글꼴] 탭의 속성에서 '밑줄'을 선택하고 [설정]을 클릭하여 범례에 밑줄을 지정합니다.

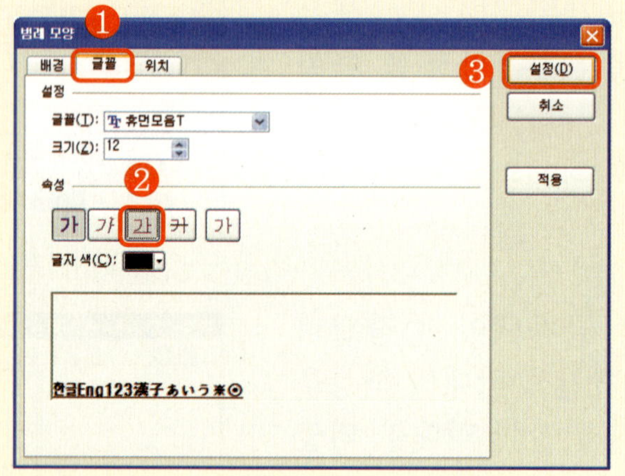

06 다음과 같이 범례의 모양이 변경됩니다. 미리 보기로 확인한 후 '16-키와 몸무게 완성.hwp'로 저장합니다.

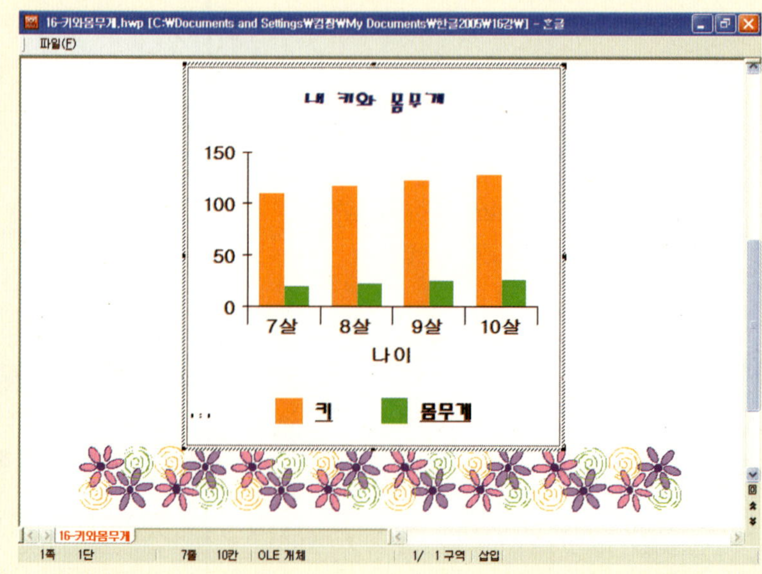

1. 회장으로 뽑아주셔서 감사합니다!

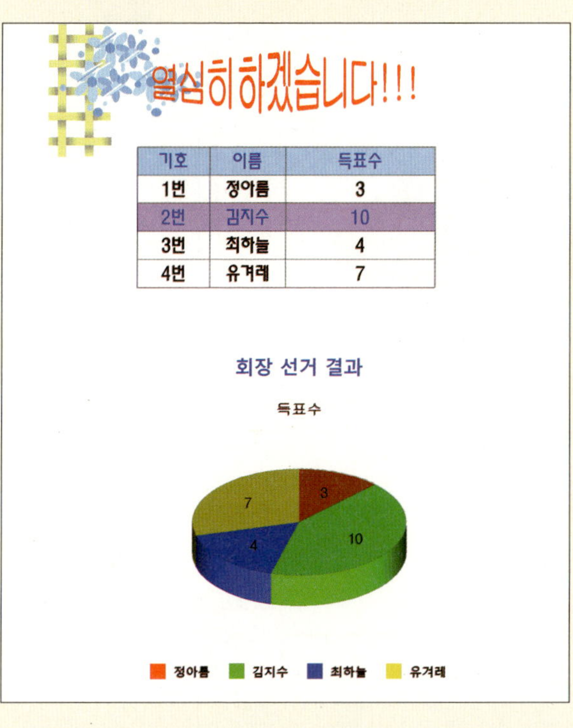

기호	이름	득표수
1번	정아름	3
2번	김지수	10
3번	최하늘	4
4번	유겨레	7

❶ '16-회장선거.hwp' 파일 불러오기
❷ 표를 이용하여 차트를 작성
  • 차트 종류 : 3차원 원형 차트
  • 차트 모양 :
  • 차트 제목 : '회장 선거 결과', 맑은고딕, 16pt
  • 범례 : 아래, 맑은고딕
❸ '16-회장선거 완성.hwp'로 저장

2. 컴퓨터 사용 및 TV 시청 시간

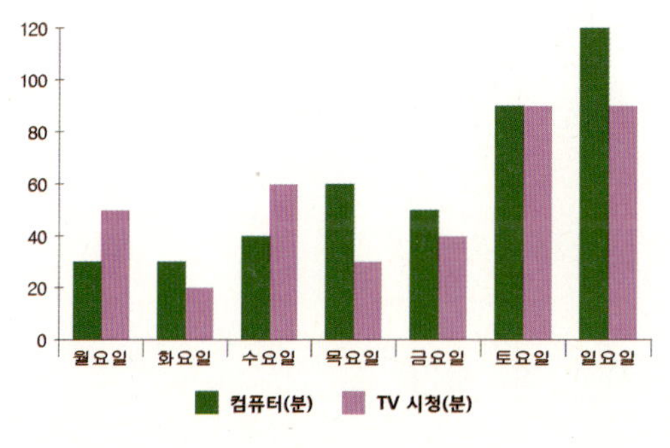

요일	컴퓨터(분)	TV 시청(분)
월요일	30	50
화요일	30	20
수요일	40	60
목요일	60	30
금요일	50	40
토요일	90	90
일요일	120	90

❶ '16-컴퓨터와 TV.hwp' 파일 불러오기
❷ 표를 이용하여 차트 작성
  • 차트 종류 : 2차원 세로 막대
  • 차트 모양 :
  • 차트 제목 : '컴퓨터와 TV 시청 시간', 맑은고딕, 16pt
  • 범례 : 아래, 맑은고딕
  • 컴퓨터 계열 : 녹색
  • TV 시청 계열 : 분홍색
❸ '16-컴퓨터와 TV 완성.hwp'로 저장

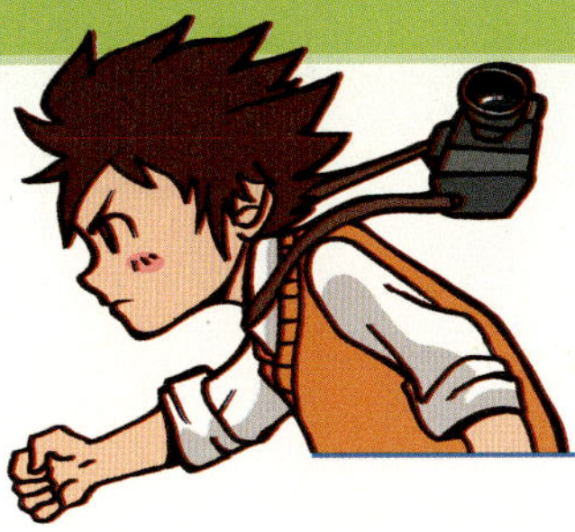

내공 평가하기

1 다음과 같은 문서를 작성하고 인쇄하세요.

글상자, 휴먼둥근헤드라인, 32pt, 흰색, 배경색(임의의 색)

국립중앙박물관

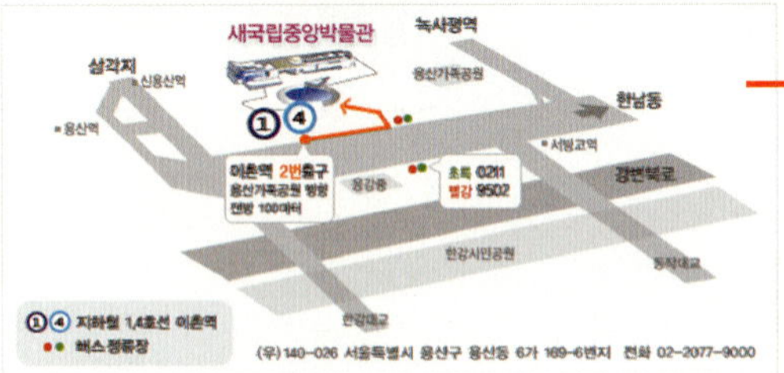

박물관1.jpg

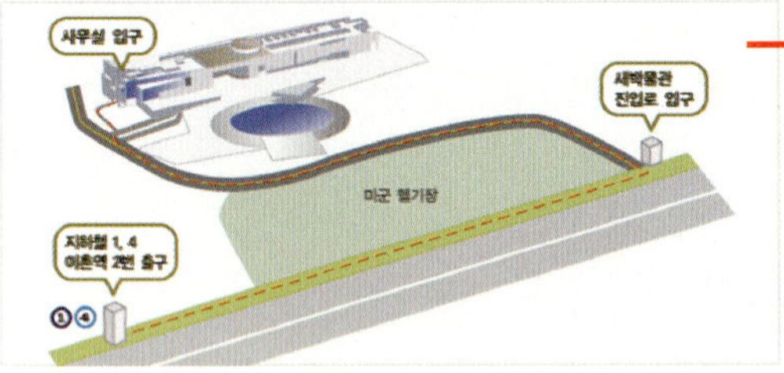

박물관2.jpg

선사실

선사시대란 인류가 문자로 역사적 사실들을 기록하기 이전의 시대로 역사시대와 대비되는 용어이다. 문자가 없는 선사시대의 연구는 대부분 유적과 유물을 중심으로 진행된다. 국립중앙박물관의 선사실에는 도구와 생업경제를 기준으로 구석기, 신석기, 청동기, 초기철기시대로 나뉘어 (유물이) 전시되고 있다

고구려실

고구려는 고유문화를 바탕으로 외래문화를 다양하게 수용하여 고구려 특유의 역동적이며 실용적인 문화를 창출하고 나아가 새로운 문화를 백제 신라에 전파하여 삼국문화를 하나로 묶는 민족문화의 형성에도 기여하였다. 고구려문화의 국제성과 선진성은 천문, 지리, 문학, 음악, 무용, 공예 등에 뚜렷이 나타나는데 집안, 평양 일대의 유적과 유물을 통해 잘 알 수 있다. 특히 고분벽화를 통하여 고구려의 강인한 힘과 창조력을 느낄 수 있다. 고구려실에는 벽화가 비교적 잘 남아있는 집안의 장천 1호분의 돌방을 실물크기로 복원하고 당시의 벽화

❶ '종합-03.hwp' 파일 불러오기
❷ 글상자로 제목 만들고 회전 후 순서대로 배열하기
❸ 그림 삽입하고 위치 지정하기
❹ 미리 보기로 확인한 후 인쇄('종합-03 완성.hwp'로 저장)

 획득 아이템

 풀이 시간 ① ___ 분   ② ___ 분

② 다음과 같은 문서를 작성하고 인쇄하세요.

용돈 사용 액수 비교

월	받은 용돈	사용한 용돈
1월	20000	17000
2월	22000	15000
3월	25000	13000
4월	15000	20000
5월	23000	22000
6월	20000	8000
7월	20000	23000
8월	25000	21000
9월	30000	13000
10월	15000	15000
11월	10000	9000
12월	27000	20000
합계	252,000	196,000

① 용지의 종류를 'B5'로 설정

② 표 그린 후 셀 배경 변경, 자동 채우기로 '월' 채우기, 블록 계산식으로 합계 구하기

③ 차트 삽입

   – 차트 종류 : 2차원 꺾은선 차트, 범례 : 아래쪽에 표시

   – 차트 제목 : 받은 용돈과 사용한 용돈, 글꼴 – 휴먼매직체, 크기 – 14pt, 색 – 초록

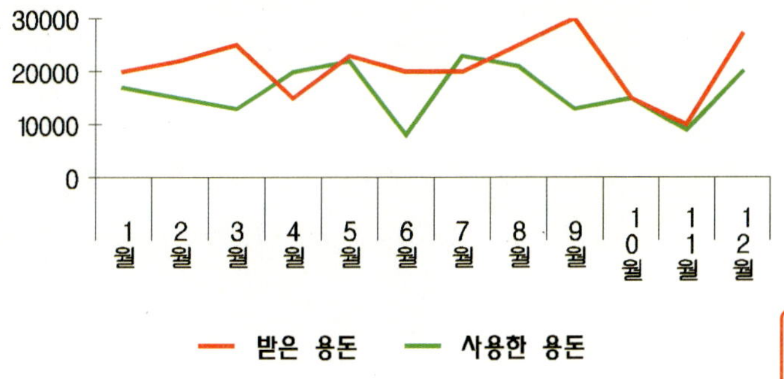

   – X축 이름표 : [글자] 탭에서 수평 – 가운데, 방향 – 세로로 설정

④ 미리 보기로 확인한 후 인쇄('종합–04 완성.hwp'로 저장)

한글 2005 전문가 되기 ③

신문기자가 된 컴짱

다녀오겠습니다. 걱정 말고 기다려 보세요.
걱정은 되지만 자네만 믿겠네 컴짱~
사장님!! 이것좀 보세요! 신문구독 신청이 넘쳐서 서버가 마비될 지경이에요!
흐음.. 컴짱... 잘되야 될텐데..
오올~ 역시 컴짱! 어서 컴짱을 데려 오게!
정말 수고가 많았어. 컴짱! 우리 신문사를 살렸어,
보너스로 어떤 기사라도 빠르게 입력하고 빨리 찾을 수 있는 마법 노트북을 주겠네!
맡겨주십시오! 더 재미있고 멋진 신문을 만들도록 최선을 다 할게요!

17 수학 문제 풀어보기

▶ 여러 가지 종류의 수식을 입력해 보자.
▶ 메모를 삽입해 보자.

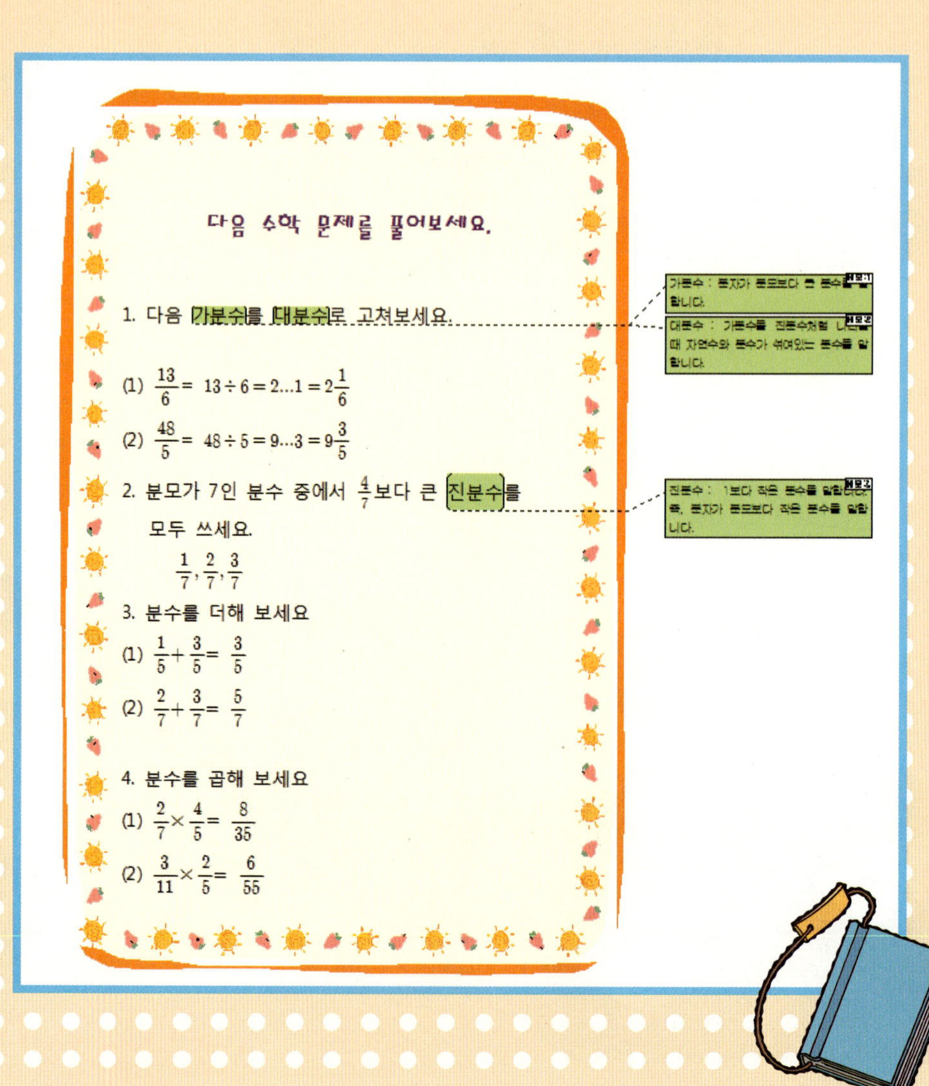

다음 수학 문제를 풀어보세요.

1. 다음 가분수를 대분수로 고쳐보세요.

(1) $\dfrac{13}{6} = 13 \div 6 = 2...1 = 2\dfrac{1}{6}$

(2) $\dfrac{48}{5} = 48 \div 5 = 9...3 = 9\dfrac{3}{5}$

2. 분모가 7인 분수 중에서 $\dfrac{4}{7}$보다 큰 진분수를 모두 쓰세요.

$$\dfrac{1}{7}, \dfrac{2}{7}, \dfrac{3}{7}$$

3. 분수를 더해 보세요

(1) $\dfrac{1}{5} + \dfrac{3}{5} = \dfrac{3}{5}$

(2) $\dfrac{2}{7} + \dfrac{3}{7} = \dfrac{5}{7}$

4. 분수를 곱해 보세요

(1) $\dfrac{2}{7} \times \dfrac{4}{5} = \dfrac{8}{35}$

(2) $\dfrac{3}{11} \times \dfrac{2}{5} = \dfrac{6}{55}$

메모1: 가분수 : 분자가 분모보다 큰 분수를 말합니다.

메모2: 대분수 : 가분수를 진분수처럼 나타낼 때 자연수와 분수가 섞여있는 분수를 말합니다.

메모3: 진분수 : 1보다 작은 분수를 말합니다. 즉, 분자가 분모보다 작은 분수를 말합니다.

❶ 수식 입력하기

01 '17–수학문제.hwp' 파일을 불러옵니다. 답을 입력하기 위해 첫째 문제의 답란으로 커서를 이동하고 [입력]-[개체]-[수식]을 클릭하거나 [수식] 아이콘( )을 클릭합니다.

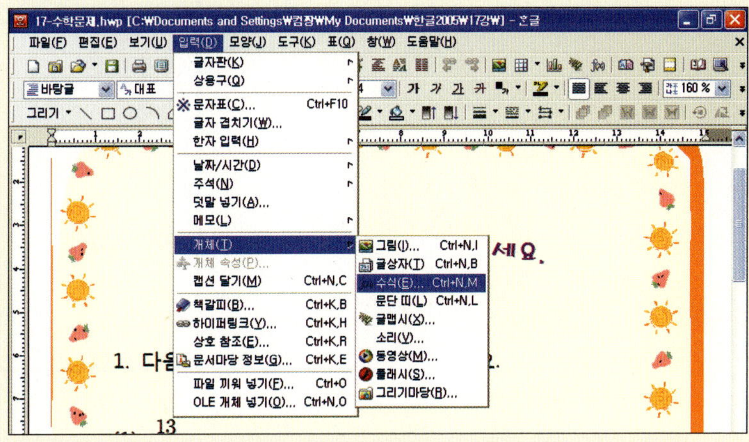

02 [수식 편집] 대화 상자가 표시되고 수식 편집 영역의 빨간 네모에 커서가 나타납니다.

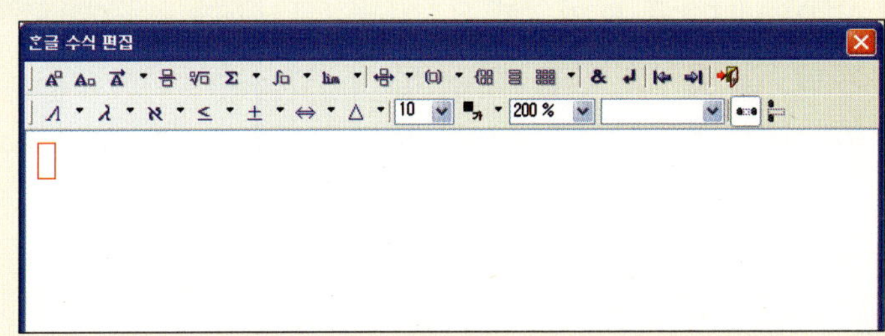

03 "13"을 입력하고 나누기 기호를 입력하기 위해 [연산, 논리 기호] 아이콘을 클릭한 후 [나누기] 기호를 클릭합니다.

04 나누기 기호가 입력됩니다. 계속해서 "6=2...1=2"를 입력한 후 분수를 입력하기 위해 [분수] 아이콘( )을 클릭합니다.

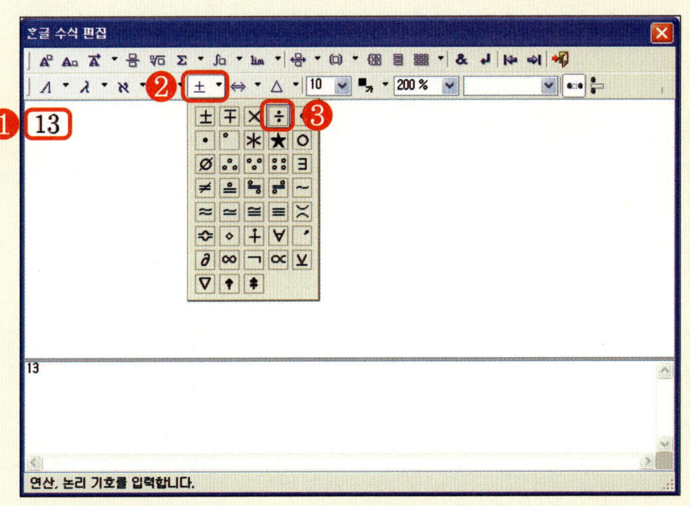

05 분수식이 표시됩니다.

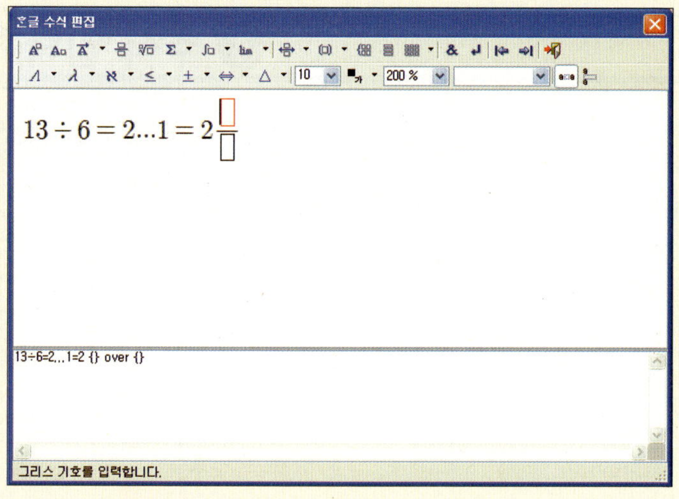

06 위의 네모에 분자 "1"을 입력하고 아래 분모 칸으로 이동하여 "6"을 입력한 후 글자 크기를 클릭하여 '14' 로 선택합니다.

다음 항목으로 커서 이동하기

수식 편집 영역에서 커서를 이동할 때는 다음 항목은 Tab, 이전 항목은 Shift + Tab 을 이용하거나 마우스로 클릭합니다.

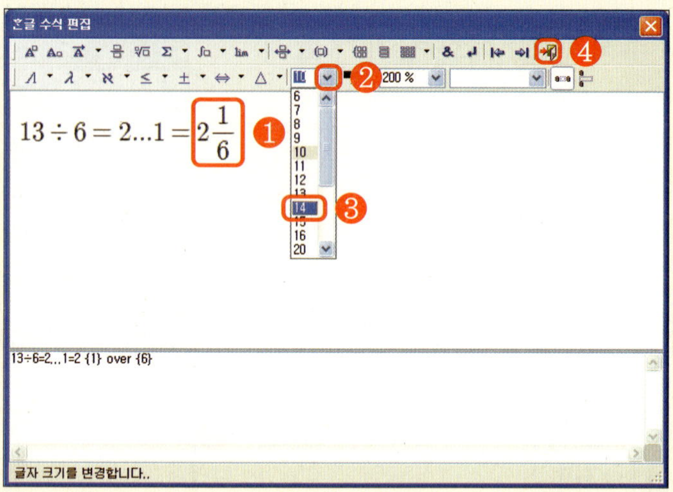

07 [넣기] 아이콘(　)을 클릭하여 수식 편집 창을 닫습니다.

08 같은 방법으로 다른 답도 수식을 이용하여 입력합니다.

수식 수정하기

입력된 수식을 수정하려면 수식을 더블 클릭하여 수식 편집 창에서 수정합니다.

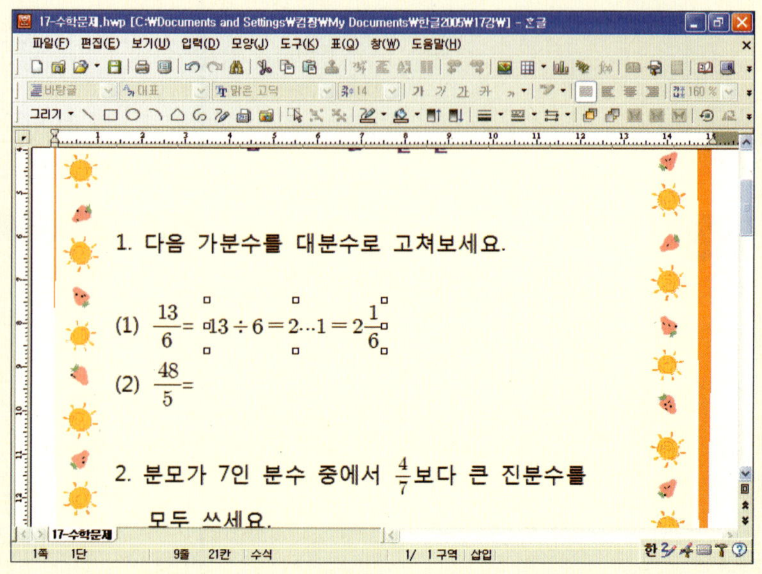

❷ 메모 넣기

01 메모를 입력할 단어인 '가분수'를 블록으로 설정한 후 [입력]-[메모]-[메모 넣기]를 클릭합니다.

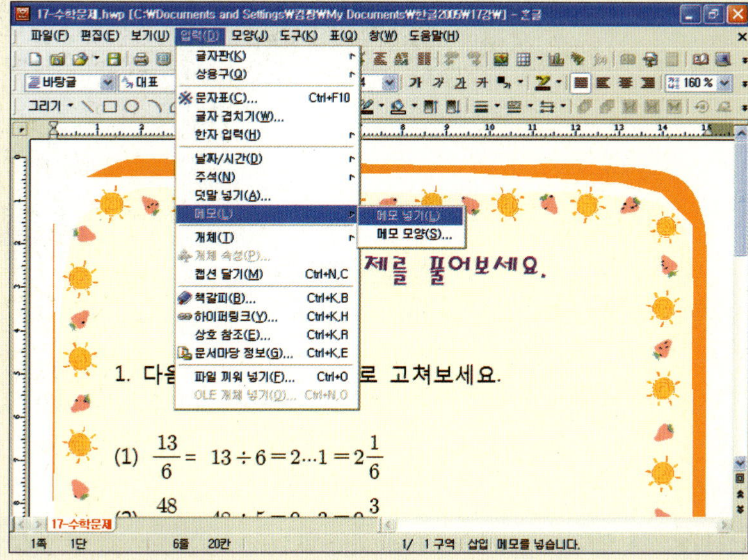

02 메모 내용 입력 창이 표시되면 메모의 내용을 입력합니다.

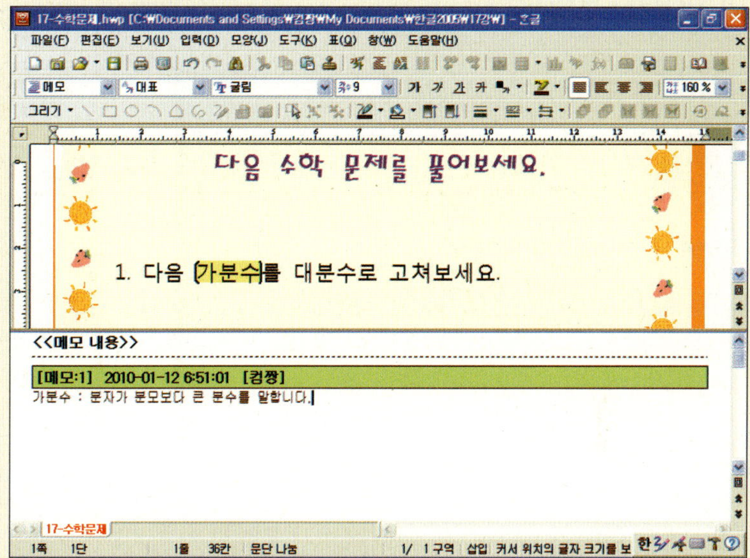

03 같은 방법에도 다른 부분에도 메모를 삽입합니다. 메모의 입력이 끝나면 Shift + Esc 를 눌러 메모 입력 창을 닫습니다.

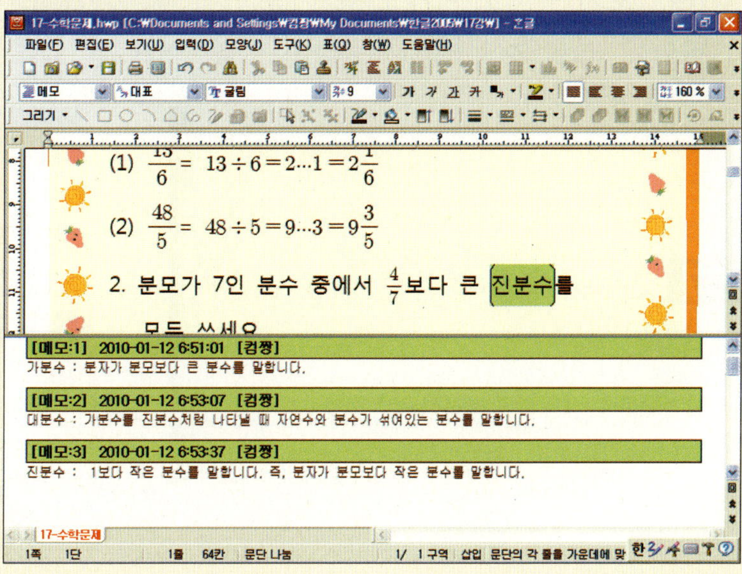

04 본문에서 메모를 보기 위해 [보기]-[쪽 윤곽]을 선택합니다.

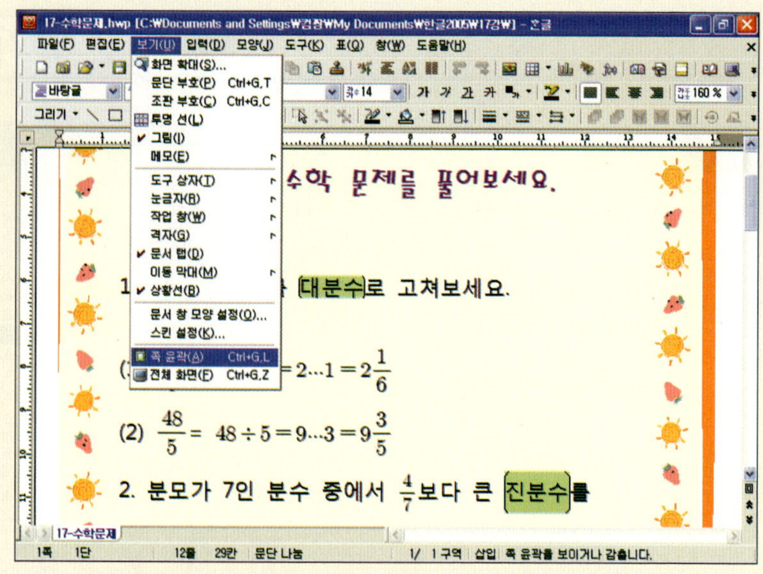

05 쪽 윤곽 보기 상태에서 메모의 내용이 보입니다.

메모 수정하기와 삭제하기

메모를 수정하려면 수정할 메모를 클릭하여 직접 수정할 수 있습니다.
메모를 삭제하려면 메모를 마우스 오른쪽 단추로 클릭한 후 [메모 지우기]를 선택합니다.

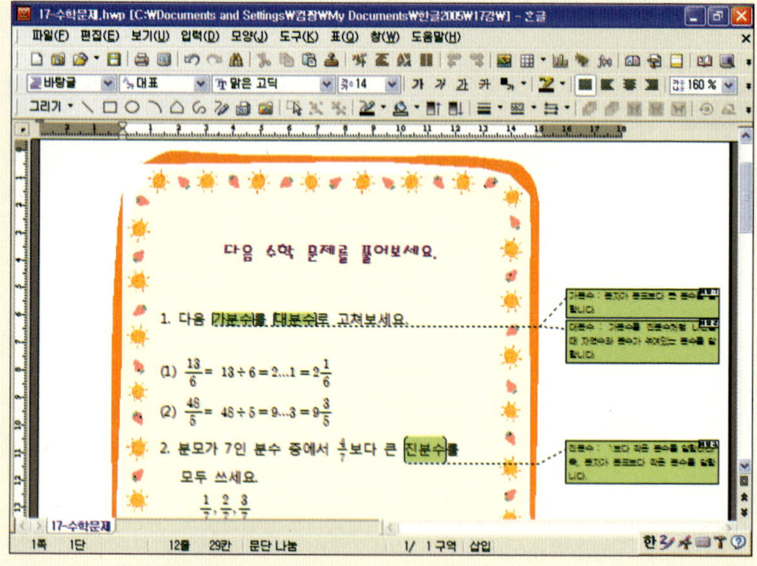

06 [보기]-[메모]-[메모 표시]를 선택하면 본문에서 메모가 보이지 않게 설정됩니다.

07 '17-수학문제 완성.hwp' 로 저장합니다.

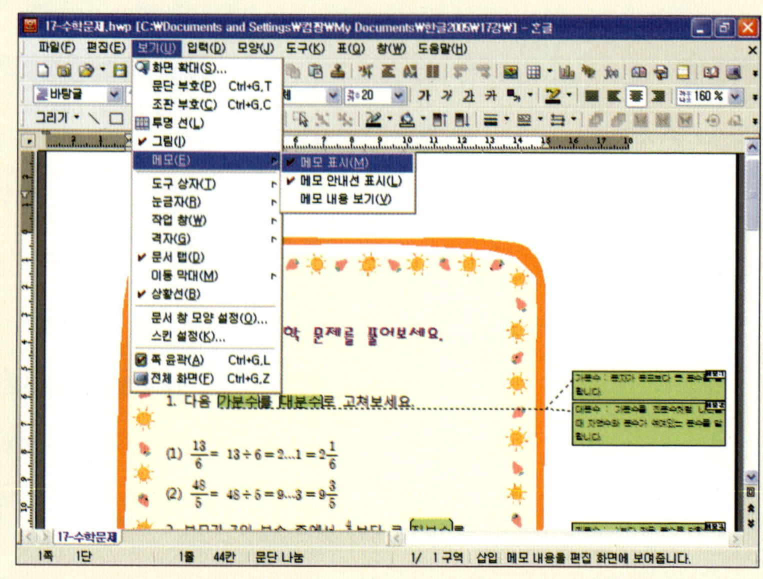

1. 수학 수수께끼

1번]
다음과 같이 연산식을 완성해보세요.

$3 □ 3 □ 3 □ 3 = 1$ → $(3 ÷ 3) ÷ (3 ÷ 3)$
$3 □ 3 □ 3 □ 3 = 2$ → $(3 ÷ 3) + (3 ÷ 3)$
$3 □ 3 □ 3 □ 3 = 3$ →
$3 □ 3 □ 3 □ 3 = 4$ →
$3 □ 3 □ 3 □ 3 = 5$ →

주어진 수들 사이에 +,−,×, 연산 기호와 적당한 곳에 괄호를 사용하세요.

2번]
다음 수는 일정한 규칙에 따라 배열되어 있습니다. ( ) 안에 알맞은 수는?

$$4\frac{1}{3} - 4\frac{1}{2} - 4\frac{3}{5} - 4\frac{2}{3} - (\quad)$$

약분의 개념을 염두해두고 분모와 분자가 어떻게 변화되는지 잘 살펴보세요.

① '17−수학수수께끼.hwp' 파일 불러오기
② 수식을 입력하여 문제 완성
③ 수식을 이용하여 문제의 정답 풀어보기
④ 메모를 추가하여 문제의 힌트 입력
⑤ '17−수학수수께끼 완성.hwp' 로 저장

2. 비만도 측정하기

질문
초등학교 6학년 여학생이구요 키 158에 몸무게 52인데.. 어떨까요?

답변
1. 자기 키에서의 표준체중 구하기
$$\frac{(신장(cm) - 100) \times 9}{10}$$

2. 비만도 구하기
$$비만도 = \frac{(실제체중 - 표준체중)}{표준체중} \times 100$$

① '17−비만도.hwp' 파일 불러오기
② 두 개의 수식을 입력
③ '17−비만도 완성.hwp' 로 저장

18

별자리와 그리스 로마 신화

별자리와 그리스 로마 신화

수성의 영어이름인 머큐리(Mercury)는 로마의 신으로 그리스 신화의 헤르메스와 동일합니다. 헤르메스(Hermes)[1]는 신들 사이의 연락을 도맡아하는 신들의 전령이며 부와 행운의 신이기도 합니다.

금성의 영어이름인 비너스(Venus)[2]는 로마의 신이며 그리스 신화의 아프로디테와 동일합니다. 아프로디테는 미와 사랑의 여신이며 사랑의 신인 에로스(로마 신화의 큐피트)의 어머니이자 대장장이신 헤파이스토스(로마 신화의 벌칸)의 부인이기도 합니다.

화성의 영어이름인 마스(Mars)는 로마의 신이며 그리스 신화의 아레스와 동일합니다. 아레스는 제우스와 헤라의 아들이며 전쟁의 신입니다.

목성의 영어이름인 주피터(Jupiter)는 로마 신화의 주신(主神)이며 그리스신화의 제우스와 동일합니다. 하늘을 상징하는 신으로 모든 신들의 우두머리입니다.

---

1) 그리스신화에 나오는 올림포스 십이신 중 전령의 신. 사자로서의 역할이 크다.
2) 그리스신화에 나오는 사랑과 아름다움과 풍요의 여신. 베누스라고도 한다.

❶ 덧말 넣기

01 '18-그리스로마 신화.hwp'를 불러온 후 덧말을 넣을 '머큐리' 부분을 블록으로 지정한 후 [입력]-[덧말 넣기]를 선택합니다.

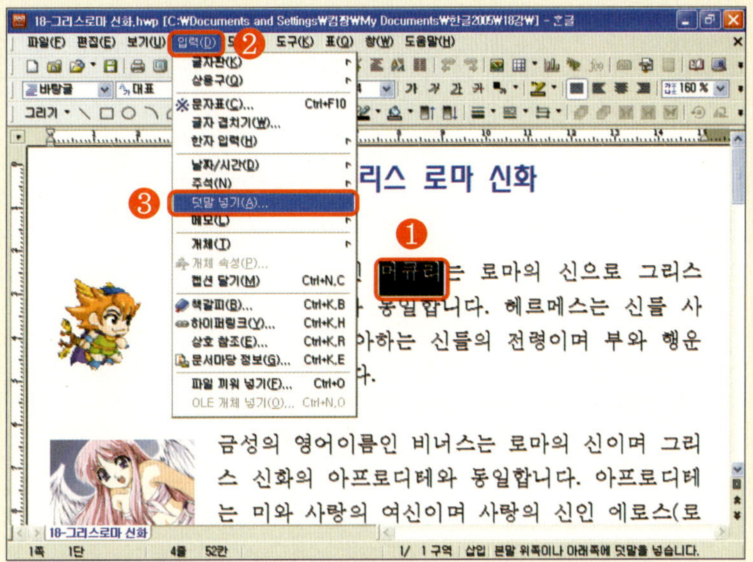

02 [덧말 넣기] 대화 상자에서 덧말에 "Mercury"를 입력하고 [넣기]를 클릭합니다.

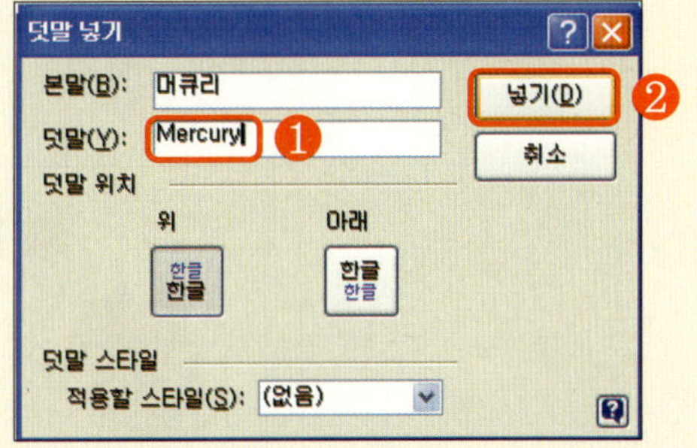

03 블록으로 설정했던 '머큐리' 위에 덧말이 입력됩니다. 다른 단어에도 덧말을 넣어 봅니다.

덧말 수정하기

덧말이 입력된 단어를 더블 클릭한 후 [덧말 편집] 대화 상자에서 덧말을 수정할 수 있으며, [덧말 지움]을 클릭하면 덧말을 지울 수 있습니다.

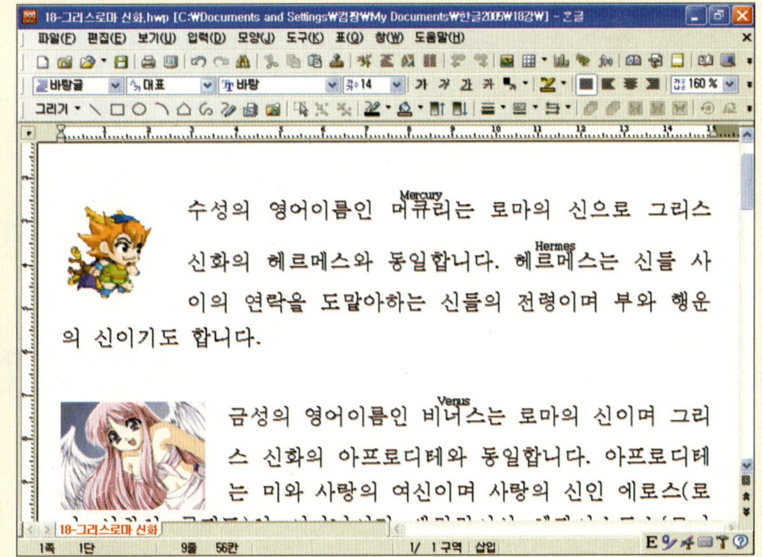

01 수성에 대한 설명 중 '헤르메스'의 뒤에 커서를 위치시킵니다.

각주 입력

각주는 특정한 단어에 대한 보충 설명이므로 먼저 각주를 표시할 위치에 커서를 위치시켜야 합니다.

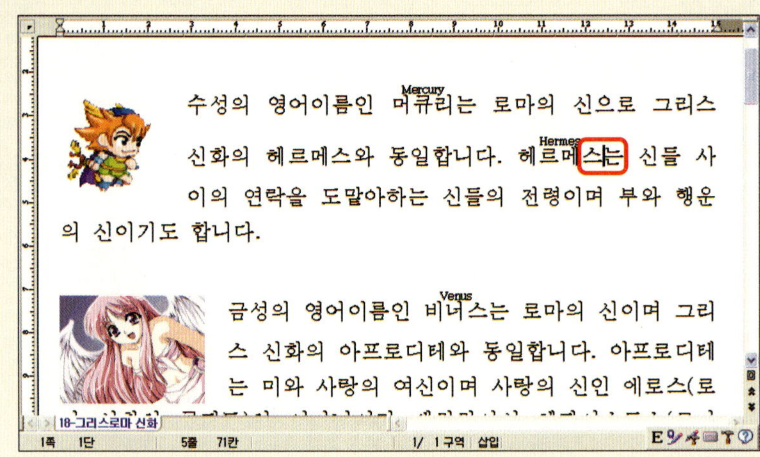

02 [입력]-[주석]-[각주]를 선택합니다.

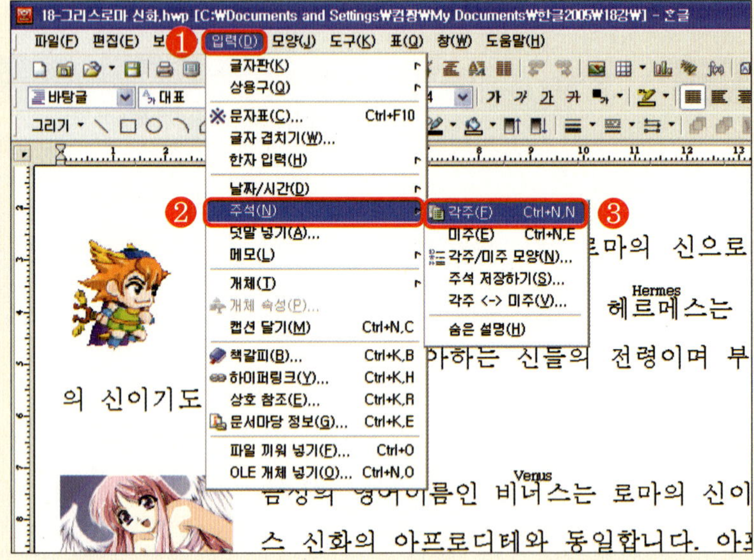

03 각주의 번호가 자동으로 표시됩니다. 다음과 같은 각주의 내용을 입력합니다.

주석 도구 상자

각주를 입력할 때 자동으로 표시되며 각주가 아닌 다른 곳을 클릭하면 사라집니다.

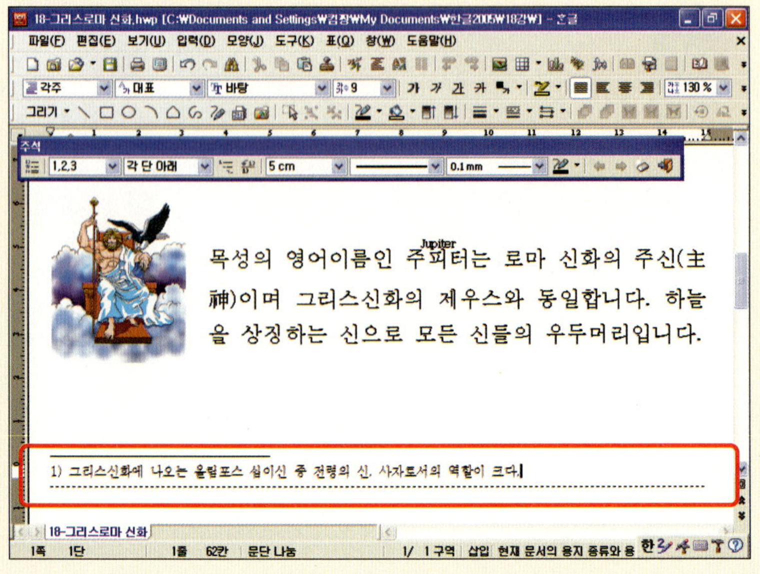

04 각주가 아닌 다른 곳을 클릭하거나 주석 도구 상자의 [닫기] 아이콘(◼)을 클릭한 후 스크롤 바를 위로 올려 보면 헤르메스의 뒤에 각주 번호가 자동으로 표시된 것을 알 수 있습니다. 이번에는 '비너스'의 뒤에 커서를 위치시킵니다.

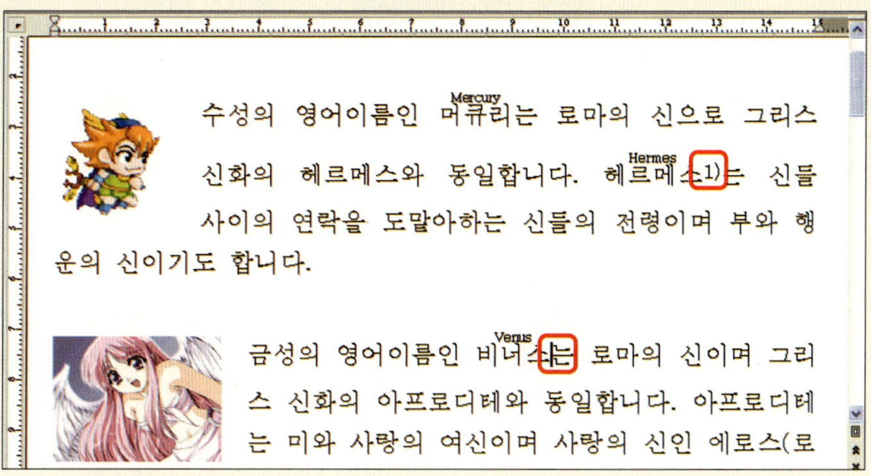

05 [입력]–[주석]–[각주]를 클릭한 후 다음과 같은 각주를 입력합니다.

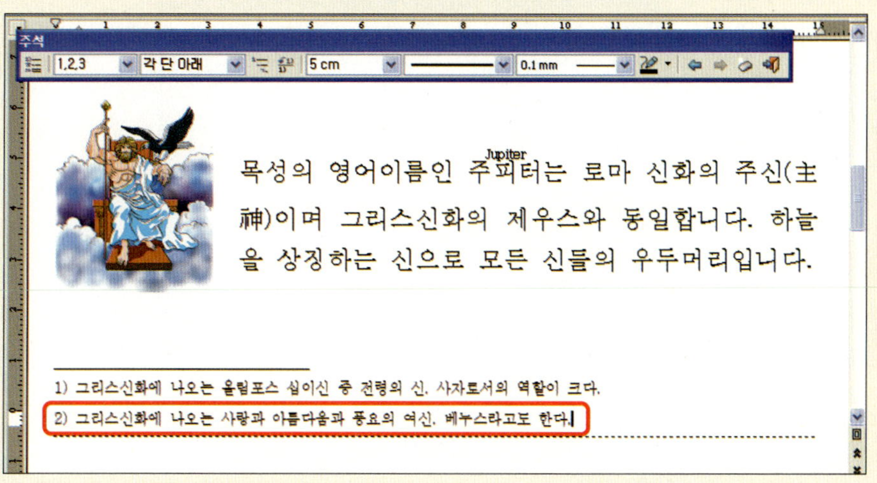

06 스크롤 바를 위로 올려 보면 각주 번호가 자동으로 표시되어 있음을 알 수 있습니다.

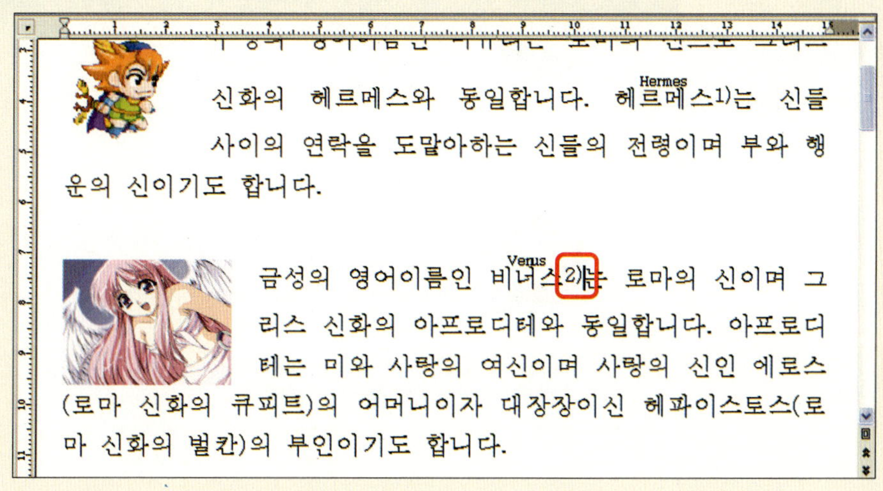

❸ 쪽 번호 매기기

01 [모양]-[쪽 번호 매기기]를 선택합니다.

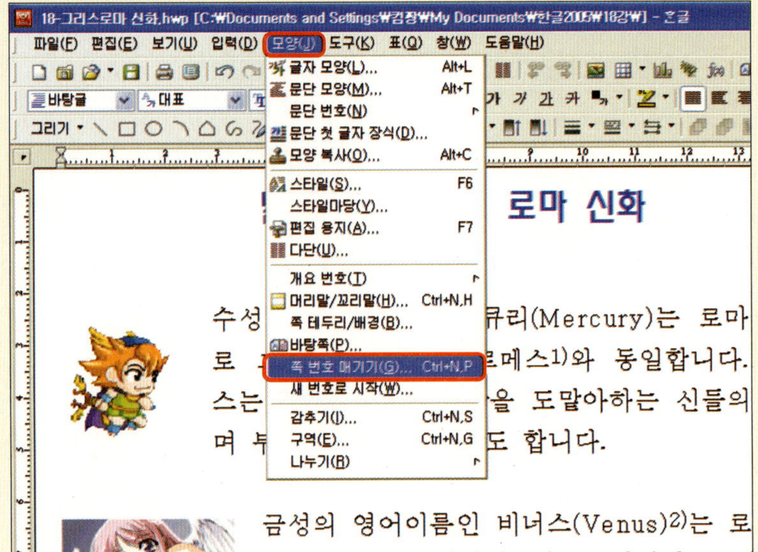

02 [쪽 번호 매기기] 대화 상자가 표시됩니다. 번호 위치는 '가운데 아래', 번호 모양은 '1,2,3'을 선택하고 [넣기]를 클릭합니다.

쪽 번호 매기기

[쪽 번호 매기기] 명령을 실행할 때는 문서의 가장 첫 쪽에서 실행하여야 모든 쪽에 쪽 번호가 표시됩니다.

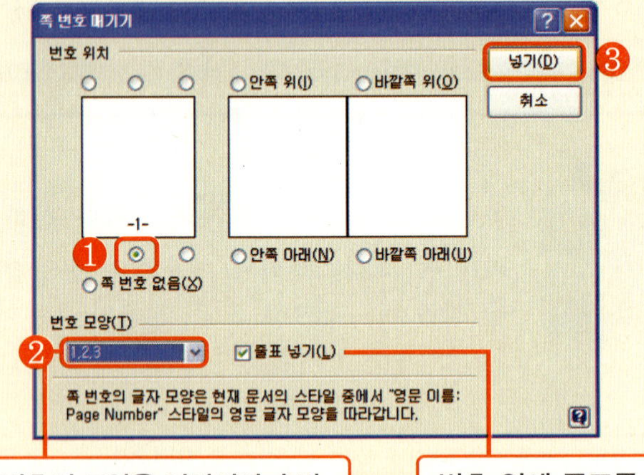

03 [미리 보기] 아이콘(📄)을 클릭하여 미리 보기를 실행하고 모든 페이지에 페이지 번호가 표시되어 있는지 확인합니다.

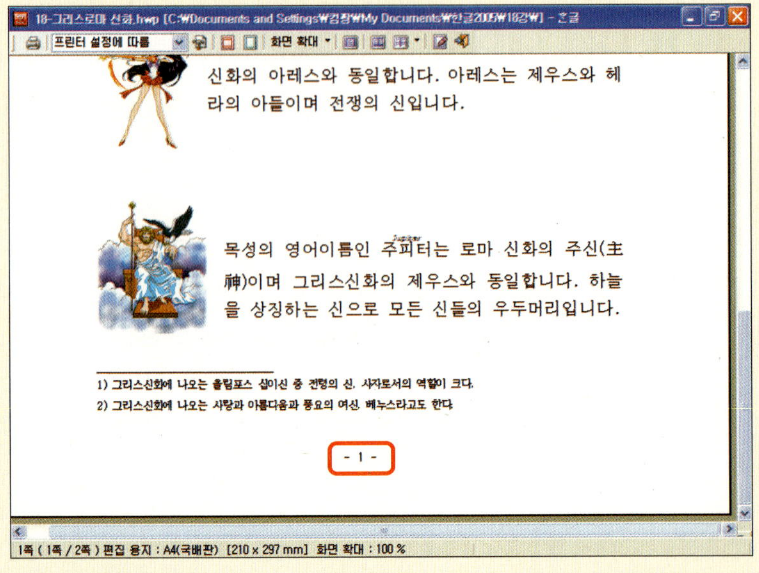

어린 왕자

여섯 살 적에 나는 <체험한 이야기>라는 제목의, 원시림1)에 관한 책에서 근사한 그림 하나를 본적이 있다.

맹수를 집어 삼키고 있는 보아 구렁이2)의 그림이었다. 위의 그림은 그것을 옮겨 그린 것이다.

그 책에는 이렇게 씌어 있었다.

보아 구렁이는 먹이를 씹지도 않고 통째로 집어 삼킨다.

그리고는 꼼짝도 하지 않고 여섯 달 동안 잠을 자면서 그것을 소화시킨다.

나는 그래서 밀림 속에서의 모험에 대해 한참 생각해 보고 난 끝에 색연필을 가지고 내 나름대로 내 생애에 첫 번째 그림을 그려 보았다. 나의 그림 제1호였다. 이것은 이런 그림이었다.

나는 그 걸작품을 어른들에게 보여주면서 내 그림이 무섭지 않느냐고 물었다.

그들은 "모자가 뭐가 무섭다는 거니?"하고 대답했다.

내 그림은 모자를 그린게 아니었다. 그것은 코끼리를 소화시키고

1) 한 번도 훼손된 적이 없는 천연상태의 산림을 말한다.
2) 몸통이 굵고 몸색이 황적색인 뱀의 한 종류를 말한다.

- ① -

1. 어린 왕자

❶ '18-어린왕자.hwp' 파일 불러오기

❷ 표시된 곳에 한자 덧말 넣기
(체험-體驗, 원시림-原始林, 밀림-密林, 모험-冒險)

❸ 표시된 곳에 각주 달기
(원시림, 구렁이)

❹ 쪽 번호 넣기

❺ '18-어린왕자 완성.hwp'로 저장

좋아하는 캐릭터 소개

Dao
다오

정의로운 성격으로 인해 레이싱1) 중 남을 공격하거나 비정상적인 방법으로 승리를 쟁취하기를 꺼려한다. 어려서부터 아버지의 일을 돕기 위해 카트를 종종 몰아 본 경험이 풍부하다. 좁고 구불구불한 산길을 다녀 봤기에 2)드리프트를 자유자재로 구사할 수 있다.

Bazzi
배찌

낙천적이고 무신경한 성격으로 인해 스피드를 두려워하지 않는다. 다오의 운전을 곁눈질로 보고 독학으로 카트를 배운 까닭에 가끔 제멋대로의 운전을 하지만, 발전 가능성은 그 누구보다 높다.

Uni
우니

어린 나이 때문에 카트 운전 면허증 발급이 어려웠으나, 놀라운 운전 실력으로 인해 특별히 카트라이딩을 허락받았다. 짧은 다리와 손 때문에 모스에게 특별히 부탁한 개조카트를 몬다.

Marid
마리드

항상 운전사가 딸린 차만 타고 다녔기 때문에 운전을 귀찮아했었다. 그러나 디지니가 다오와 함께하기 위해 카트 운전을 열심히 연습하는 것을 보고 자극을 받는다. 몰래 짝사랑하는 다오의 마음을 얻기 위해 열심히 노력중이다.

1) 게임 속의 자동차 경주
2) 자동차 경주시 뒷바퀴를 인위적으로 미끄러 뜨려 속도를 상대적으로 적게 떨어 뜨리고 즉 브레이킹을 적게 하고서 코너를 도는 것

- i -

2. 좋아하는 캐릭터 소개

❶ '18-캐릭터소개.hwp' 파일 불러오기

❷ 캐릭터 제목에 영어 이름 덧말 달기
(다오 -Dao, 배찌-Bazzi, 우니-Uni, 마리드-Marid)

❸ 표시된 곳에 각주 달기
(레이싱, 드리프트)

❹ 쪽 번호 넣기(- i -)

❺ '18-캐릭터소개 완성.hwp'로 저장

19

세계 최초? 우리 나라 최초?

우리가 사용하는 것들의 역사

세계최초의것들

1. 선풍기의 역사

최초의 선풍기는 1600년대 천장에 매달아 놓은 추의 무게를 이용하여 기어장치의 회전축을 돌려서 1장으로 된 커다란 부채를 시계추 모양으로 흔들어 바람을 일으키는 것이었습니다. 1850년대는 현재의 탁상선풍기 모양으로 된 것에 태엽을 감아 사용하는 것이 발명되었습니다. 전기를 이용한 선풍기는 에디슨이 발명하였으며, 이것이 점차 발달하여 제2차 세계대전을 전후하여 보호망을 씌운 전기장치가 연구되어 현재 플라스틱으로 만든 아름답고 정교한 것으로 발전하였습니다.

2. 세계 최초의 휴대폰

손에 들고 다니는 최초의 휴대폰은 모토로라가 88년 출시한 「택8000」이었습니다. 당시 240만원에 판매된 이 휴대폰은 771g으로 무거웠다. 하지만 집어 던져도 부서지지 않았고 방수처리가 돼 물에 빠뜨려도 사용할 수 있는 튼튼한 것

작성자 : 홍길동

❶ 바탕쪽 설정하기

01 '19-세계 최초.hwp'를 불러온 후 [모양]-[바탕쪽]을 선택합니다.

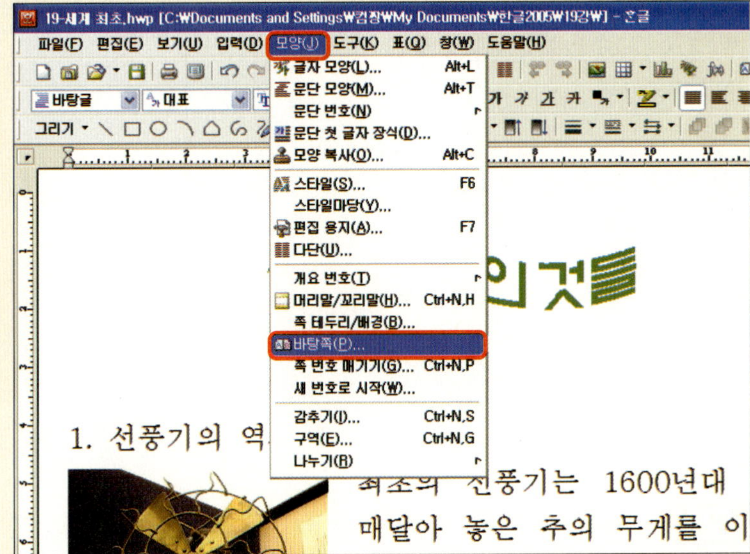

02 바탕쪽 편집 상태로 들어갑니다. [보기]-[화면 확대]를 클릭합니다.

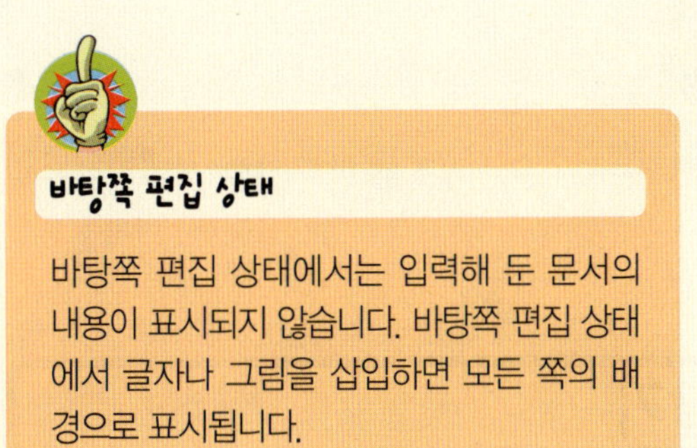

바탕쪽 편집 상태

바탕쪽 편집 상태에서는 입력해 둔 문서의 내용이 표시되지 않습니다. 바탕쪽 편집 상태에서 글자나 그림을 삽입하면 모든 쪽의 배경으로 표시됩니다.

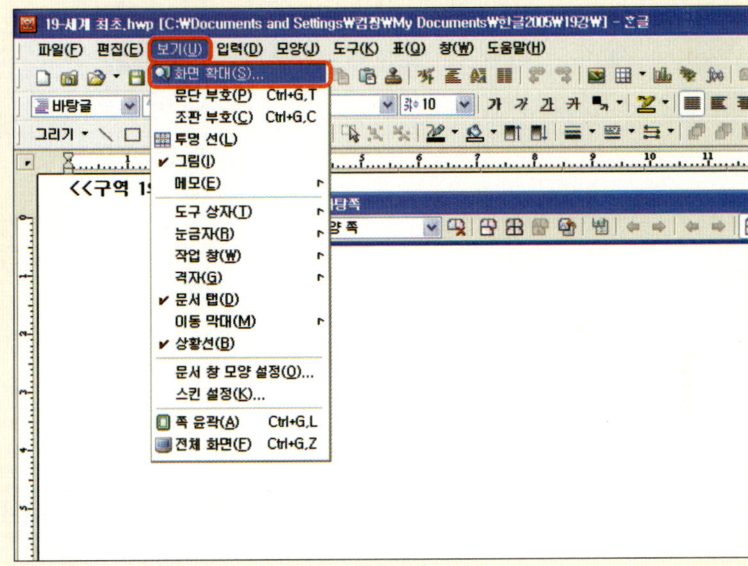

03 [화면 확대] 대화 상자에서 [쪽 맞춤]을 클릭한 후 [설정]을 클릭합니다.

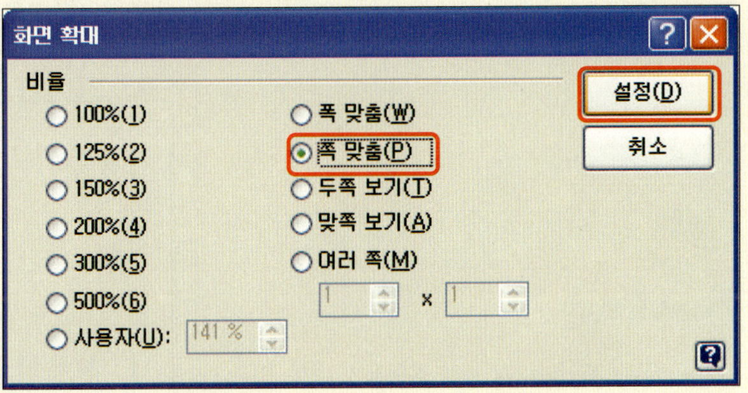

04 쪽 맞춤 상태가 되면 쪽 모양이 한눈에 보입니다. [직사각형 그리기] 아이콘(□)을 이용하여 다음과 같이 세 개의 사각형을 그리고 색을 변경합니다.

> 첫 번째 사각형은 '연노랑', 두 번째 사각형은 '연녹색', 세 번째 사각형은 '연한 옥색'으로 채우고, 선 종류는 '선 없음'으로 설정합니다.

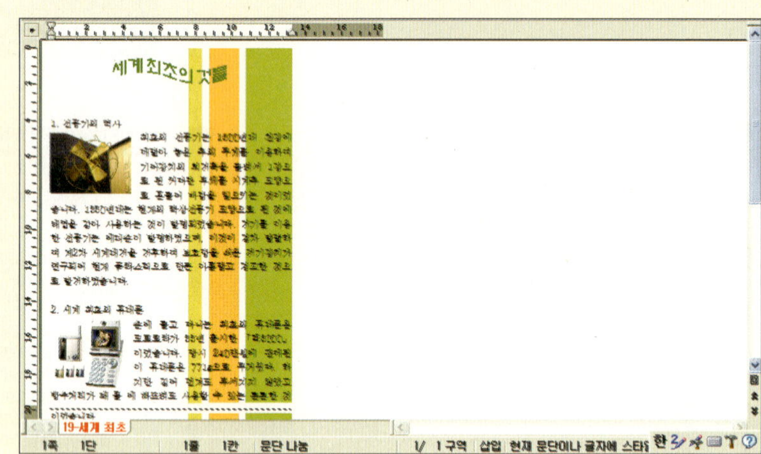

05 바탕쪽 도구 상자에서 [닫기] 아이콘(▨)을 클릭하여 바탕쪽을 닫으면 다음과 같이 페이지의 배경으로 세 개의 사각형이 설정된 것을 확인할 수 있습니다.

❷ 머리말/꼬리말 달기

01 [모양]-[머리말/꼬리말]을 선택합니다.

머리말과 꼬리말

머리말과 꼬리말은 각 쪽에 공통적인 내용(페이지 번호, 제목)을 표시하기 위한 것입니다.

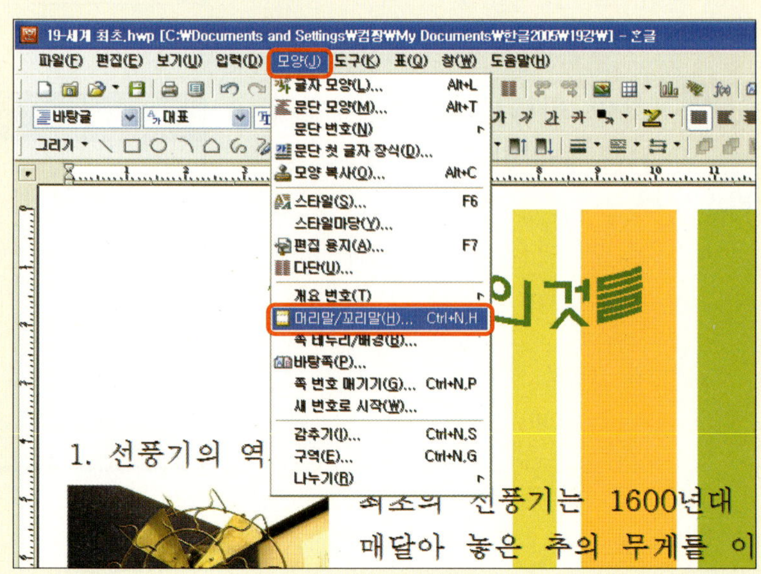

02 [머리말/꼬리말] 대화 상자가 표시되면 종류는 '머리말', 위치는 '양 쪽'을 선택하고 [만들기]를 클릭합니다.

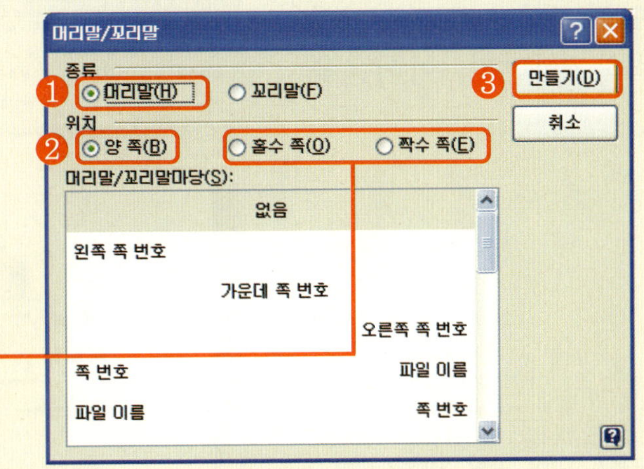

홀수 쪽과 짝수 쪽에 머리말을 각각 다르게 입력하려면 '홀수 쪽'이나 '짝수 쪽'을 선택합니다.

03 머리말 입력 상태가 되면 "우리가 사용하는 것들의 역사"를 입력하고 글꼴을 변경한 후 머리말/꼬리말 도구 상자에서 [닫기] 아이콘을 클릭합니다.

휴먼모음T, 14pt, 빨강

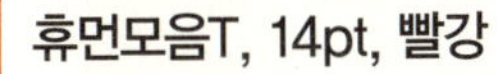

04 이번에는 꼬리말을 추가하기 위해 [모양]-[머리말/꼬리말]을 클릭합니다. 종류는 '꼬리말', 위치는 '양 쪽'을 선택하고 [만들기]를 클릭합니다.

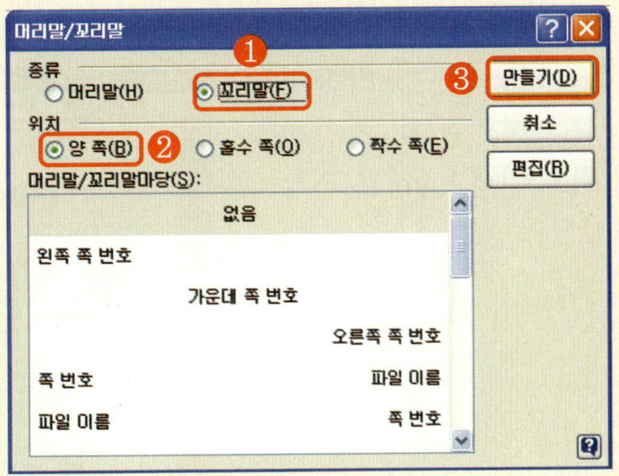

05 꼬리말의 내용으로 작성자의 이름을 입력하고 [닫기] 아이콘을 클릭합니다.

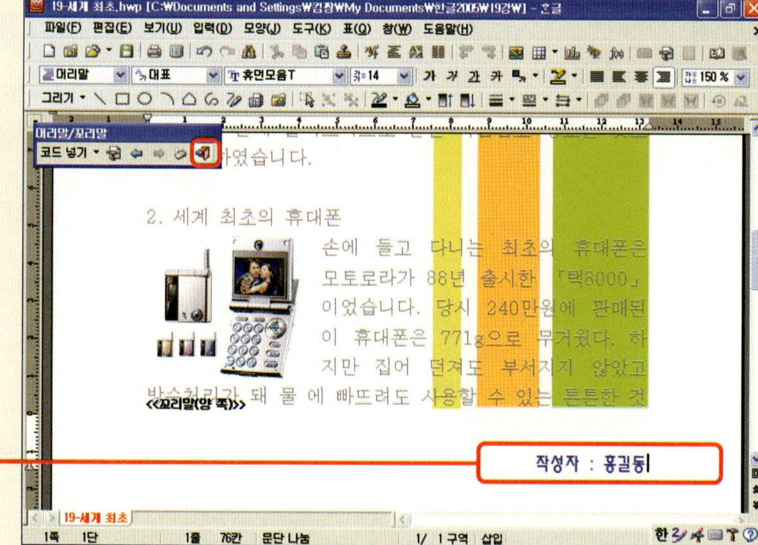

휴먼모음T, 14pt, 파랑, 오른쪽 정렬

06 [미리 보기] 아이콘(▣)을 클릭합니다. [미리 보기] 창에서 두 쪽을 함께 보기 위해 [여러 쪽 보기] 아이콘(▣▾)의 내림 단추를 클릭한 후 1×2 를 선택합니다.

07 바탕쪽, 머리말, 꼬리말이 페이지마다 표시되었는지 확인하고 '19-세계 최초 완성.hwp'로 저장합니다.

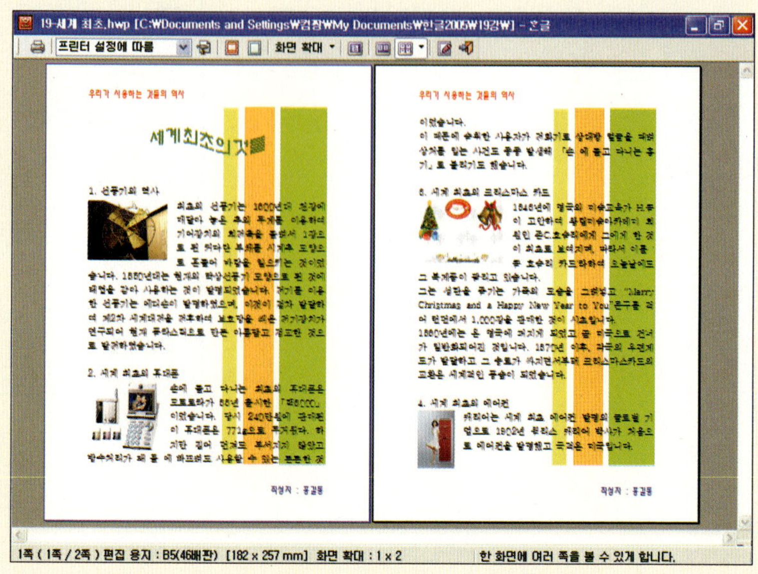

1. 놀이동산 대탐험

① '19-놀이동산.hwp' 파일 불러오기
② 바탕쪽 기능을 이용하여 '놀이동산.jpg'를 삽입
  • 그림을 포함, '그레이스케일' '밝게' 효과 적용
③ 꼬리말로 "놀이동산에는 어떤 놀이기구가 있을까?"를 입력
  • 글꼴 : HY얕은샘물M, 크기 : 12pt, 글자색 : 빨강
④ '19-놀이동산 완성.hwp'로 저장

2. 별난 축구 신기록

① '19-축구 신기록.hwp' 파일 불러오기
② 바탕쪽 기능을 이용하여 '축구.jpg'를 삽입한 후 그림 크기 조절(문서에 포함)
③ 머리말로 "축구 신기록"을 입력
  • 글꼴 : 휴먼모음T, 크기 : 14pt, 글자색 : 파랑
④ '19-축구 신기록 완성.hwp'로 저장

20 달력 간단하게 만들기

▶ 문서마당을 사용하여 새로운 문서를 작성해 보자.
▶ 상용구로 빠르게 입력해 보자.

실력이 모자라서 예쁜 문서를 만들기 힘들다고 포기하지는 마세요!
문서마당 기능을 이용하면 예쁜 문서를 너무도 쉽게 만들 수 있으니까요.
같은 글자를 여러 번 입력하면 귀찮죠?
상용구 기능을 이용하면 입력했던 글자가
'짠'하고 금방 나타납니다.

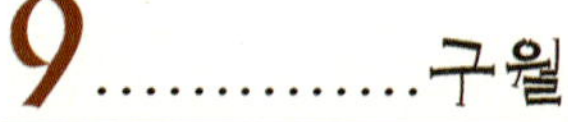

9 ············ 구월

일	월	화	수	목	금	토
			1	2	3	4
5	6	7	8	9	10	11
12	13	14	15	16	17	18
19	20	21	22	23	24	25
26	27	28	29	30		

곰	： ㄱ ㅗ ㅁ
BEAR	： 베어

❶ 문서 마당으로 문서 창 열기

01 '한글 2005'를 실행한 후 [파일]-[문서마당] 또는 [문서마당] 아이콘()을 클릭합니다.

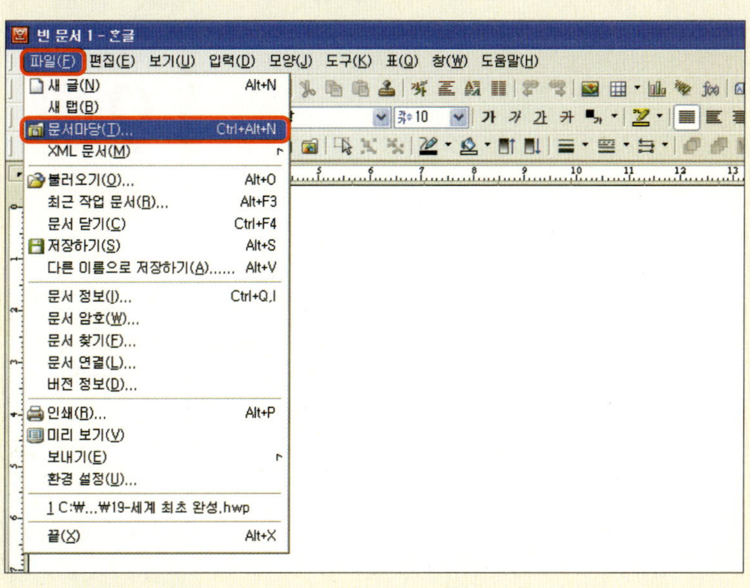

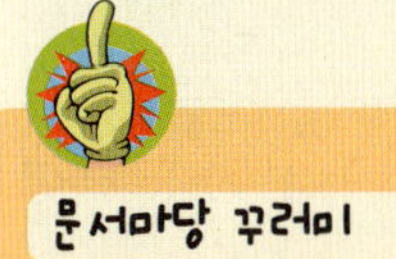

문서마당 실행하기

[파일]-[문서마당]을 클릭하여 실행할 수도 있습니다.

02 [문서마당] 대화 상자가 표시되면 [문서마당 꾸러미] 탭을 클릭한 후 '달력 문서', '어린이 달력-11월'을 순서대로 선택하고 [열기]를 클릭합니다.

문서마당 꾸러미

같은 종류의 문서들을 하나의 꾸러미로 묶어 두었습니다.

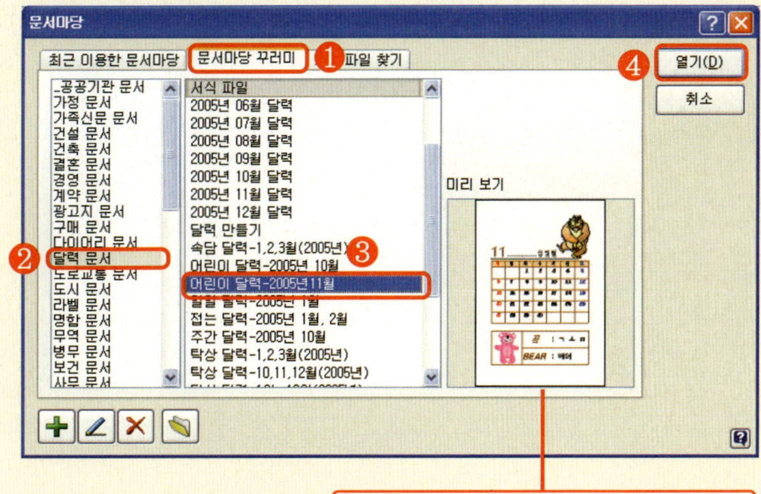

선택한 문서의 미리 보기가 표시됩니다.

03 새로운 문서 창이 표시되고 선택한 문서가 표시됩니다.

04 달력 날짜를 수정해 봅니다. 기존에 입력되어 있는 글자들을 지운 후 다음과 같이 수정합니다.

05 미리 보기로 확인한 후 '20-달력 완성.hwp'로 저장합니다.

❷ 상용구 입력하기

01 [새 글] 아이콘(□)을 클릭하여 새 문서를 실행하고 [문서마당] 아이콘(📁)을 클릭합니다.

02 [문서마당] 대화 상자에서 [문서마당 꾸러미] 탭을 클릭한 후 '명함 문서', '명함 03'을 순서대로 클릭하고 [열기]를 클릭합니다.

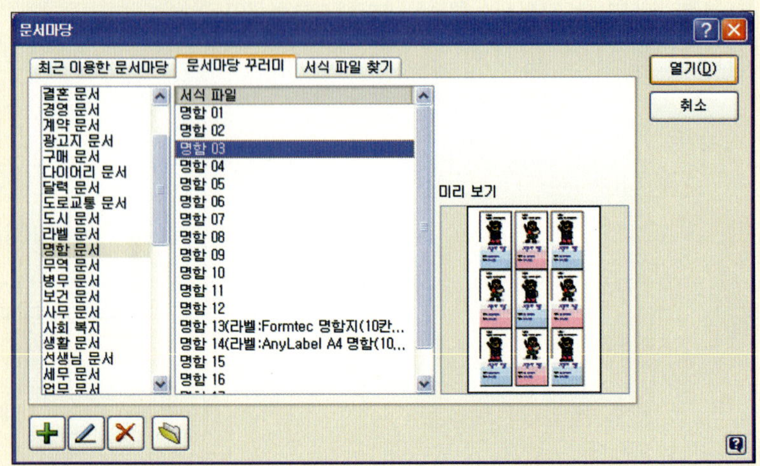

03 명함 양식이 표시되면 자신의 이름, 전화번호, 주소 등을 입력합니다. 이제 이름을 상용구로 만들기 위해 블록으로 설정하고 [입력]-[상용구]-[상용구 등록]을 클릭하거나 Alt+I를 누릅니다.

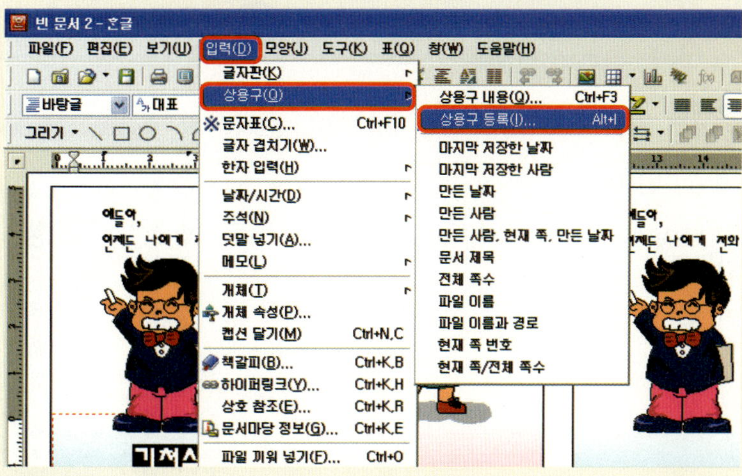

04 [본문 상용구 등록] 대화 상자가 나타나면, 준말과 설명을 입력하고 [설정]을 클릭합니다.

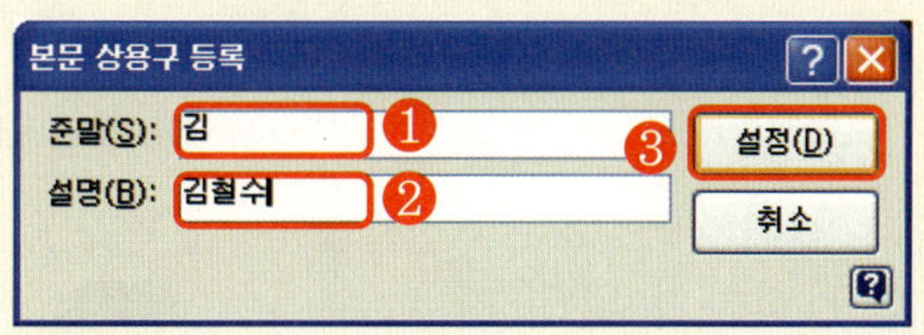

05 이번에는 주소 부분을 블록으로 설정한 후 [입력]-[상용구]-[상용구 등록]를 클릭하거나 Alt+I를 누릅니다.

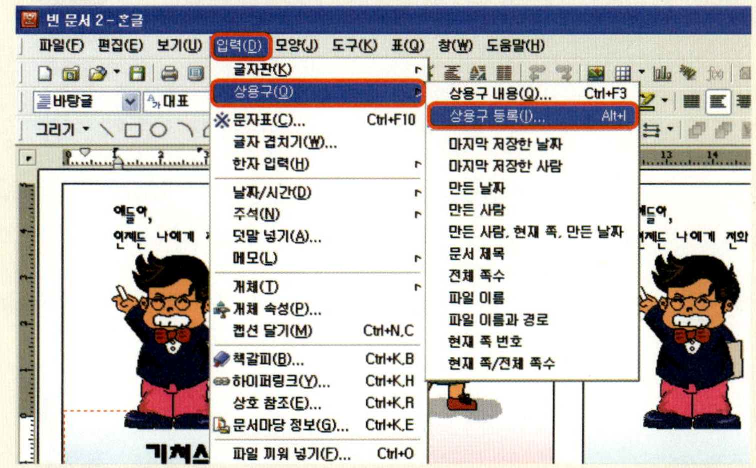

06 [상용구 등록] 대화 상자에서 '준말' 부분을 '주소'로 바꾸고, '글자 속성 유지'를 선택한 후 [등록]을 클릭합니다.

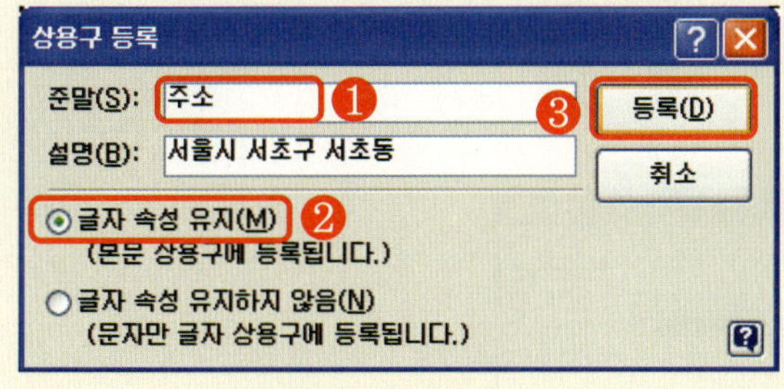

본문 상용구의 글자 속성 유지

'글자 속성 유지'를 선택하면 블록으로 지정한 내용이 서식과 함께 서식으로 지정됩니다.

❸ 상용구 사용하기

01 두 번째 명함으로 이동한 후 이름 입력란에 등록된 상용구의 준말인 '김'을 입력하고 Alt + I 를 누릅니다.

02 상용구로 등록된 이름이 자동으로 입력됩니다. 이번에는 상용구로 등록된 주소를 입력하기 위해 커서를 이동한 후 준말인 '주소'를 입력하고 Alt + I 를 누릅니다.

03 등록된 주소가 자동으로 입력됩니다.

상용구 편집하기

[입력]-[상용구]-[상용구 내용]을 클릭하여 등록된 상용구를 편집하거나 삭제할 수 있습니다.

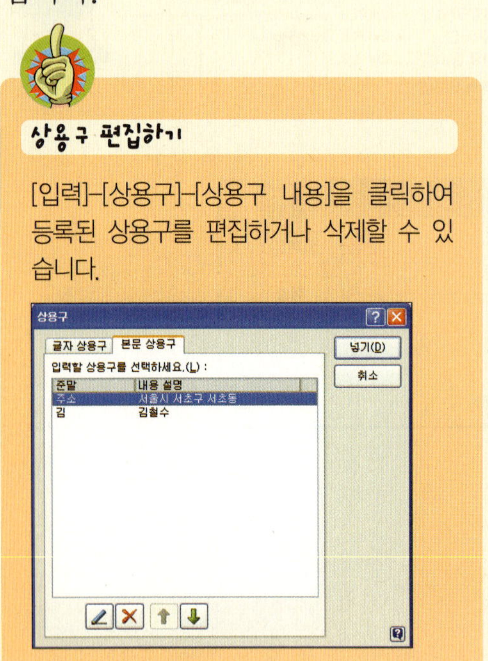

04 나머지 명함에도 상용구를 이용해 이름, 전화, 주소 등을 입력하여 완성하고 '20-명함 완성.hwp'로 저장합니다.

1. 일기 쓰기

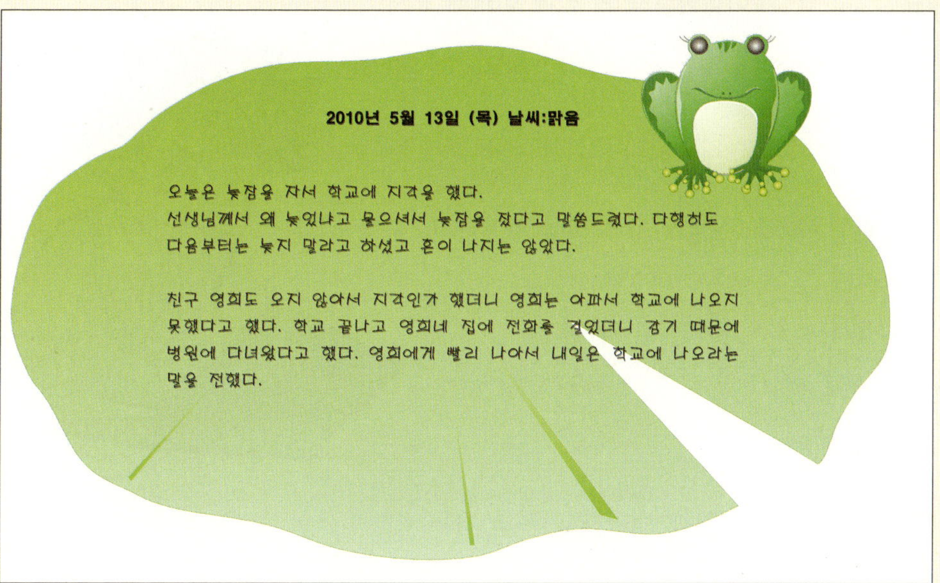

① 문서 마당에서 '문서마당 꾸러미–일기 쓰기 – 일기 쓰기2(초등학생용)'를 선택하여 새로운 문서 창을 열기
② 오늘 일기를 입력
③ '20–일기 완성.hwp'로 저장

2. 효도 상품권

① 문서 마당의 '문서마당 꾸러미–생활 문서–상품권(효도 상품권) 만들기'를 이용하여 새로운 문서 만들기
② 상용구로 '설거지하기', '집안 청소하기'를 등록하고 상용구로 입력
③ '20–효도 상품권 완성.hwp'로 저장

쿠키의 유래는?

여러 가지 음식의 유래

1. 쿠키   2. 와플   3. 샌드위치

4. 핫도그   5. 햄버거

♠ 쿠키 ♠
쿠키는 네덜란드 '쿠오레' 라는 작은 케익이라는 뜻에서 따온 것인데요, 이 말이 조금씩 발전되서 나라마다 이름과 유래가 다 달라졌다고 해요. 우리가 흔히 쓰는 쿠키라는 말은 미국식 표기에요. 여러 종류의 달콤한 소형 과자를 일컫는데 주로 반죽해서 잘라내거나 숟가락으로 떼어내서 만들어 먹는 것을 일컫습니다.

♠ 와플 ♠
처음의 와플은 약 2000년 전부터 중국에서 만들어졌다는 역사학자들이 말하고 있는데요. 재료가 밀가루와 버터가

❶ 책갈피 설정하기

01 '22-음식의 유래.hwp'를 불러온 후 책갈피를 설정하기 위해 '쿠키'를 블록으로 설정하고 [입력]-[책갈피]를 선택합니다.

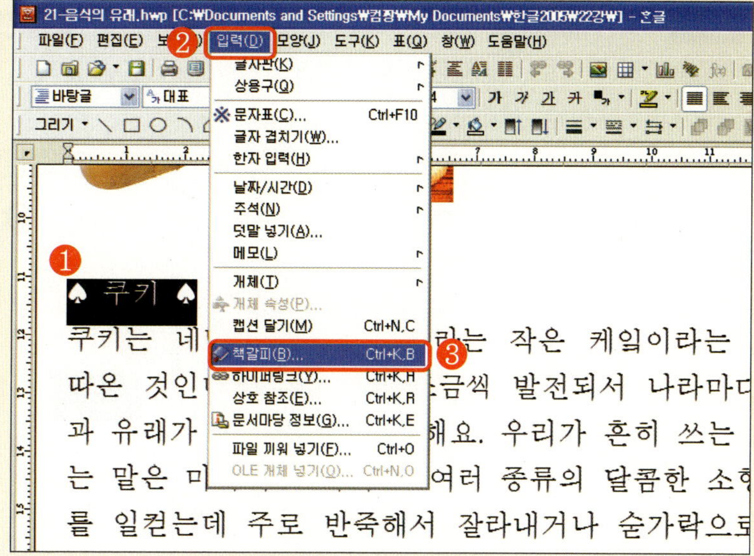

02 [책갈피] 대화 상자가 표시되면 책갈피의 이름이 제대로 표시되었는지 확인하고 [넣기]를 클릭합니다.

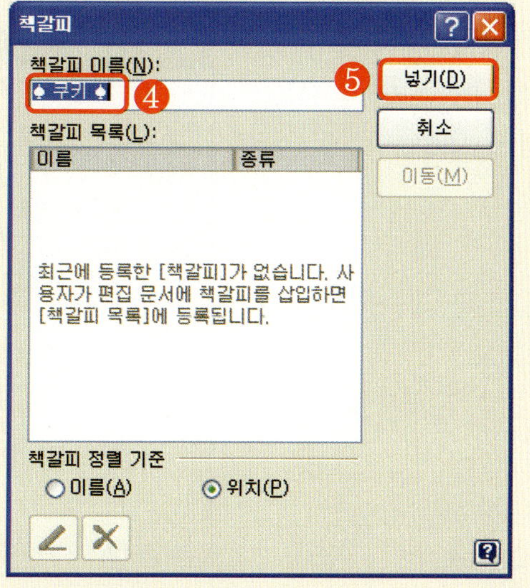

03 [책갈피] 대화 상자가 사라지고 본문이 표시됩니다. 스크롤 바를 아래로 내려가면서 같은 방법으로 '와플', '샌드위치', '햄버거', '핫도그'에도 책갈피를 설정합니다.

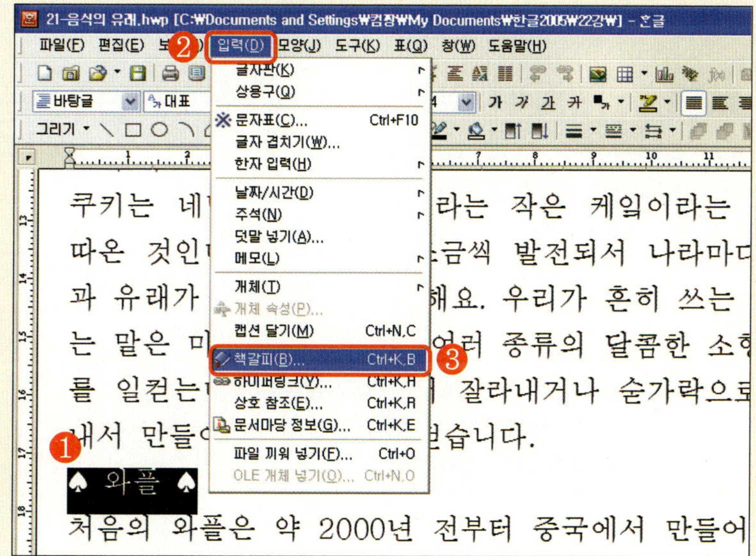

❷ 하이퍼링크 설정하기

01 화면을 위로 이동하고 '1. 쿠키'를 블록으로 설정한 후 [입력]-[하이퍼링크]를 선택합니다.

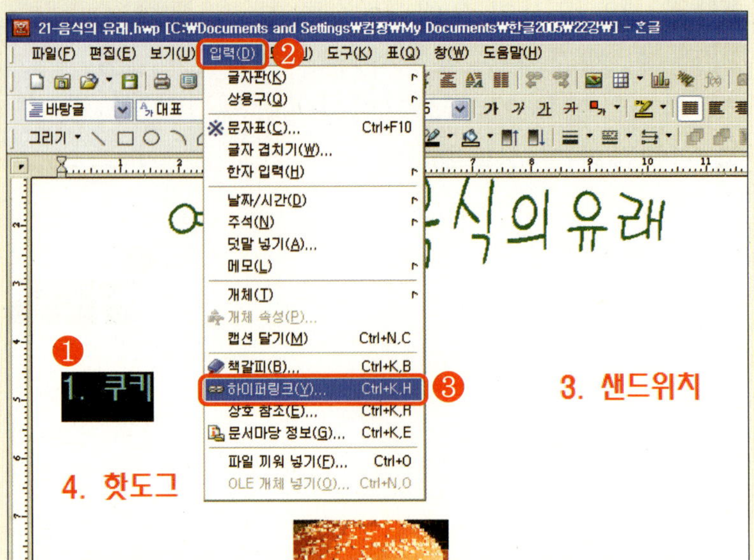

02 [하이퍼링크] 대화 상자가 표시되면 '연결 대상'에서 '쿠키'로 선택하고 [넣기]를 클릭합니다.

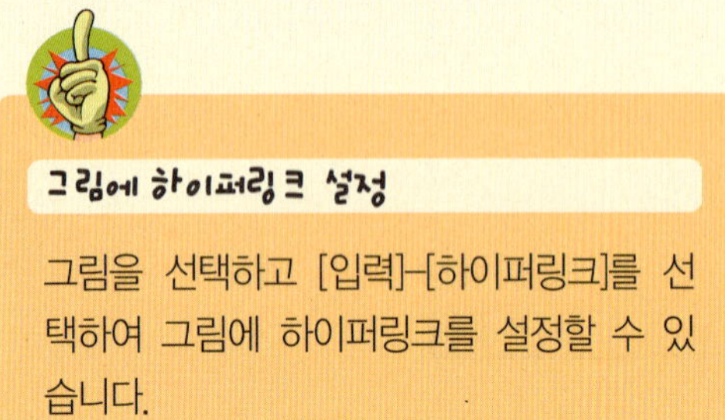

그림에 하이퍼링크 설정

그림을 선택하고 [입력]-[하이퍼링크]를 선택하여 그림에 하이퍼링크를 설정할 수 있습니다.

03 하이퍼링크가 삽입됩니다. 같은 방법으로 '와플', '샌드위치'에도 하이퍼링크를 삽입합니다.

글자색이 파랑으로 변경되고 밑줄이 표시되는 것은 하이퍼링크가 삽입되었다는 뜻입니다.

❸ 하이퍼링크로 이동하기

01 하이퍼링크를 사용하여 이동해 봅니다. '하이퍼링크로 연결된 곳에 마우스 포인터를 위치시키면 마우스 포인터의 모양이 손가락 모양으로 변경됩니다. '쿠키'를 클릭합니다.

02 쿠키 소개 페이지로 한 번에 이동합니다. 다른 글자와 그림도 클릭하여 하이퍼링크가 제대로 작동하는지 확인하고 '21-음식의 유래 완성.hwp'로 저장합니다.

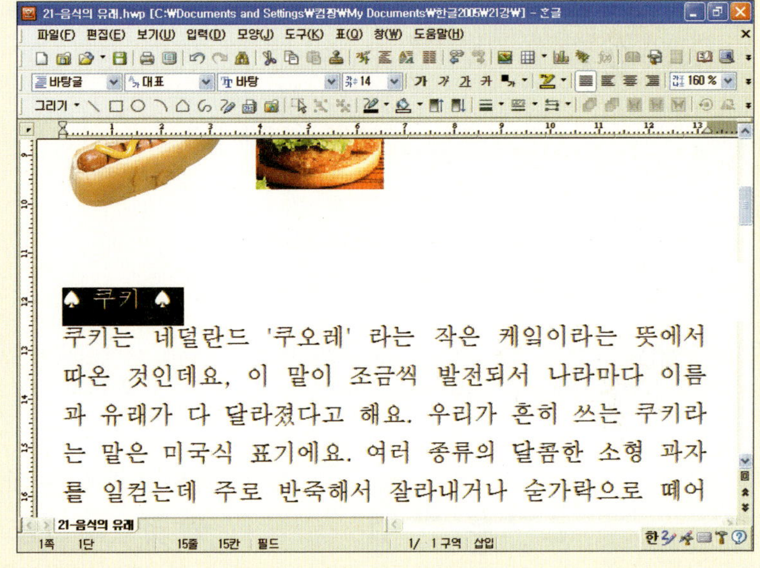

하이퍼링크 글자 모양 변경하기

[파일]–[환경 설정]을 클릭한 후 [기타] 탭에서 하이퍼링크의 글자 모양을 변경할 수 있습니다.

1. 우리나라의 축제

① '21-우리나라 축제.hwp' 파일 불러오기
② '◆봄 축제', '◆여름 축제', '◆가을 축제', '◆겨울 축제'에 책갈피 삽입
③ 다음과 같은 하이퍼링크를 삽입
  • '봄 축제'를 클릭하면 '◆봄 축제'로 이동
  • '여름 축제'를 클릭하면 '◆여름 축제'로 이동
  • '가을 축제'를 클릭하면 '◆가을 축제'로 이동
  • '겨울 축제'를 클릭하면 '◆겨울 축제'로 이동
④ '21-우리나라 축제 완성.hwp'로 저장

2. 신나는 게임의 세계로

① '21-신나는 게임.hwp' 파일 불러오기
② 첫 번째 그림과 두 번째 그림에 하이퍼링크 삽입
  • 첫 번째 그림 : 연결 종류 – 웹 주소, 연결 대상 – http://jr.naver.com/game/
  • 두 번째 그림 : 연결 종류 – 웹 주소, 연결 대상 – http://kr.kids.yahoo.com/games.html
③ '22-게임의 세계로 완성.hwp'로 저장

22 세계 7대 불가사의

▶ 스타일로 서식을 한 번에 바꿔 보자.
▶ 스타일을 편집해 보자.

세계 7대 불가사의

1. 이집트 기자에 있는 쿠푸왕의 피라미드

쿠푸는 카이로 남서쪽 15 km에 위치한 기자에 최대의 피라미드를 건설하였다. 이것은 대피라미드 또는 제1피라미드라 일컬어지며, 높이 146.5 m(현재 137 m), 저변 230 m, 사면각도는 51 °52 '이다. 각 능선은 동서남북을 가리키고, 오차는 최대의 것이라도 5 °30 '에 지나지 않은 만큼 극히 정교한 것으로, 피트리에 의하면 평균 2.5 t의 돌을 230만개나 쌓아올렸다.

2. 알렉산드리아의 파로스 등대

등대는 3개의 층계로 만들어졌다. 맨 아래층이 4각형, 가운데층이 8각형, 꼭대기 층은 원통형이었다. 각 층은 모두 약간 안쪽으로 기울게 지어졌다(기울지 않았다고 하는 사람도 있음). 등대 안쪽에는 나선형의 길이 있어서 등대 꼭

❶ 스타일 만들기

01 '22-7대 불가사의.hwp'를 불러옵니다.

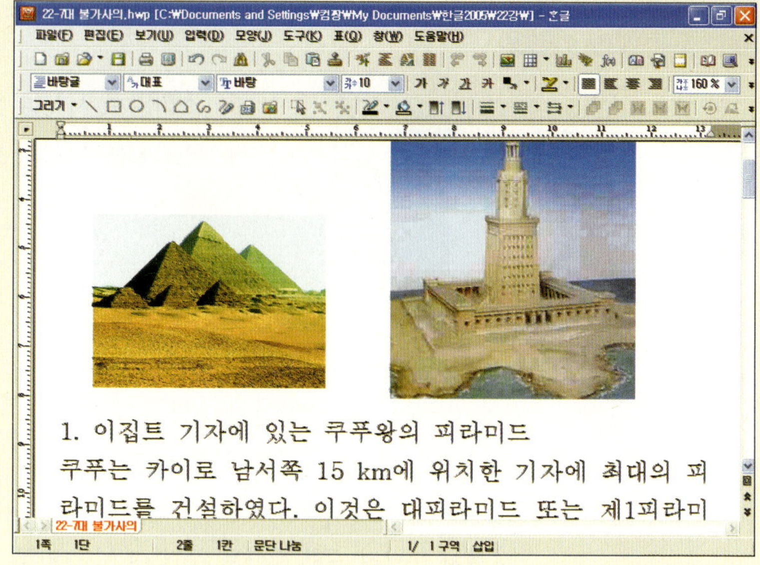

02 제목 부분의 글자 모양을 '휴 먼모음T', 크기 '15pt', 글자 색 '파랑', 글자 속성 '굵게'로 설정하 고 제목 부분에 커서가 위치한 상태 에서 [모양]-[스타일]을 클릭하거나 기본 도구 모음의 [스타일] 아이콘 (🖾)을 클릭합니다.

03 [스타일] 대화 상자가 나타나 면 [새 스타일 만들기] 아이콘(➕) 을 클릭합니다.

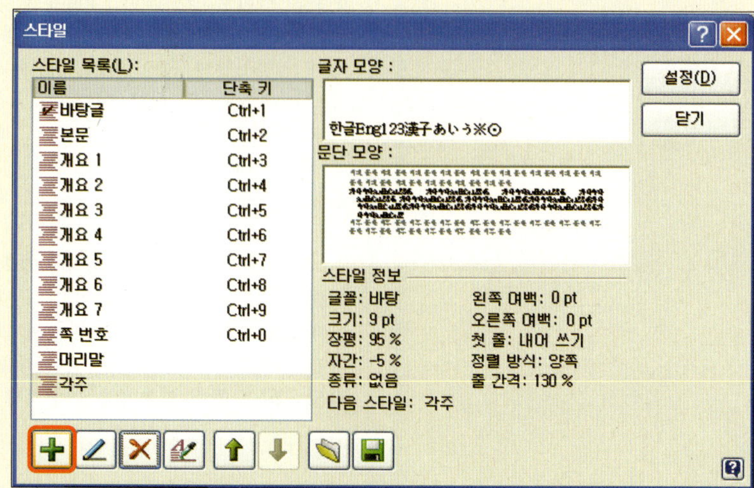

04 [스타일 추가하기] 대화 상자에서 스타일의 이름을 "제목"으로 입력한 후 [추가]를 클릭합니다.

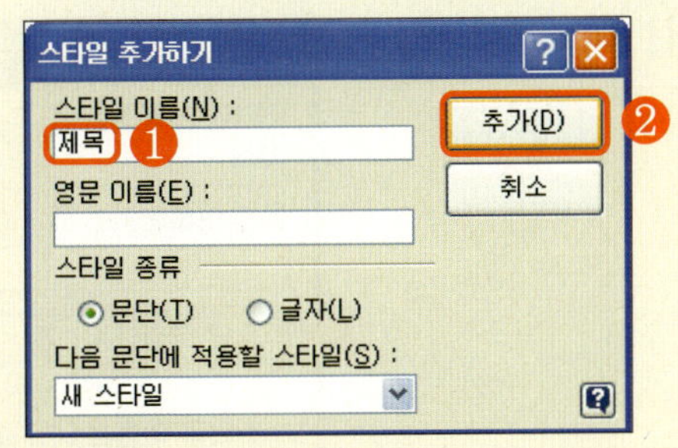

05 스타일 목록에 '제목' 스타일이 추가됩니다. [설정]을 클릭합니다.

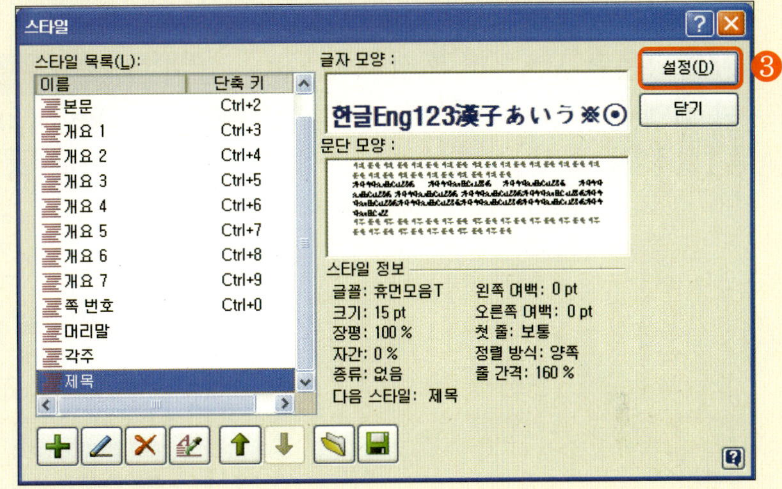

❷ 스타일 편집하기

01 [모양]–[스타일]을 클릭하거나 또는 [스타일] 아이콘(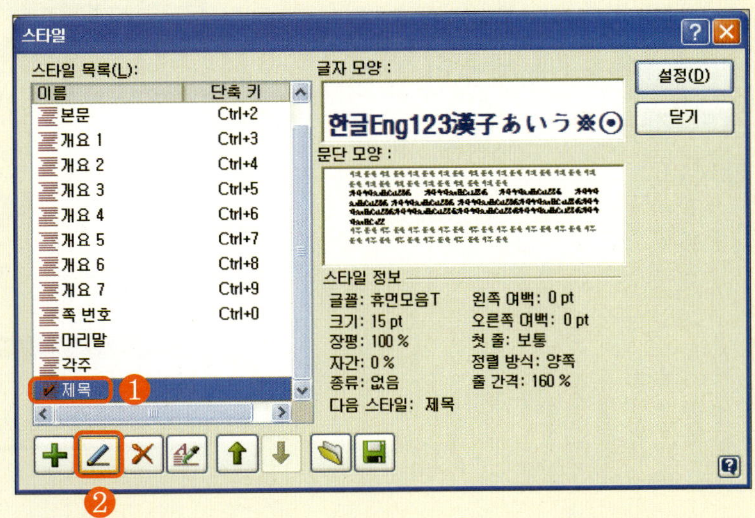)을 클릭합니다.

02 [스타일] 대화 상자가 나타나면 스타일 목록에서 편집할 스타일인 '제목'을 선택한 후 [스타일 편집하기] 아이콘()을 클릭합니다.

03 [스타일 편집하기] 대화 상자
에서 [문단 모양]을 클릭합니다.

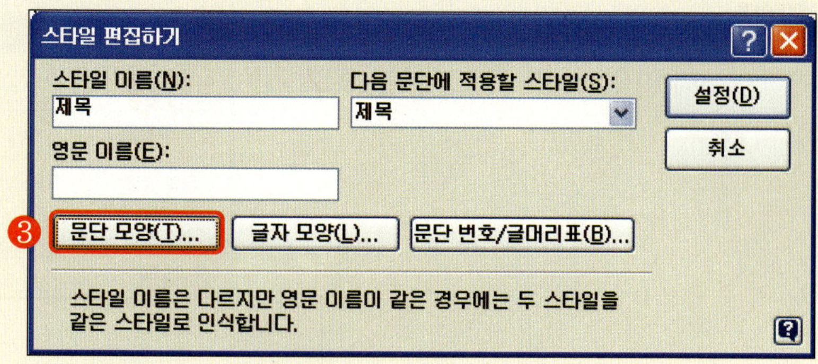

04 [문단 모양] 대화 상자의 [기
본] 탭에서 '가운데 정렬'을 선택한
후 [설정]을 클릭합니다.

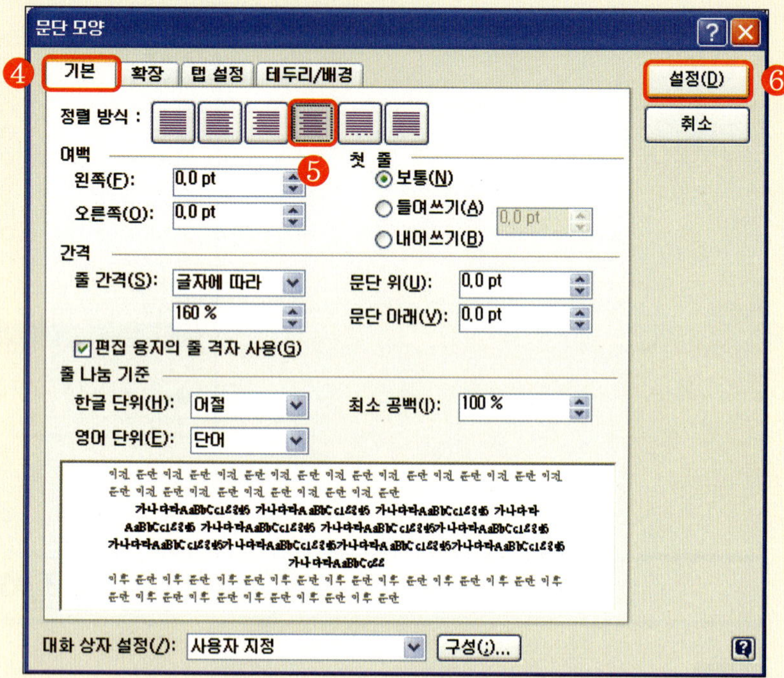

05 [스타일 편집하기] 대화 상
자에서 [설정]을 클릭한 후 [스타
일] 대화 상자에서 문단 모양이 설
정된 것을 확인하고 [닫기]를 클릭
합니다.

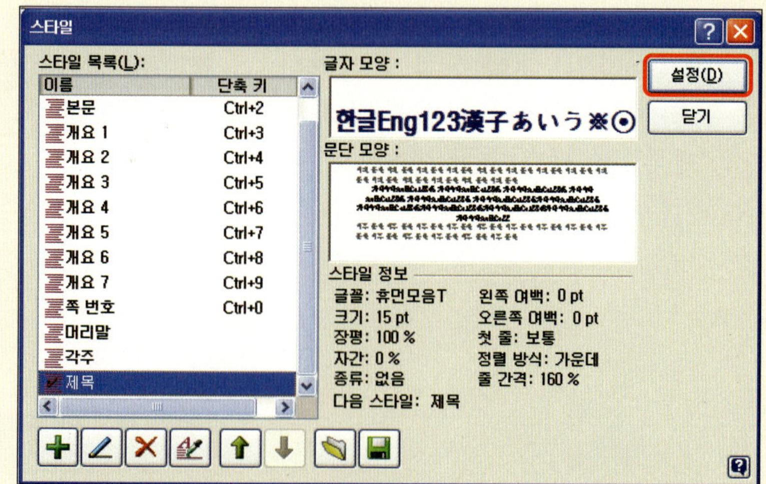

❸ 스타일 적용하기

01 두 번째 제목 줄에 커서를 위치시킨 후 서식 도구 상자에서 [스타일]의 내림 단추를 클릭하고 '제목'을 선택합니다.

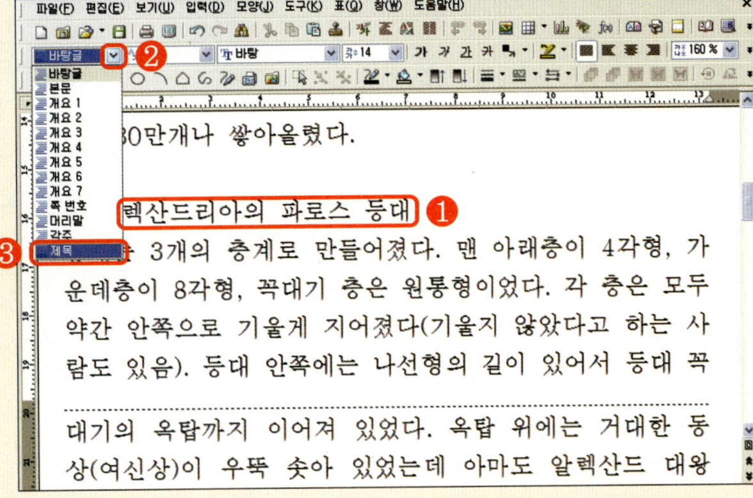

02 커서가 있는 문단에 제목 스타일이 설정됩니다.

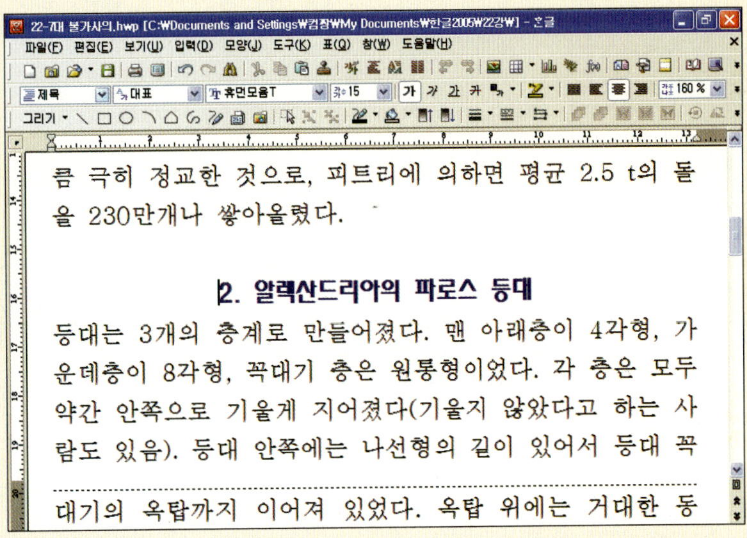

03 나머지 제목에도 같은 방법으로 제목 스타일을 적용하고 '22-7 대 불가사의의 완성'으로 저장합니다.

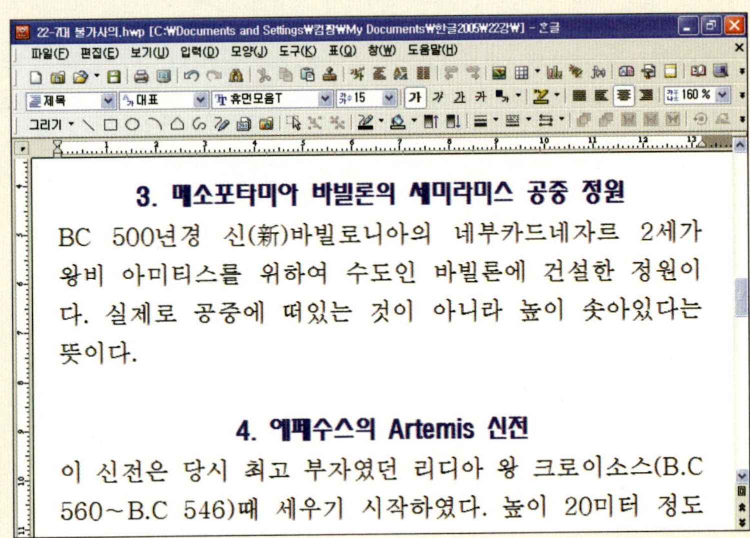

컴퓨터 올바르게 사용하기

1. 바른말 고운말을 사용하고 남을 비방하는 말을 사용하지 않는다.

2. 바른 자세로 사용하며 정해진 시간을 넘겨 사용하지 않는다.

3. 성인글(음란글)을 보거나 접속하지 않는다.

4. 불법 복사를 하지 않는다.

5. 다른 사람에게 또는 친구 등에게 파일을 보내줄 때 바이러스 검사를 한 후 보내준다.

6. 게시판이나 채팅창에 도배를 하지 않는다.

7. 다른 사람(모르는 사람)에게 함부로 자신과 가족의 인적 사항을 알려주지 않는다.

8. 정기적으로 바이러스 검사를 한다.

---

1. 컴퓨터를 올바르게 사용하자

① '22-컴퓨터.hwp' 파일 불러오기
② '홀수제목' 스타일 설정
- 글꼴 : 휴먼매직, 크기 – 13pt, 글자색 – 보라
③ 1, 3, 5, 7, 9 번에 스타일 적용
④ '23-컴퓨터 완성.hwp'로 저장

재미로 보는 혈액형과 성격

A형

생활면 – 공과 사의 생활을 분명히 하고 건실한 생활을 원한다. 또한, 생활에 있어 안정을 원하는 편이 강하다.
행동면 – 행동에 절도가 있고 정확하며 경솔하지 않다. 새로운 행동에 대해서는 신중한 편이다.
사고력 – 지나치게 이론적이고 상식적이며 틀에 박힌 경향이 있다.

B형

생활면 – 형식이나 관심에 구애되지 않는 자유로운 생활을 원한다. 생활에 변화가 있는 것을 좋아한다.
행동면 – 창조적이고 진보적이며 규제나 속박을 싫어한다. 결단력과 실행이 있고 개척 정신이 있다.
사고력 – 이해의 폭이 넓고 아이디어가 풍부하다. 사고방식이 틀에 박히지 않는다.

AB형

생활면 – 합리적이고 기능적인생활을 원한다. 자신이 할 역할을 찾아서 사회에 참여하기를 원하며 봉사적이다.
행동면 – 성실하고 사회적 의무감이 있으며 도덕성이 강하다. 남을 돌보는 일에 적극적이다.

---

2. 재미로 보는 혈액형과 성격

① '22-혈액형과 성격.hwp' 파일 불러오기
② '혈액형' 스타일 설정
- 글자 모양 : 글꼴 – 휴먼모음T, 크기 – 15pt, 글자 속성 – 진하게, 글자색 – 빨강
- 문단 모양 : 왼쪽 여백 – 들여쓰기 10pt
③ 'A형', 'B형', 'AB형', 'O형'에 '혈액형' 스타일을 적용
④ '22-혈액형과 성격 완성.hpw'로 저장

23 가족 신문 만들기

▶ 문서를 여러 단으로 만들어 보자.
▶ 여러 단에 걸치는 제목을 삽입해 보자.
▶ 단과 단을 이동하며 글자를 입력해 보자.

우리 가족 사는 이야기

2010년 겨울호

새벽 하늘의 장관 유성우

18일 새벽, 유성우가 하늘을 수 놓은 우주 쇼의 장관이 연출됐다. 우리 가족은 유성우를 보기 위해 국립과천과학관에 갔다. 새벽이라 날씨가 무척 추웠지만 많은 사람들이 유성우를 보기 위해 모여있었다. 우리 가족은 모두 떨어지는 유성을 보며 소원을 빌었다.

유성우는 혜성이 태양을 지나면서 꼬리에서 녹은 잔해들이 분출하게 되는데 이때 대기권으로 빨려와 타는 현상이다.

전시 탐방

아빠 어릴적 학교 가는길 전시회를 다녀와서

13일 북서울 꿈의 숲에서 열리는 아빠 어릴 적 학교 가는 길 전시회에 다녀왔다. 옛날 동네와 학교, 가게들이 모형으로 전시되어 있었는데, 전시된 물건들은 실제로 60~70년대에 사용되던 실제 물건이라고 한다. 2학년 교실, 효자 이발관, 만물 상회, 신발 가게, 교복, 연탄 가게, 레코드 가게, 다방, 구멍 가게, 서점 등이 있는 골목길의 모형과 주민등록증, 교복, 만화책, 교과서 등 여러 가지 물건들이 전시되어 있었다. 그 중 특히 옛날 학교 교실이 전

❶ 다단 편집하기

01 '23-가족신문.hwp'를 불러온 후 [모양]–[다단]을 클릭하거나 [다단] 아이콘(▦)을 클릭합니다.

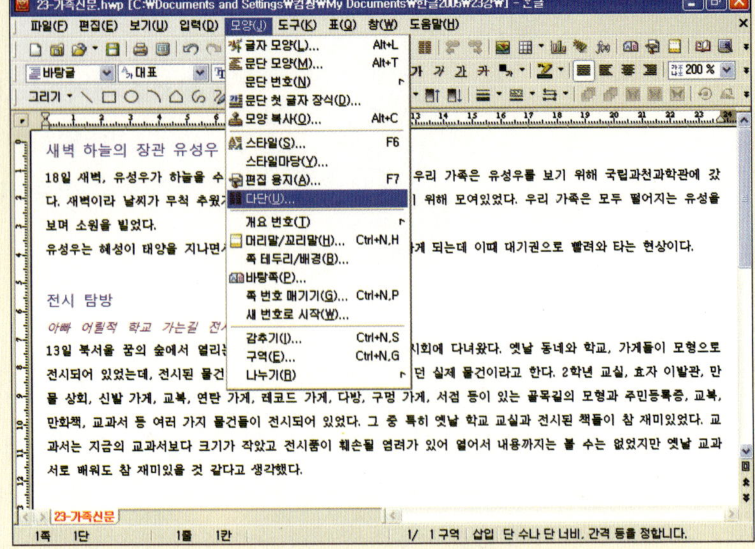

02 [단 설정] 대화 상자가 나타나면 자주 쓰이는 모양에서 '셋'을 선택하고 '간격'을 '8mm'로 설정한 후 [설정]을 클릭합니다.

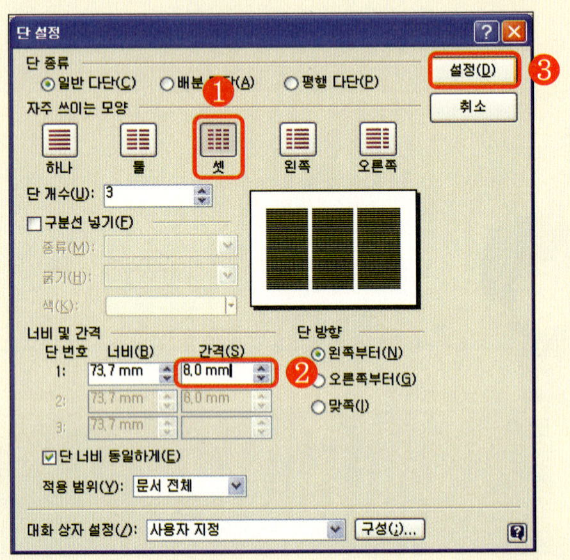

03 다음과 같이 문서가 세 단으로 설정됩니다.

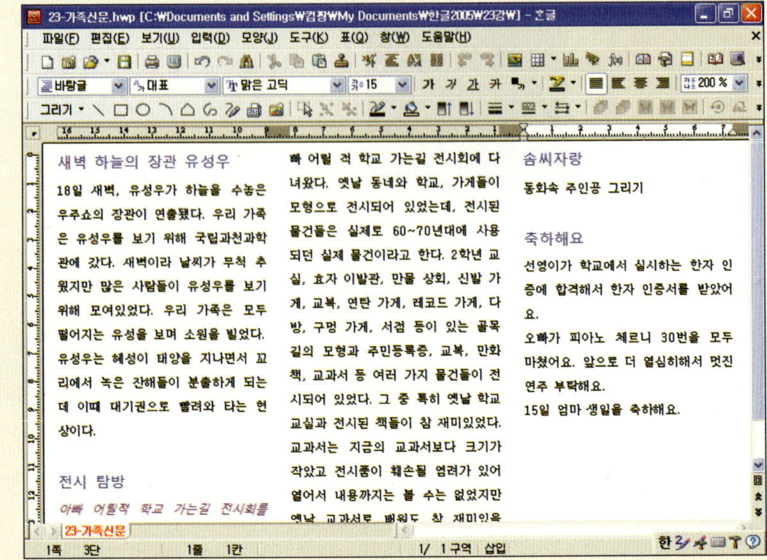

❷ 단과 단에 걸치는 제목 입력하기

01 그리기 도구 모음의 [글상자] 아이콘()을 클릭한 후 다음과 같이 드래그하여 제목을 입력할 글상자를 그립니다.

02 글상자를 더블 클릭하거나, 마우스 오른쪽 단추로 클릭한 후 [개체 속성]을 클릭합니다.

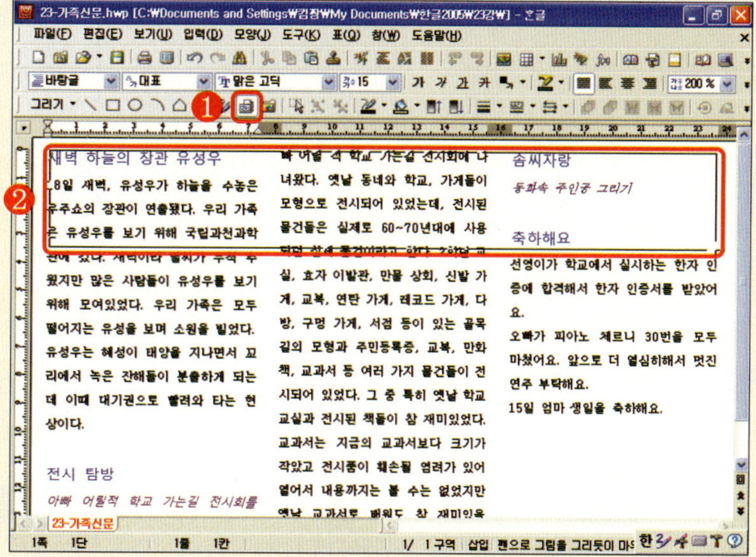

03 [개체 속성] 대화 상자가 나타나면 [기본] 탭에서 '위치'를 '자리 차지'로 선택합니다.

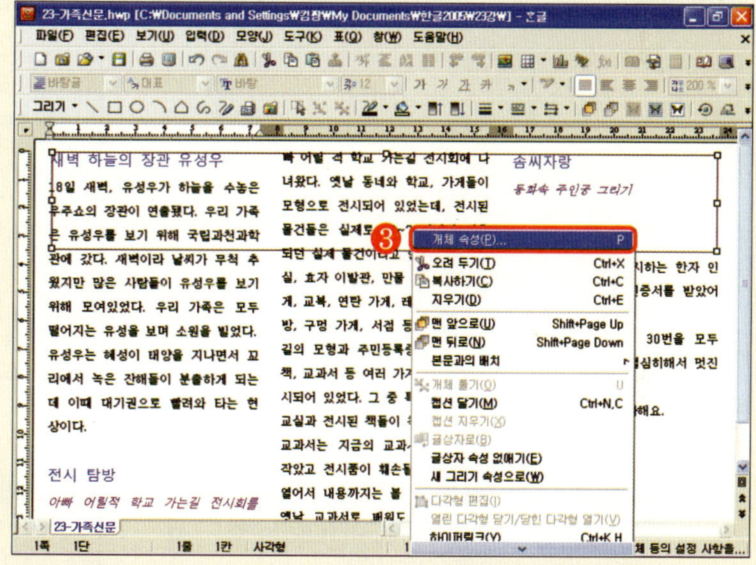

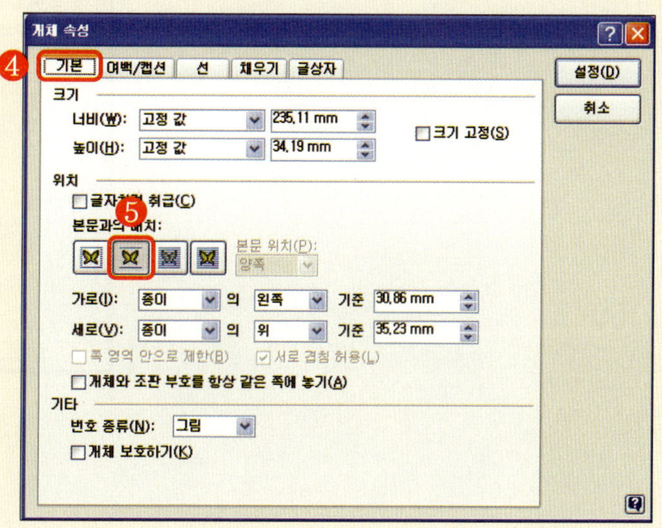

04 [여백/캡션] 탭을 클릭하고 아래쪽 여백을 '5'로 선택합니다.

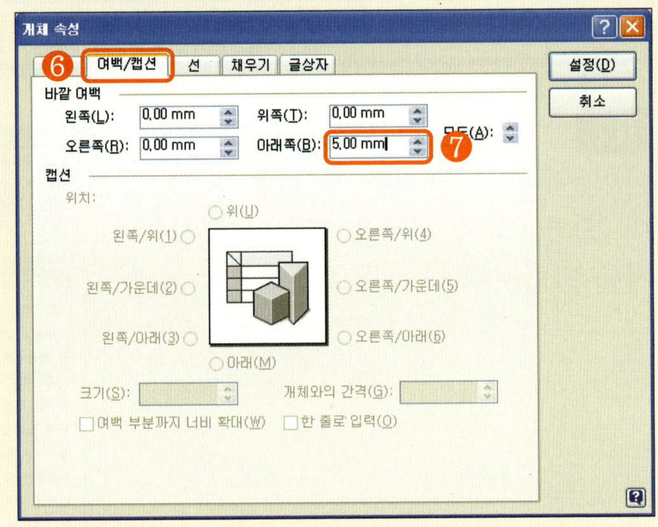

05 [선] 탭을 클릭하고 선 색을 '밝은 파랑'으로 선택합니다.

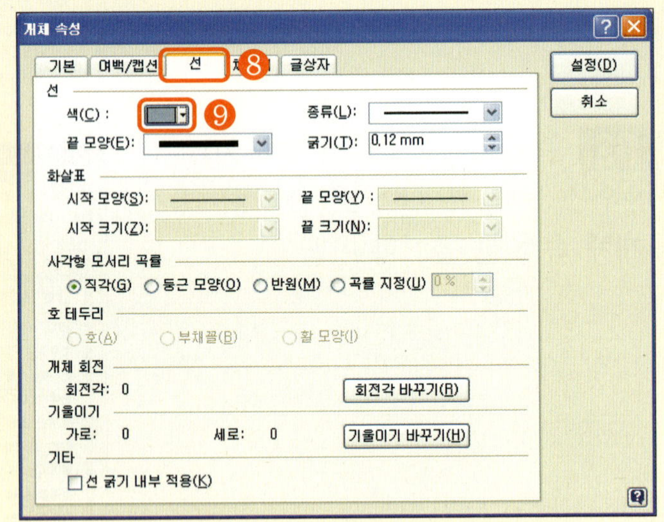

06 [채우기] 탭을 클릭하고 면 색을 '밝은 파랑'으로 선택한 후 [설정]을 클릭합니다.

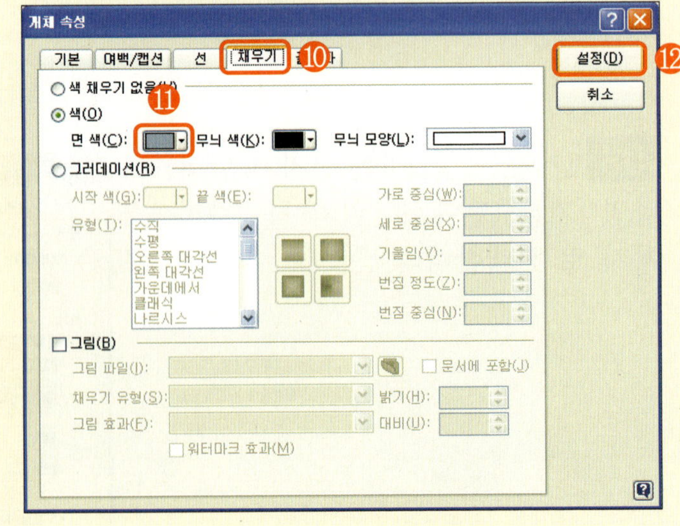

07 글상자의 배치가 자리 차지로 변경되어 본문의 글이 글상자 아래로 내려갑니다. 글상자 안에 제목과 발행일을 입력하고 글자 모양과 문단 모양을 변경합니다.

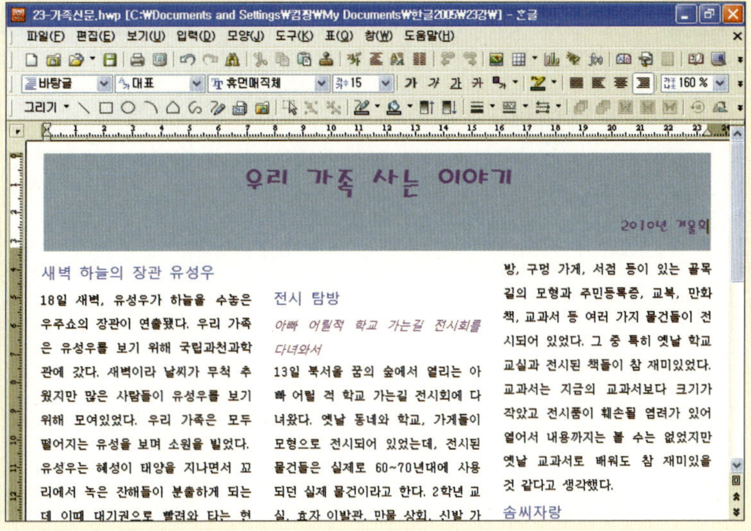

❸ 그림 입력하기

01 [그림] 아이콘(🖼)을 클릭한 후 다음과 같이 '유성우.jpg'를 삽입하고 그림을 더블 클릭하거나 마우스 오른쪽 단추로 클릭하여 [개체 속성]을 클릭합니다.

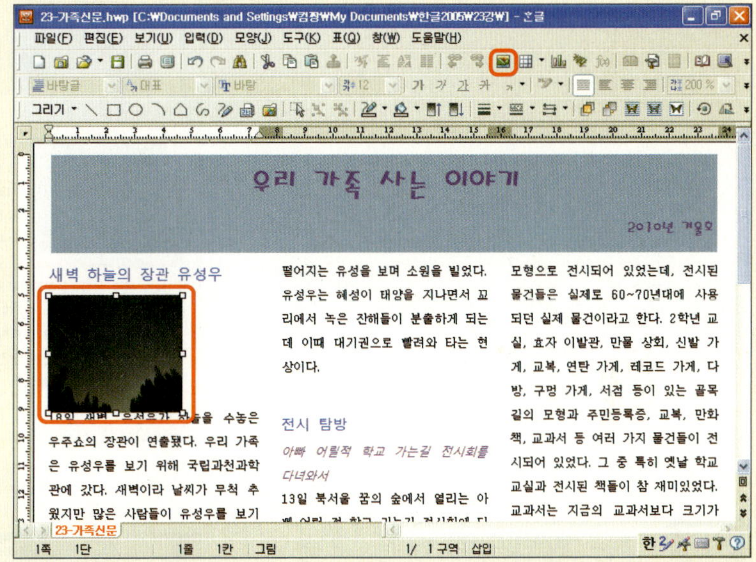

02 [개체 속성] 대화 상자가 표시되면 [기본] 탭에서 본문과의 배치를 '어울림'으로 선택합니다.

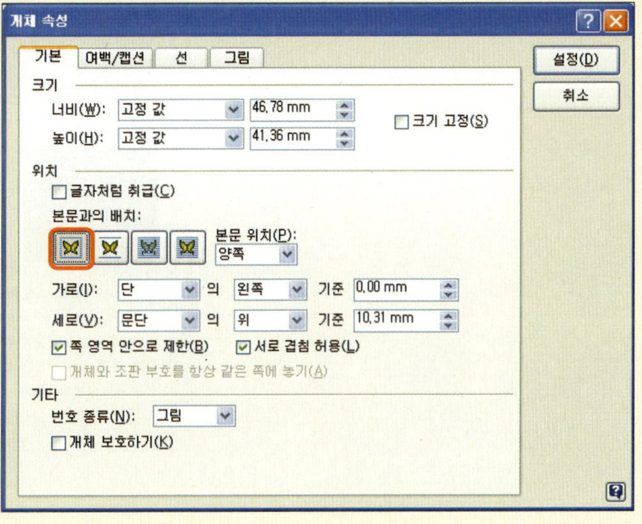

165

03 [여백/캡션] 탭을 클릭한 후 오른쪽 여백을 '5'로 지정하고 [설정]을 클릭합니다.

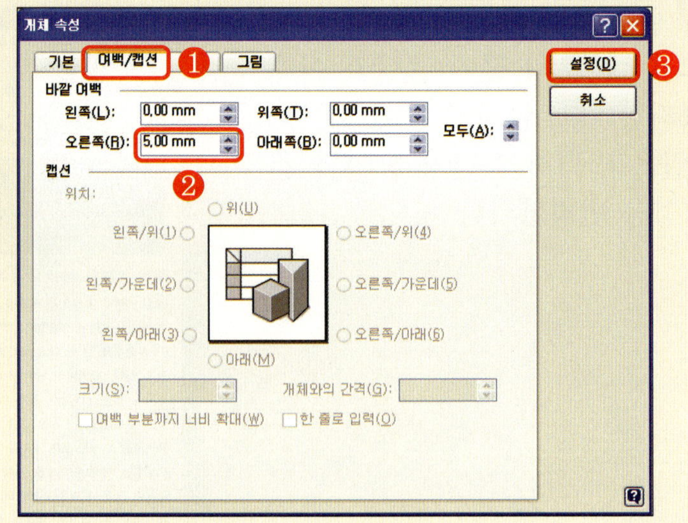

04 그림의 배치와 여백이 변경됩니다.

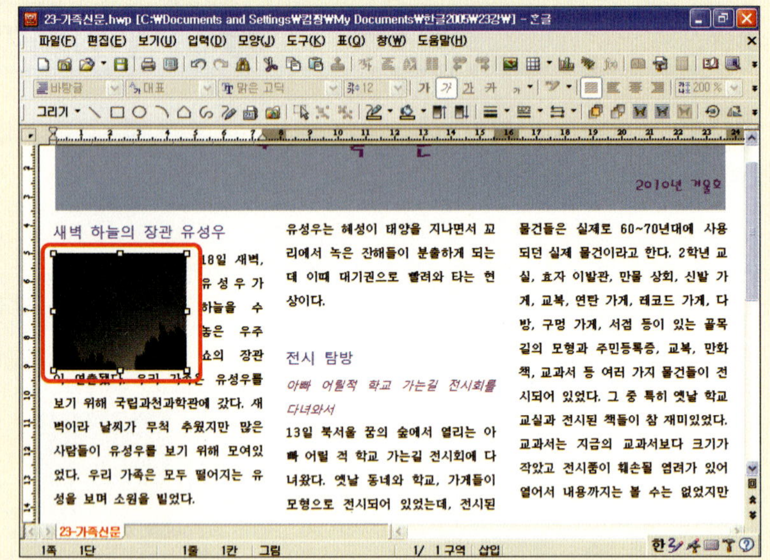

05 같은 방법으로 다른 그림도 삽입합니다.

가족사랑 소식지

아빠에게 사랑의 노래를

딩동댕 초인종 소리에
얼른 문을 열었더니

그토록 기다리던 아빠가
문 앞에 서계셨죠.

너무나 반가워 웃으며
아빠 하고 불렀는데

어쩐지 오늘
아빠의 얼굴이
우울해~ 보이네요

무슨일이 생겼나요
무슨 걱정 있나요

마음대로 안되는일
오늘 있었나요

아빠!! 힘내세요~
우리가 있잖아요

아빠!! 힘내세요~
우리가 있어요

가족 편지

아빠께 드리는 편지

아빠가 많이 힘
드신것 같아요.
지난해 나빠진
경제로 회사의
사람들은 많이
짤리셨다고 해요.
근데 다행히 아빠는 안짤리
시고요... 그치만 아빠의 회사
사람들이 많이 짤려서 아빠
뿐만이 아니라 남아 있는 아
저씨들의 일은 2배로 더 많
아 지셨다고 합니다..일은 2
배로 더 많아졌는데..월급은
예전보다 못하게 줄고요.. 원
래는 아빠가 술을 드실 때도
힘드신다는 얘기는 전혀 않
하시는데.... 어제 아빠께서 너
무 힘들다고 얘기를 하시는
것 보고 정말 아빠가 되는건
쉽지가 않는것 같았어요.. 제
가 아빠의 힘이 될만한 일은
없지만 그냥 공부만 열심히
하고 사고 안치는게 아빠를
도와드리는 거겠죠? 제가 아
직은 못하는일이 많아서 아
빠의 힘이 아니라 골치 떵어
리이지만....아빠 정말많이 사
랑합니다....

사랑의 메모

사랑이란,

발견할 수 있는 모든 거울
앞에서 자신의 얼굴을 들여
다보게 만드는 무엇이다.
자신의 얼굴에 대해 생애 처
음으로 생각을 하게 되는 나
그리고 결론을 내린다.
이렇게 생긴 사람을 사랑해
주는 그가 고맙다고. 사랑하
지 않고 스쳐 갈 수도 있었
는데, 사랑일지도 모른다고
걸음을 멈춰 준 그 사람이
정녕 고맙다고.
사랑이란 그러므로 붉은 신
호등이다.
켜지기만 하면 무조건 멈춰
야 하는, 위험을 예고하면서
동시에 안전도 예고하는 붉
은 신호등이 바로 사랑이다.

---

1. 가족 사랑 소식지

❶ '23-가족사랑소식.hwp' 파일 불러오기

❷ 3단 다단 설정하기

❸ 글맵시 이용하여 제목 만들고 '자리 차지'로 설정

❹ 그림 삽입(아빠1.jpg), 그리기 마당 개체 삽입 후 '어울림'으로 설정

❺ '23-가족사랑소식완성.hwp'로 저장하기

음악용어알기

교향곡

관현악을 위하여 만들어진
소나타 형식의 규
모가 큰 악곡이며
보통 4악장으로
이루어져 있으며
심포니라고도 합니다. 대부분
4악장으로 이루어지는데, 제
1악장은 빠른 소나타 형식,
제 2악장은 느린 가요 형식,
제 3악장은 미뉴에트나 스케
르초 형식, 제 4악장은 빠른
론도 형식으로 끝맺는 것이
보통입니다. 교향곡은 원래
관현악을 위한 곡이지만, 베
토벤의 '합창 교향곡'과 같이
합창,독창,중창이 들어 있는
곡도 있습니다.

변주곡

기악곡의 한 형식으로 비교
적 빠른 주제를 기본으로 하
여 가락, 리듬, 화성, 박자, 빠
르기, 조 등을 여러 모양으로
변화시킨 것을 여러 개 묶어
하나로 만든 곡입니다. 잘 알
려진 곡으로는 모차르트의

'피아노 소나타 가장조' 중의
1악장과 브람스의 '하이든 주
제에 의한 변주곡' 등이 있습
니다.

소나타 형식

음악 형식 중에 가장 발달된
것입니다. 두 개의 주제를 가
진 겹세도막 형식이라고 할
수 있는데, 제1 주제는 힘차
고 남성적인 성격을 띠고, 제
2주제는 서정적이며 여성적
인 성격을 띱니다.

론도 형식

어떤 주제가 3번 이상 반복
되는 동안 그 사이에 다른
주제가 들어가는 형식으로
교향곡, 협주곡, 소나타의 마
지막 악장에 많이 사용됩니
다.

소프라노

여자 목소리 중 가장 높은
음역의 소리 또는 그 목소리
를 가진 가수를 말합니다. 이

음성은 화려하고 아름다우며
맑은 느낌을 줍니다. 소프라
노보다 약간 낮은 음폭을 가
지는 여성의 중간 음성을 '메
조소프라노'라고 합니다.

독주

한 사람이
중심이 되
어 연주하
는 것으로
솔로 라고
합니다. 연
주되는 악기에 따라 피아노
독주, 바이올린 독주 등으로
불립니다.

중주

두 사람 이상이 각각 다른
성부를 맡아 연주하는 일입
니다. 현악기, 관악기, 목관악
기 등 여러 가지 악기의 혼
성에 의한 연주를 말하며, 사
람의 수에 따라서 2중주, 3중
주, 4중주, 5중주 등으로 부
릅니다.

---

2. 음악 용어 알기

❶ '23-음악용어.hwp' 파일 불러오기

❷ 3단 다단 설정하기

❸ 글맵시 이용하여 제목 만들고 '자리 차지'로 설정하기

❹ 직사각형 도형으로 위, 아래 줄 그리고 '자리 차지'로 설정하기

❺ 그리기 마당에서 그림 삽입한 후 '어울림'으로 설정하기

❻ '23-음악용어 완성.hwp'로 저장하기

24 과학 보고서 발표하기

▶ 맞춤법 검사를 이용해보자.
▶ 프레젠테이션을 설정하고 실행해 보자.

❶ 맞춤법 검사하기

01 '24-과학보고서.hwp' 파일을 불러온 후 [도구]-[맞춤법]을 클릭합니다.

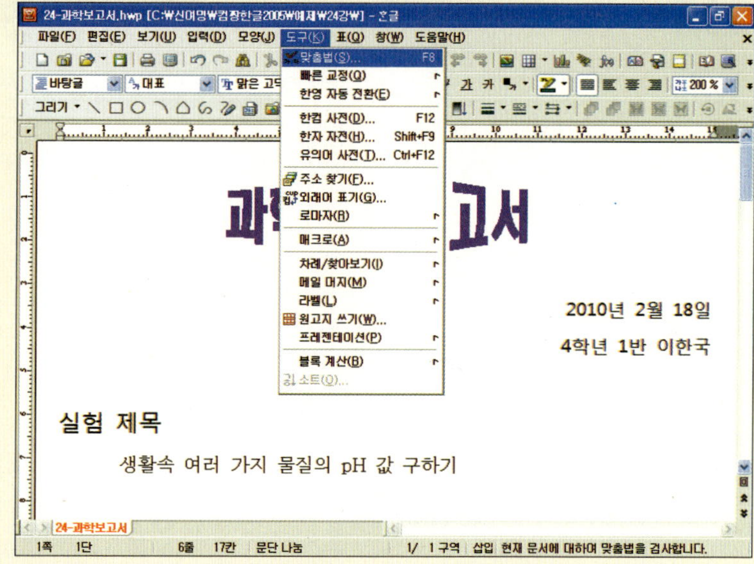

02 [맞춤법 검사/교정] 대화 상자가 표시되면 [시작]을 클릭합니다.

03 틀린 곳의 낱말과 바꿀 말, 추천 말이 표시됩니다.

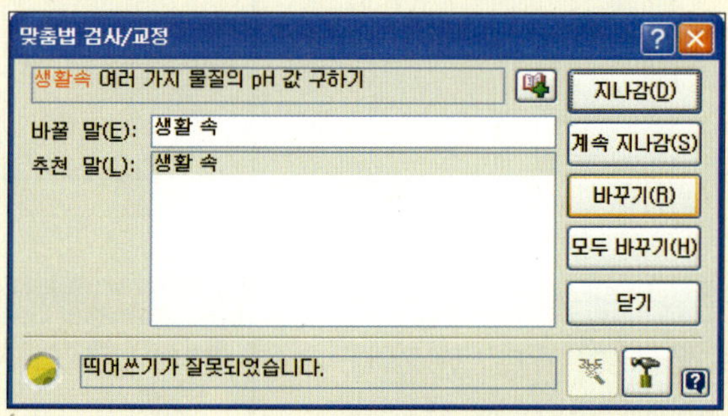

04 [바꾸기]를 클릭하면 바꿀 말에 입력된 말로 바뀝니다. 계속해서 틀린 곳이 검색된 후, 다시 문서 처음부터 검사를 시작할지 묻는 대화 상자가 나타납니다. [취소]를 클릭하면 맞춤법 검사가 종료됩니다.

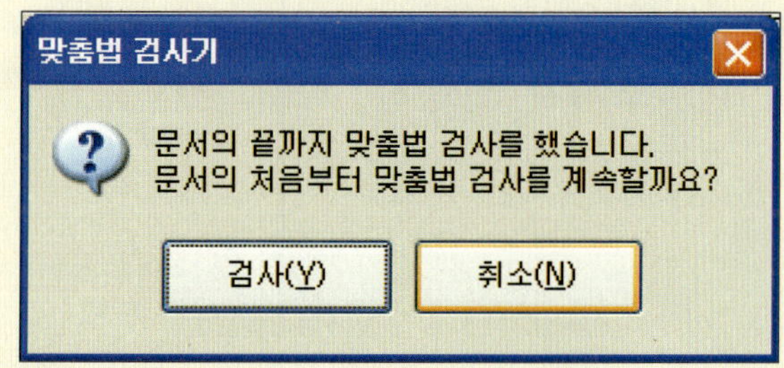

❷ 프레젠테이션 설정하기

01 [도구]-[프레젠테이션]-[프레젠테이션 설정]을 클릭합니다.

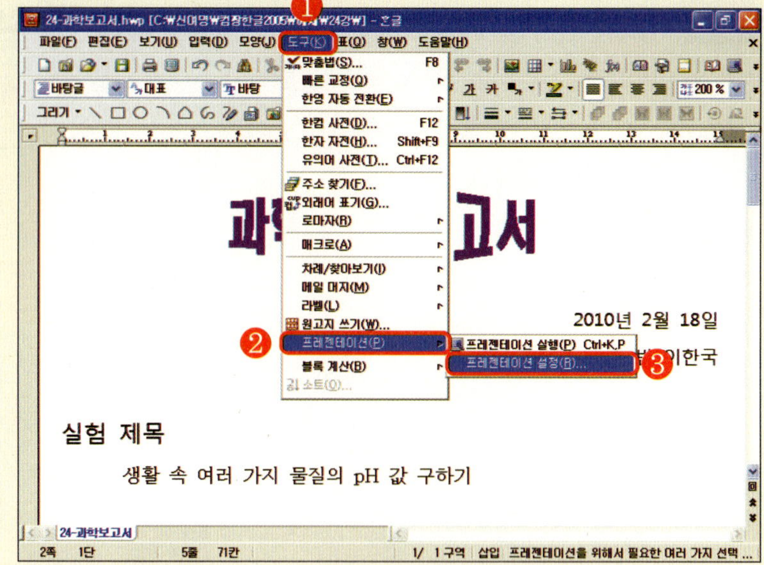

02 [프레젠테이션 설정] 대화 상자가 나타납니다. [배경 화면] 탭에서 그러데이션 유형을 '하늬바람'으로 선택합니다.

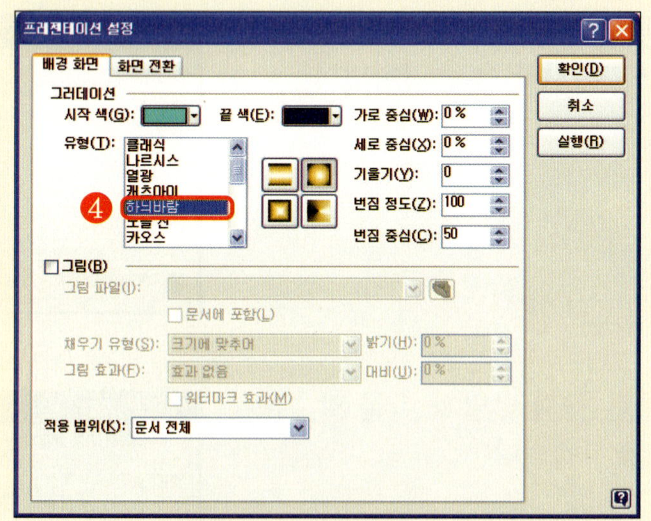

03 [화면 전환] 탭을 선택한 후 '효과'를 '오른쪽 블라인드'로 선택하고 '선택 사항'의 '검은색 글자를 흰색으로'를 선택한 후 [확인]을 클릭합니다. 이때 [실행]을 클릭하면 바로 프레젠테이션 보기가 실행됩니다.

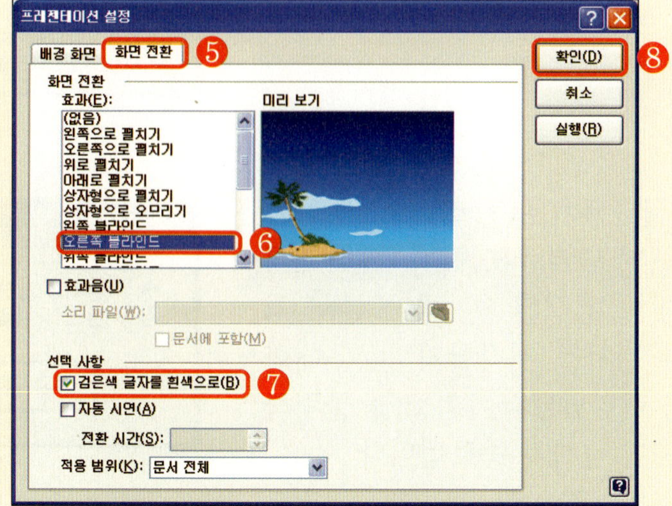

❸ 프레젠테이션 실행하기

01 [도구]-[프레젠테이션]-[프레젠테이션 실행]을 클릭하거나 기본 도구 모음의 [프레젠테이션] 아이콘(🖳)을 클릭합니다.

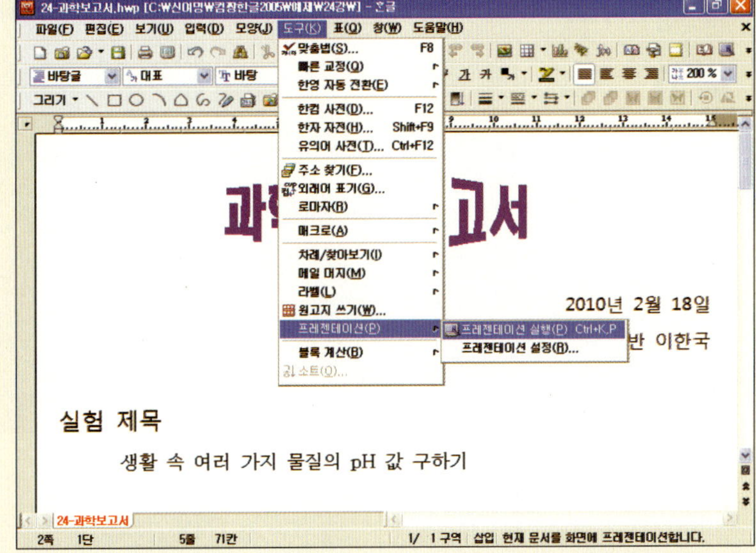

02 전체 화면 상태의 프레젠테이션이 실행됩니다. 마우스 오른쪽 단추를 누르고 [선 그리기]를 클릭합니다.

03 마우스 포인터의 모양이 연필 모양으로 바뀌면 드래그하여 선을 표시할 수 있습니다.

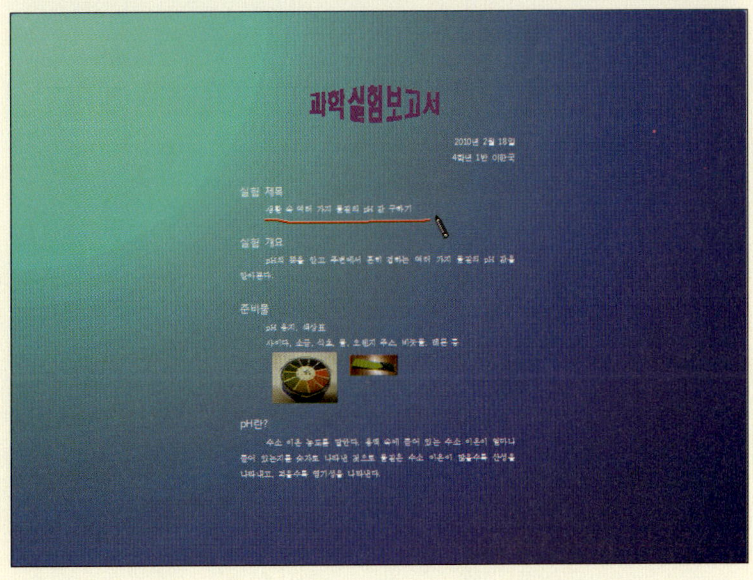

04 마우스 오른쪽 단추를 클릭하고 [다음 쪽]을 클릭하면 다음 쪽으로 이동합니다.

프레젠테이션 페이지 이동하기

화면에서 마우스 오른쪽 단추를 클릭한 후 [다음 쪽], [이전 쪽], [처음 쪽], [끝 쪽]으로 이동할 수 있습니다. 또는 키보드의 Page down 을 이용해 다음 쪽으로, Page up 을 이용해 이전 쪽으로 이동할 수 있습니다.

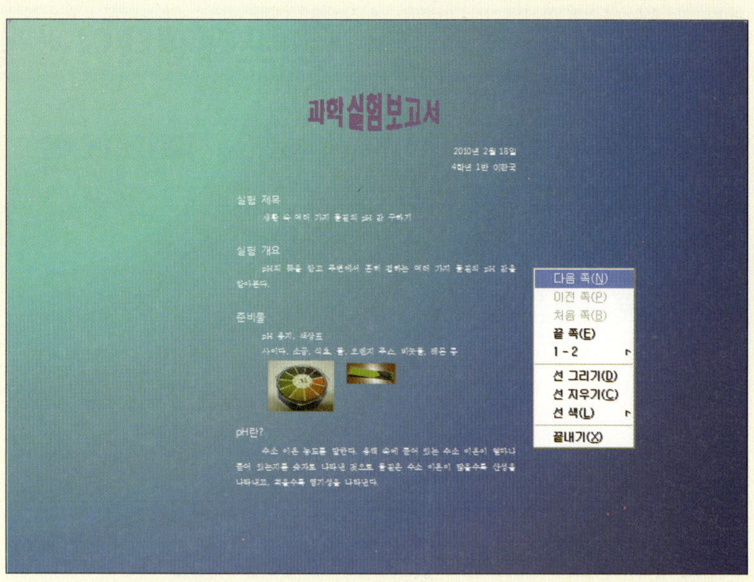

05 프레젠테이션을 종료하려면 마우스 오른쪽 단추를 클릭하고 [끝내기]를 클릭하거나 Esc 를 누릅니다.

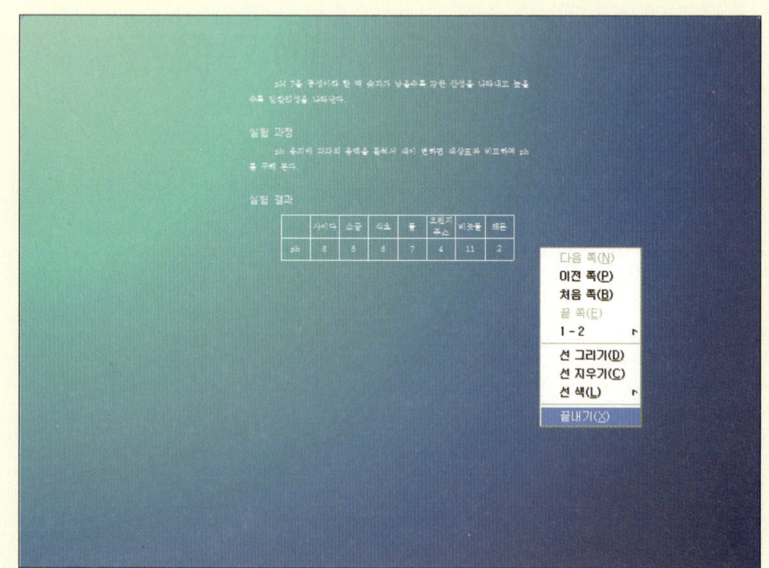

06 프레젠테이션을 종료하고 한글 문서로 돌아갑니다. '24-과학보고서 완성.hwp'로 저장합니다.

1. 도형에 대해 알아보기

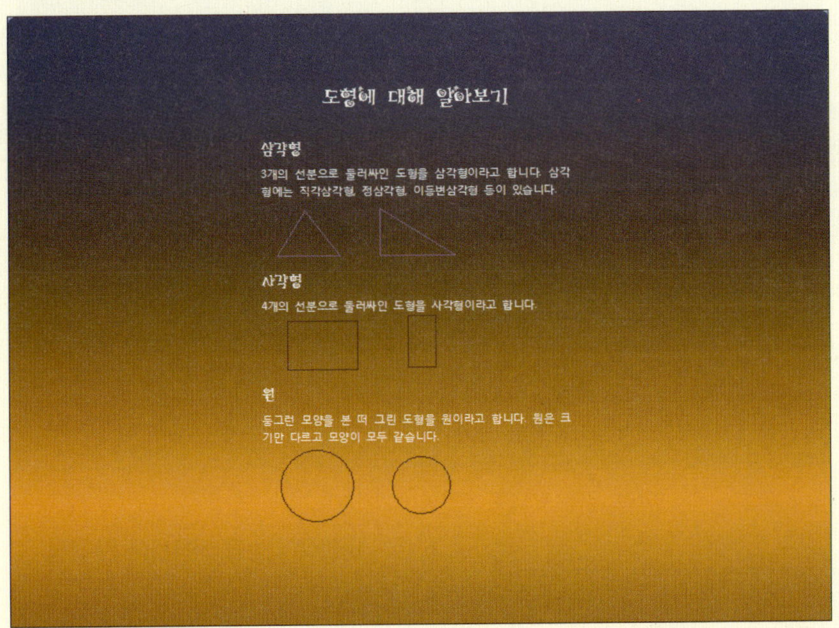

❶ '24-도형.hwp' 파일 불러오기
❷ 맞춤법 검사하기
❸ 프레젠테이션 설정
　• 유형 : 노을선, 화면 전환 : 상자형으로 펼치기, 검은 색 글자 흰색으로 설정하기
❸ 프레젠테이션 실행하고 '24-도형 완성.hwp'로 저장

2. 유용한 인터넷 사이트

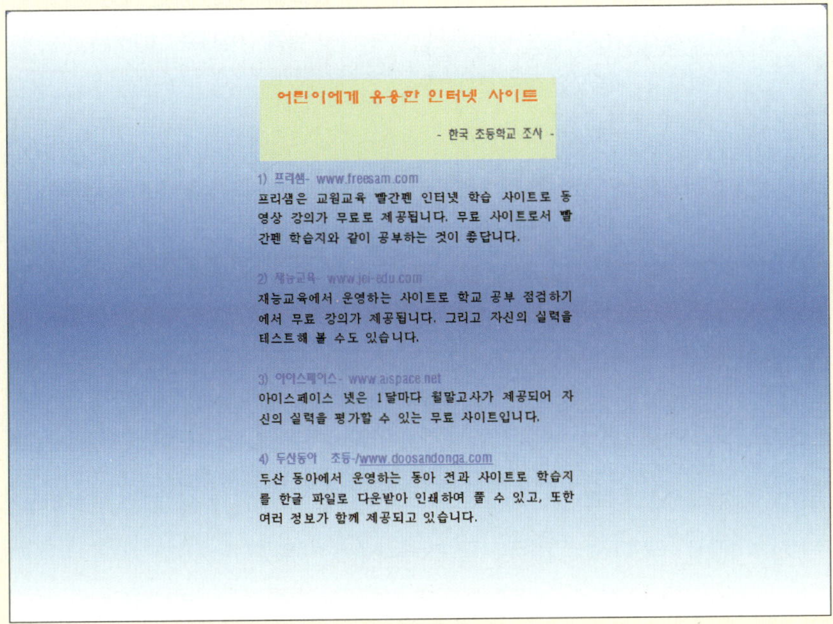

❶ '24-유용한사이트.hwp' 파일 불러오기
❷ 맞춤법 검사하기
❸ 프레젠테이션 설정
　• 유형 : 물안개, 화면 전환 : 수직 커튼 열기
❹ 프레젠테이션 실행하고 '24-유용한사이트 완성.hwp'로 저장

내공 평가하기

(1) 다음과 같은 문서를 작성한 후 문서를 인쇄하세요.

❶ '종합–05.hwp' 파일 불러오기

❷ 다단 설정

❸ 글상자 입력하고 '자리차지'로 설정

❹ '눈물' 스타일 작성하고 소제목에 적용
   – 글꼴 : 휴먼모음, 크기 : 15pt, 글자색 : 파랑, 글자 속성 : 그림자

❺ 각주 입력

❻ 첫째, 둘째, 셋째에 책갈피 설정하고 1,2,3 과 하이퍼링크로 각각 연결

❼ 미리 보기로 확인한 후 인쇄

❽ '종합–05 완성.hwp' 로 저장

174

 획득 아이템   풀이 시간 ① 분 ② 분 

② 다음과 같은 문서를 작성한 후 문서를 인쇄하세요.

수학자 이야기

수학자 이야기

Fermat
페르마1)

프랑스 보몽 태생의 수학자로 정수론과 기하학 확률론 분야에 업적을 남겼습니다. 직업적인 수학자가 아니라 수학을 취미로 여겨 '아마추어 수학의 왕자'로 불립니다. 디오판토스의 책 '산술'을 읽다가 여백에 남긴 낙서인 페르마의 마지막 정리는 "2보다 큰 모든 자연수 n에 대해 $x^n + y^n = z^n$ 을 만족하는 자연수 x, y, z는 존재하지 않는다"는 것입니다.

____
1) 1601~1665

Thales
탈레스2)

밀레투스에서 태어나 이집트에 유학하여 수학과 천문학을 배웠습니다. 그는 그리스 7현인의 한 사람으로 손꼽히며 만물은 '물'이라고 주장하였습니다. 아테네의 솔론 등과 함께 과학, 철학, 정치학에 영향을 끼쳤던 철학자이자 수학자 천문학자며 정치가이고 그리스 수학과 철학의 기초를 다졌습니다.

____
2) B.C.624 ~ B.C.546

Pythagoras
피타고라스3)

에게 해의 사모스 섬에서 태어나 남이탈리아의 크로토나에서 종교 단체인 '피타고라스 교단'을 이끌고 활약하였습니다. 그는 수학자로서 실용적 산수를 이론적 수학으로 바꾼 최초의 인물로 홀수, 짝수, 소수, 완전수, 삼각수, 사각수, 황금 분할 방법 등을 연구하고 피타고라스의 정리를 발견 증명하였습니다.

____
3) BC 580경~BC 500경

- 1 -

① '종합-06.h제' 파일 불러오기
② 다단 문서로 변경한 후 3단으로 설정
③ 글맵시로 제목 입력하고 글꼴, 색, 글자 모양 변경후 '자리 차지'로 설정
④ 덧말넣기로 수학자의 이름 위에 영문자 입력
⑤ 수학자의 이름 뒤에 각주 넣기로 시대 입력
⑥ 수식 이용하여 입력
⑦ 바탕쪽 기능 이용하여 그리기 마당의 도형 입력
⑧ 머리말 입력
⑨ 쪽 번호 입력
⑩ 프레젠테이션 설정
⑪ '종합-06 완성.hwp'로 저장